Klauspeter Bungert

Unternehmen Faust

Klauspeter Bungert

Unternehmen Faust

EINE POLITISCHE UTOPIE
AN FÜNF ABENDEN

VERLAG 28 EICHEN
BARNSTORF

Bühnen- und Aufführungsrechte
werden wahrgenommen vom
CANTUS Verlag, Grauwiesenstraße 2
73569 Eschach.
www.cantus-verlag.com.

Die Deutsche Bibliothek verzeichnet diese Publikation
in der Deutschen Nationalbibliographie.
Detaillierte bibliographische Daten sind im Internet über
http://dnb.ddb.de abrufbar

ISBN 978-3-96027-113-0

Cover unter Verwendung einer Fotografik
„Der Brocken vom Schloß Wernigerode aus gesehen“ (2019)
Olaf R. Spittel, © 2019.

Inhalt

I. Der Automat

Herr GOTT, *sportlicher Mittfünfziger*
HULDA Ehrlich, *Naturärztin, schlicht gekleidet, etwas älter*
CAMILLE, *starke Person in die fünfzig*
LINA, *eher klein, und*
MIRANDA, *eher groß, junge Assistentinnen von Herrn Gott in wechselnden Rollen*
Marquardt HÖHNISCH, *ein Klinikdirektor Ende 50*
Medizinischer SERVICEAUTOMAT

Abschnitt einer Bahnhofshalle. Vor einer Wand ein Serviceautomat. Hinter einer Theke in der Art der Bahn-Information, aber mit der befremdlichen Aufschrift GERICHT *sitzen Hulda und Herr Gott. Vor dem Automaten und der Theke stehen ein paar einfache Stühle. An erhöhter Stelle der Monitor einer Überwachungskamera. Camille betritt, sich suchend umsehend, die Halle und bleibt vor dem Serviceautomaten stehen, ohne Herrn Gott und Hulda zu bemerken. Er hält stutzig inne. Sowie er den Radius des Automaten betritt, hebt sich eine Stirnblende mit der Aufschrift* ÄRZTLICHER DIENST.

AUTOMAT: Sie betreten den medizinischen Servicebereich. Sind Sie ein Patient? Bei Ja drücken Sie die Okaytaste. *Camille drückt*. Sind Sie Kassenpatient? Wenn ja, drücken Sie die Okaytaste. Wenn nein, stecken Sie jetzt Ihre Kreditkarte ein. Wenn Sie Kassenpatient sind, drücken Sie die Okaytaste und legen Sie in den Schlitz Ihre Servicekarte ein. *Camille drückt Okay*. Sie haben die Okaytaste gedrückt. Bitte legen Sie die Servicekarte Ihrer Krankenkasse ein … Bitte legen Sie Ihre Servicekarte ein. *Camille findet das Gesuchte und folgt der Aufforderung*. Sie haben

Ihre Servicekarte eingelegt. Sind die Angaben auf dem Display korrekt? Wenn ja, drücken Sie die Okaytaste. Wenn nein, gehen wir davon aus, daß Sie eine andere Person sind. Wenn Sie eine andere Person sind, dann drücken Sie bitte Nein und anschließend die Okaytaste und entnehmen Sie Ihre Servicekarte … Die Eingaben sind richtig. Sie sind Camille Camille. Es liegen keine Daten zu Ihnen vor. Wann waren Sie zuletzt in ärztlicher Behandlung? Bitte sprechen Sie laut und deutlich.

CAMILLE: So ungefähr vor 25 Jahren.

AUTOMAT: Ich wiederhole: ungefähr vor 25 Jahren.

CAMILLE: Es können auch 30 sein.

AUTOMAT: Bitte wiederholen Sie.

CAMILLE: Vor ungefähr 30 Jahren.

AUTOMAT: Bitte wiederholen Sie.

CAMILLE: Vor 30 Jahren.

AUTOMAT: Bitte wiederholen Sie … Diese Antwort ist nicht vorgesehen.

CAMILLE: Also 25.

AUTOMAT: Sie gehören der Risikogruppe 50 plus an. Sie haben Ihrer Vorsorgepflicht nicht genügt. Wußten Sie nicht, daß Sie die Bürgerpflicht regelmäßiger ärztlicher Kontrollen haben?

CAMILLE: Ich war aber gesund!

AUTOMAT: Nur der Arzt kann Ihnen sagen, ob Sie gesund sind.

CAMILLE: Ich fühle wohl verdammt selber noch, wie ich mich fühle!

AUTOMAT: Fühle … fühle … Diese Antwort ist nicht vorgesehen. Bitte wiederholen Sie Ihre Antwort auf Frage 2.

CAMILLE: Wie lautet Frage 2?

AUTOMAT: Die Antwort lautet, ich wiederhole: wie lautet Frage 2.

GOTT *halblaut zu Hulda*: Das ist nicht zu fassen!

AUTOMAT: Sie waren seit 25 Jahren nicht beim Arzt.

CAMILLE: Muß ich dorthin?

AUTOMAT: Sie gehören der Risikogruppe 50 plus an. Sie sind Ihrer Vorsorgepflicht nicht nachgekommen.

CAMILLE *genervt*: Ich gelobe Besserung.

AUTOMAT: Wir belassen es bei einer Verwarnung und belasten Sie mit einer einfachen Verwaltungsgebühr. Sie hören von uns. Beim nächsten Mal bezahlen Sie Strafe. Bei dreimaligem Versäumen Ihrer Vorsorgepflicht verlieren Sie Ihren Versicherungsschutz.

CAMILLE: Aber zahlen muß ich trotzdem.

AUTOMAT: Wie bitte meinen Sie?

CAMILLE: Ich lebe seit meiner Umwandlung vor vielen Jahren kerngesund als Forstarbeiter an der frischen Luft und habe Ihre ärztliche Bevormundung nicht nötig.

AUTOMAT: Ihre Antwort ist nicht vorgesehen. Bitte drücken Sie nach Aufleuchten der Aufschrift Anamnese die Okaytaste und beantworten Sie die Fragen. *Camille drückt Okay.* Sie betreten nun das Sprechzimmer des ärztlichen Online-Portals. Bitte beantworten Sie alle Fragen möglichst genau und wahrheitsgetreu.

CAMILLE: Ich möchte einen Gesundheitscheck.

AUTOMAT: Welche Schädigungen und Vorerkrankungen haben Sie?

CAMILLE: Ich hatte eine schwere Jugend. Ich lebte in einem falschen Körper. Ich wollte immer ein Mann sein. Dann wurde ich ein Mann. Als Mann lebe ich nun und bin sehr gesund.

AUTOMAT: Diese Antwort ist nicht vorgesehen. Was ist der Anlaß Ihres Besuches?

CAMILLE: Ich habe keine Geduld mehr.

AUTOMAT: Diese Antwort ist nicht vorgesehen.

CAMILLE: Ja lecken Sie mich doch am Arsch.

AUTOMAT: Haben Sie Hämorrhoiden?

CAMILLE: Ob ich Hämorrhoiden habe?

AUTOMAT: Haben Sie Hämorrhoiden?

CAMILLE: Keine.

AUTOMAT: Leiden Sie unter Abgespanntheit?

CAMILLE: Unlust.

AUTOMAT: Bei welchen Gelegenheiten?

CAMILLE: Jetzt zum Beispiel.

AUTOMAT: Wir müssen die Schilddrüse untersuchen.

CAMILLE: Warum die Schilddrüse?

AUTOMAT: Unlust deutet auf Unterfunktion.

CAMILLE: Wenn Sie mich weiter verarschen, schlage ich Sie kurz und klein.

AUTOMAT: Diese Antwort ist nicht vorgesehen.

CAMILLE: Ich bin stinkewütend.

AUTOMAT: Erregung deutet auf Überfunktion.
CAMILLE: Was denn jetzt, Unter oder Über?
AUTOMAT: Eine Hämorrhoidenuntersuchung kostet extra.
CAMILLE: Das ist doch der Gipfel.
AUTOMAT: Wir haben einen Anfangsverdacht mit zwei gegensätzlichen Verdachtsdiagnosen und einen Hämorrhoidalverdacht. Zur Abklärung Ihrer Schilddrüsenfunktionen führen wir nun eine erste Voruntersuchung durch. Bitte stecken Sie Ihren rechten Arm in dieses Loch – *ein Lämpchen blinkt auf* – und streifen Sie den Ärmel hoch.
CAMILLE: Wohinein?
AUTOMAT: In die Öffnung links neben dem Display. Es blinkt dort.
CAMILLE: So. Und was jetzt?
AUTOMAT: Ärmel hochstreifen. So ist gut. Drehen Sie Ihren Arm etwas nach links und ziehen ihn einen halben Zentimeter zurück ... Einen halben, keinen ganzen Zentimeter! So ist gut. Jetzt halten Sie still.
CAMILLE: Au!
AUTOMAT: Nicht bewegen!
CAMILLE: Eine Wespe hat mich gestochen!
AUTOMAT: Es ist die Nadel meiner liebenswerten Assistentin Franziska. Franziska zapft Ihnen Blut ab und leitet es per Pipeline zum Labor weiter. Sie erhalten die Laborwerte bei Ihrem nächsten Besuch. So, Franziska zieht die Nadel wieder heraus und tupft die Einstichstelle ab. Entfernen Sie Ihren Arm jetzt aus der Öffnung.

Camille zieht den Arm, die Einstichstelle reibend, heraus und streift den Ärmel herunter.

CAMILLE: Ich zeige Sie oder Ihre französische Assistentin an wegen Körperverletzung.
AUTOMAT: Diese Antwort ist nicht vorgesehen.
GOTT: Es ist nicht zu fassen!
HULDA: Es ist so, Hermann. Der perfekte Arzt der Zukunft.
AUTOMAT: Sie überschreiten soeben das Zeitlimit Ihres Online-Arztbesuchs. Zur Vermeidung von Mehrkosten ziehen Sie bitte Ihre Servicekarte heraus und stecken sie anschließend wieder hinein! Vielen Dank. Sind Sie die Person, die auf dem Display erscheint? Wenn Ihre Daten

korrekt sind, drücken Sie bitte die Okaytaste. Vielen Dank. Möchten Sie eine Verlängerung des Anamnesegesprächs? Dann drücken Sie jetzt die Okaytaste. Wenn Sie keine Verlängerung wünschen, entnehmen Sie bitte Ihre Karte und verlassen Sie den Servicebereich. *Camille drückt nach Blickverständigung mit Hulda, die sich mit einem Klappern bemerkbar macht, die Okaytaste.* Sie möchten also eine Verlängerung. Zur Abklärung des Anfangsverdachts strecken Sie nun Ihren Hals vor und halten ihn dicht über das Display … dichter … So ist gut. Jetzt bewegen Sie den Hals langsam hin und her … langsam! Jetzt von oben nach unten. Langsam! … Und zurück. Nochmal von links nach rechts. Und wieder von oben nach unten. Schneller! Ihre Restsprechzeit beträgt eine Minute und 15 Sekunden. Zur weiteren Abklärung des Anfangsverdachts sind weitere Voruntersuchungen nötig. Diese weiterführenden Voruntersuchungen sind von Ihren kassenärztlichen Leistungen nicht abgedeckt. Sind Sie zur Durchführung weiterführender Untersuchungen bereit? … Sind Sie zur Durchführung kostenpflichtiger weiterführender Untersuchungen bereit? … Ihr Deputat für das laufende Quartal ist erschöpft. Wir machen Sie darauf aufmerksam, daß wir Ihnen auch die Laborbefunde extra berechnen müssen, wenn Sie einer Anschlußbehandlung nicht zustimmen. Sind Sie zur Durchführung kostenpflichtiger weiterführender Untersuchungen bereit? Bitte antworten Sie! Ihre Sprechzeit ist abgelaufen. Bitte nehmen Sie Ihre Servicekarte heraus und verlassen Sie den Servicebereich!

Camille reißt die Karte heraus und wirft sie wütend hin.

AUTOMAT: Der nächste bitte!
GOTT: Hulda, möchtest du?
HULDA: Nein, danke. Geh du doch, Hermann!
GOTT: Ich sprenge das Ding in die Luft!
AUTOMAT: Diese Antwort ist nicht vorgesehen.
CAMILLE *im Abgehen; wütend*: Von wegen Unterfunktion!
AUTOMAT: Der nächste bitte!

Lina tritt auf und löst Camille am Automaten ab.

AUTOMAT: Sie betreten den medizinischen Servicebereich. Sind Sie ein Patient? Bei Ja drücken Sie die Okaytaste. *Lina drückt.* Sind Sie Kassenpatient? Wenn ja, drücken Sie die Okaytaste. Wenn nein, stecken Sie jetzt Ihre Kreditkarte ein. Wenn Sie Kassenpatient sind, drücken Sie die Okaytaste und legen dann in den Schlitz Ihre Servicekarte ein. *Lina drückt Okay.* Sie haben die Okaytaste gedrückt. Bitte legen Sie die Servicekarte Ihrer Krankenkasse ein. *Lina folgt der Aufforderung.* Sie haben Ihre Servicekarte eingelegt. Sind die Angaben auf dem Display korrekt? Wenn ja, drücken Sie die Okaytaste. Wenn nein, gehen wir davon aus, daß Sie eine andere Person sind. Wenn Sie eine andere Person sind, dann drücken Sie bitte Nein und anschließend die Okaytaste und entnehmen Sie Ihre Servicekarte … Die Eingaben sind richtig. Sie sind Lina Lina. Ihr letzter Arztbesuch liegt zwei Monate zurück, Ihr letzter Laborbefund drei Tage. Ihre Werte hatten sich verbessert.

LINA: Aber ich fühle mich elend und zerschlagen.

AUTOMAT: Das kann aufgrund der verbesserten Laborbefunde nicht sein.

LINA: Aber ich fühlte mich vorher besser.

AUTOMAT: Das kann nicht sein. Vorher waren Ihre Befunde schlecht.

LINA: Dann haben Sie die Befunde verwechselt.

AUTOMAT: Das kann nicht sein. Mit der Servicekarte geben Sie Ihren Genabdruck ab. Der Genabdruck der Servicekarte und die genetische Analyse Ihrer Laborbefunde sind identisch. Eine Verwechslung ist ausgeschlossen.

LINA: Dann sind Ihre Tabellen falsch.

AUTOMAT: Diese Antwort ist nicht vorgesehen.

LINA: Ihre Normtabellen irren.

AUTOMAT: Das Erstellen der Normtabellen lassen Sie bitte unsere Sorge sein.

LINA: Aber *ich* habe die Probleme!

AUTOMAT: Dem Patienten steht kein Urteil zu.

LINA: Aber ich weiß doch selber, wie ich mich fühle.

AUTOMAT: Diese Antwort ist nicht vorgesehen. Schildern Sie die Verbesserung Ihrer Beschwerden!

LINA: Ich fühle mich schlapp und gleichzeitig fühle ich mich aufgeputscht. Ich könnte Bäume ausreißen und bekomme doch die einfachsten Dinge des Alltags nicht mehr hin.

AUTOMAT: Bitte schildern Sie die Verbesserung Ihrer Beschwerden!

LINA: Es gibt keine Verbesserung!

AUTOMAT: Das sind die Nebenwirkungen der Hormonmedikamente, sie vernebeln den Blick auf die Realitäten.

LINA: Ich möchte diese Hormonmedikamente nicht mehr nehmen!

AUTOMAT: Aber Ihre Werte wurden besser. Vorher waren Ihre Werte schlecht.

LINA: Wer bestimmt das?

AUTOMAT: Das Erstellen der Normtabellen lassen Sie unsere Sorge sein.

LINA: Ich möchte diese Hormone nicht mehr nehmen!

AUTOMAT: Wenn Sie diese Hormone nicht mehr nehmen, werden Sie kollabieren und in wenigen Tagen sterben.

LINA: Meine Freundin hat auch diese Hormone weggelassen. Was passierte? Nichts. Es geht ihr fantastisch!

AUTOMAT: Wir Spezialisten wissen am besten, wie es den Patienten geht.

LINA: Dann brauchen Sie uns Patienten ja nicht mehr fragen.

AUTOMAT: Das war sowieso schon der Fall. Bis diese blöden Patienten bei den Kassen opponierten: Unser Arzt hat keine Zeit mehr für ein Gespräch! Bis dann schließlich der Verband der Privaten Krankenversicherer und der Verband der Gesetzlichen Krankenversicherer diese Maschine von Arzt oder Arztmaschine oder Medizinischem Serviceautomaten erfanden. Jetzt können Sie als Patienten wieder mit Ihrem Arzt reden. Und tun Sie es gefälligst in der Weise, die der Würde und der Autorität dieses ausgezeichneten Berufsstandes entspricht, hören Sie! Sie nähern sich dem Ende Ihrer Redezeit.

LINA: Was machen wir? Ich fühle mich elend und zerschlagen.

AUTOMAT: Wir bieten Ihnen eine kostenpflichtige Unverträglichkeitsuntersuchung an.

LINA: Was kostet so eine Untersuchung denn?

AUTOMAT: Schauen Sie auf das Display.

LINA *läßt vor Schreck ihre Handtasche fallen*: Soviel verdiene ich nicht im Monat.

AUTOMAT: Wieviel verdienen Sie im Monat? Tippen Sie den Betrag auf dem Display ein ... Vielen Dank ... Ich schlage eine Ratenzahlung von zehnmal 100 Währungseinheiten vor bei einem Zinssatz von 14 Prozent per annum.

LINA: Tausend Einheiten plus Zinsen. Davon könnte ich viele gesunde Sachen essen.

AUTOMAT: Was meinen Sie mit gesunde Sachen essen?

LINA: Nahrung, mit der man Krankheiten vermeidet und, hat man welche, wieder genesen kann.

AUTOMAT: Diese Antwort ist nicht vorgesehen.

LINA: Ich möchte eine naturmedizinische Fachberatung!

AUTOMAT: Diese Antwort ist nicht vorgesehen.

LINA: Die Natur ist beim Verband der Privaten Krankenversicherer und beim Verband der Gesetzlichen Krankenversicherer wohl nicht vorgesehen!

AUTOMAT: Ihre Redezeit ist überschritten. Bitte entnehmen Sie Ihre Karte und stecken Sie sie wieder ein. Ich kann Sie sonst nicht weiter beraten.

LINA: Kostet das extra Geld?

AUTOMAT: Eine zweieinhalbminütige Verlängerung der Gesprächszeit ist im Deputat pro Quartal inbegriffen. Ziehen Sie bitte die Servicekarte heraus und stecken sie anschließend wieder in den Schlitz! Vielen Dank. Sind Sie die Person, die auf dem Display erscheint? Wenn Ihre Daten korrekt sind, drücken Sie bitte die Okaytaste. Vielen Dank. Möchten Sie eine Verlängerung des Anamnesegesprächs? Dann drücken Sie jetzt die Okaytaste. Wenn Sie keine Verlängerung wünschen, entnehmen Sie bitte Ihre Karte und verlassen den Servicebereich. *Lina drückt die Okaytaste.* Sie möchten also eine Verlängerung.

Auf Wink Herrn Gottes zieht der zurückkommende Camille den Stecker aus dem Apparat. Die Stimme gibt ein paar Gurgellaute von sich und verstummt.

LINA: Und wie soll ich meine Karte wiederbekommen?

CAMILLE: Ja, rausziehen.

LINA: Das Monster reagiert nur unter Strom.

CAMILLE: Mach dir selber Strom!
GOTT: Camille, steck den Stecker wieder rein!

Apparat läuft an und lädt seine Daten neu.

AUTOMAT: Bitte entnehmen Sie Ihre Karte und stecken Sie sie wieder ein! Sie gehen in die Verlängerung. Ihre Redezeit beträgt noch zwei Minuten 26 Sekunden.
LINA: Ich war gut dran. Aber meine Krankenkasse empfahl ganz dringend diesen Gesundheitscheck. Und als ich diesen Check machen lassen kam, stellten Sie etwas fest, und als ich dann die Medikamente nahm, ging es mir richtig dreckig. Ich glaube, ihr tickt nicht mehr sauber.
AUTOMAT: Eine Verwechslung ist ausgeschlossen.
LINA: Ich sprenge euch in die Luft!
AUTOMAT: Diese Frage ist nicht vorgesehen.
LINA: Ich nehme die Scheiße nicht mehr ein!
AUTOMAT: Diese Antwort ist nicht vorgesehen.
LINA: Die Medikamente, die Medikamente, die Medikamente, mein ich, nehme ich nicht mehr ein.
AUTOMAT: Sie werden kollabieren und in Kürze sterben.
LINA: Drohen Sie immer nur? Sie wissen wohl besser, wie ich drauf bin als ich selbst? Wenn Sie in meiner Lage wären, würden Sie meinen Zorn begreifen.
AUTOMAT: Diese Antwort ist nicht vorgesehen. Ihre Redezeit ist abgelaufen. Bitte entnehmen Sie Ihre Karte und verlassen Sie den Servicebereich!

Lina will erbost gehen.

AUTOMAT *mit Klingelzeichen; barsch*: Ihre Karte! *Keine Reaktion.* Ihre Karte wird eingezogen und Ihnen kostenpflichtig zugestellt.

Lina ab, gefolgt von Camille, der ihr die Handtasche, die sie verwirrt liegenläßt, nachträgt. Camille zieht in der Spanne bis zu seinem nächsten Auftritt von den übrigen Akteuren unbemerkt im Hintergrund einen grauem Handwerkerkittel über, stattet sich mit Werkzeug, evtl. Lötkolben aus und setzt eine Schutzbrille auf.

HULDA: Operiert der Apparat auch?

GOTT *sarkastisch*: Soweit ist die moderne Medizin denn doch nicht vorgedrungen. Oder operieren Sie auch schon, Herr Doktor?

AUTOMAT: Sie meinen?

GOTT: Operieren Sie auch?

AUTOMAT: Sind Sie Kassen- oder Privatpatient?

GOTT: Ich bin Herr Gott. Und wenn Sie nicht bald antworten, schalte ich Ihnen den Strom ab.

AUTOMAT: Wenn Sie Herr Gott sind, donnern Sie bitte!

Herr Gott streckt herrisch die Faust aus. Es kracht, der Automat gibt mit einem lauten Knistern den Geist auf.

HULDA: Den erweckst du mit deiner ganzen Schöpferkraft nicht wieder zum Leben, Hermann.

GOTT: Will ich auch nicht.

HULDA: Ohne den Automaten bricht die gesamte ärztliche Versorgung in der Gegend zusammen, Hermann! *Sieht jemanden kommen und schleicht unauffällig davon. Miranda betritt unsicher die Halle.*

MIRANDA *in der Rolle einer jungen Mutter*: Grüß Gott.

GOTT: Und mit wem habe *ich* die Ehre?

MIRANDA: Ich suche mein Kind. Ich hörte den Donner und plötzlich hatte ich es aus den Augen verloren und befand mich in dieser Halle.

GOTT: Sie werden es wiederfinden, glauben Sie mir.

MIRANDA: Und wenn er mein Kind entführte?

GOTT: Wen meinen Sie?

MIRANDA: Wir fliehen vor einem rabiaten Arzt.

GOTT: Wenn er ein Arzt ist, möchte er bestimmt das beste für Ihr Kind.

MIRANDA: Wie lagen sie da, die Kleinen mit ihren Schläuchen und Strippen, ihren Mützen auf den kahlen Schädeln mit den ausgefallenen Haaren, bleich wie die Wand hinter ihnen! Daneben röchelnde gelblichgraue und grüne Gestalten, in den Melierungen des Todes, Krämpfe in den kleinen Leibern. Wie traurig sahen sie uns aus ihren tränengeweiteten Augen an!

GOTT: Medizin schmeckt manchmal bitter.

MIRANDA: Da lag auch unser Nachbar, der kleine Kevin. Eben in der Stunde, als Anna auf die Station kam, hauchte er sein junges Leben aus.
GOTT: Das muß ein Schock gewesen sein.
MIRANDA: Und sie sollte genauso jetzt die grausame Therapie, den körperlichen Zerfall, den Kreuzestod aller kleinen Kevins … nicht auszudenken!
GOTT: Und da haben Sie gehandelt.
MIRANDA: Ich habe Anna einer lieben Ärztin in Obhut gegeben. Sie war bei ihr bis gestern auf der Alm.

Camille in Handwerkermontur stapft plump herein.

CAMILLE *als Techniker verkleidet*: Wir hatten eine Fehlermeldung: ein Blitzeinschlag.
GOTT: Ein Blitzeinschlag?
CAMILLE: Wir wunderten uns schon, ein Donner ohne Gewitter. Und Blitze reichen auch nicht unter die Erde!
GOTT: Ich hatte schon gehofft, der Apparat hätte für immer seinen verdammten Geist aufgegeben.
CAMILLE: Machte er Ärger?
GOTT: Ständig machte er Ärger. Er ist ein ständiges Ärgernis.
CAMILLE: Was melde ich bloß der Zentrale?

Herr Gott streckt unwillkürlich die Faust aus, zieht sie aber mit Blick auf Miranda wieder zurück.

MIRANDA *zu Camille*: Kann es sein, ich kenne Sie irgendwoher?
CAMILLE: Ich schau, ob ich das Teil repariert bekomm.
MIRANDA: Sind Sie Elektriker?
CAMILLE: Sagen wir, befähigt und befugt.
GOTT *ungehalten*: Lassen Sie den Apparat in seinem Schlafzustand! Er nervt, er ist eine Plage der ganzen Menschheit.
CAMILLE *zieht das Kabel und untersucht das Gerät*: Ich mache nur meinen Job.
GOTT: Kann der Automat das denn nicht selber?
CAMILLE: Sich selber reparieren? Nein, das kann er nicht.
GOTT: Ich dachte, Automaten können heutzutage alles.
CAMILLE: Alles und viel, je nachdem, aber wenig ohne Strom.

GOTT: Und natürlich können sie nichts ohne Daten aus dem Internet.

MIRANDA: Mein Töchterchen und ich leben in großer Sorge wegen der vielen Strahlen überall. Vielleicht wurde sie ja darum krank. Es müssen arg viele sein.

GOTT: Wo ich wohne, gibt es weniger. Anderswo dagegen spielen schon die Insekten verrückt. Die Vögel fallen ohne ersichtlichen Anlaß tot von den Bäumen.

MIRANDA: Kleine Tiere reagieren sensibel auf vieles, was wir Menschen übersehen.

GOTT: Nicht nur kleine Tiere reagieren sensibel. Auch kleine Kinder.

MIRANDA: Haben Sie kleine Kinder?

GOTT: Nein.

MIRANDA: Enkel denn?

GOTT: Auch nicht. Allerdings besucht uns seit ein paar Tagen ein reizendes kleines Mädchen. Es erholt sich von den Strapazen der Stadt an der frischen Luft. *Camille hantiert stöhnend an dem Automaten. Herr Gott zu Camille* Kommen Sie nicht weiter?

CAMILLE: Ich finde den Fehler nicht. Was melde ich bloß der Zentrale?

Dr. Höhnisch im Arztkittel betritt irritiert die Halle. Er geht, Herrn Gott übersehend, energisch auf die erschreckende Miranda zu.

HÖHNISCH: Was locken Sie mich in diesen heruntergekommenen Bahnhof? Ich arbeite nicht hier und plane auch keine Reise!

MIRANDA: Ich wußte nicht, wie mir geschah. Ein Donner, und plötzlich war ich hier. Ein greulicher Ort.

GOTT: Die Menschlichen, die es hierher verschlägt, werden nicht nach ihren Plänen gefragt, Marquardt Höhnisch.

HÖHNISCH: *Sie* hier? Nicht auf der Alm? Stößt man denn überall auf diese Bande von Außerirdischen jetzt?

GOTT: Bande nennst du uns?

HÖHNISCH: Ich bin für dich nicht du.

GOTT: Das hatten wir vor einer Woche schon. *Streckt die Faust aus, es blitzt grell und donnert betonerschütternd,*

Miranda erstarrt vor Schreck, Camille tut erstaunt und notiert etwas.

CAMILLE: Die Faust eines unbekannten Greises ist die Ursache der Blitze.

GOTT: Ich bin ein gutaussehender Mann von 56 Jahren und kein Greis!

HÖHNISCH *amüsiert*: Lassen Sie die billigen Zauberbudentricks, Herr Gott!

GOTT: War dir auf der Hütte vor einer Woche auch so spaßig zumute, Höhnisch? Was war, wenn wir dich nicht aufgefangen hätten? Den Abhang runtergerasselt wärst du und im Tal unten aufgeschlagen als ein Scherbenhaufen. Schon vergessen? Ich bin Herr Gott und ich duze dich, wie es sich für einen Mann in deiner vertrackten Lage gehört. Verstanden?

HÖHNISCH: Ich habe doch so gehandelt, wie Sie verlangten. Ich habe die Kollegen zusammengetrommelt und das Wort ergriffen: Liebe Kollegen, schicken Sie Ihre Fälle künftig auf die Alm zu einer gewissen Dr. Hulda Ehrlich. Ich habe getan, wie Sie verlangten.

MIRANDA *für sich*: Hulda Ehrlich?

GOTT: Das Gegenteil hast du getan! Und du nanntest meine verehrte Freundin Hulda Ehrlich auch nicht bei ihrem Namen Dr. Hulda Ehrlich, du nanntest sie eine Kräuterschachtel!

MIRANDA *für sich*: Frau Doktor kennt den Mann!

HÖHNISCH: Das war ein Versehen. Frau Dr. Hulda Ehrlich ist eine in der Natur studierte weise Kollegin. Ich bitte, meinen einmaligen Ausrutscher zu entschuldigen.

MIRANDA *für sich*: Die beiden …? Wo bin ich hier?

GOTT *ungehalten neben seinen Sitz tretend*: Kollegen, neue Erkenntnisse und höhere Umstände zwingen mich, unsere heutige Konferenz zu vertagen. Wir überweisen alle Patienten in die Hütte auf der Alm zu … dieser Kräuterschachtel … Zu den Wänden gesprochen hast du das, nicht wissend, daß wir dich im Auge hatten. In deiner Klinik ging der Betrieb am nächsten Morgen dann unverändert weiter.

HÖHNISCH: Der Betrieb mußte auch so weitergehen. Das ist immer so. Ich unterliege als Klinikchef Gesetzen, und da geschieht's schon mal, daß ich in einer Zwangslage mir vorher abgenötigte Versprechen breche.

GOTT *geringschätzig*: Jeder Anfangsverdacht wird durch die Mühlen des Check-ups gedreht, jeder Millimeter des Körpers wird durchleuchtet! Welches Gerät da nichts findet, ist seine Millionen nicht wert! Jede verdächtige Zelle, auf dem falschen Fuß erwischt, wird eliminiert mithilfe hochspezialisierter Apparate, Stahl und Strahl – und vor allem immer wieder: Chemotherapie! Jetzt erst werden die Menschen richtig krank, chronisch krank, unwiderruflich, sterbenslänglich krank!

HÖHNISCH: Der Kranke leistet mit seinem Opfergang einen unverzichtbaren Märtyrerdienst an der Allgemeinheit. Der Kranke zeigt mit seinem Heldenmut, daß Krankheit Ergebung in das Schicksal und Unterwerfung unter den höchsten ärztlichen Willen verlangt.

GOTT: Unterwerfung unter den Willen der Marquardt Höhnischs dieser Erde, meinst du.

MIRANDA *für sich*: Dr. Hulda Ehrlich heißt die Frau, die mein Kind behandelt. Ist das Zufall?

HÖHNISCH: Wie sollen wir denn Ihrer Meinung nach Schwerkranke wie das Kind der jungen Frau behandeln, Herr Gott?

GOTT: Mit Wildkräutern, Gemüse, Rohkost, dazu Bewegung an der frischen Luft.

HÖHNISCH: Und was ist daran medizinisch?

GOTT: Nichts von Rohkostmedizin gehört, Prof. Höhnisch? Rohkost gibt dem Körper den Treibstoff, den er braucht. Rohkost ist das A und O der seriösen Heilkunst.

HÖHNISCH: Das nennen Sie den Treibstoff, den ein Organismus im Aufbau braucht? Und wenn das Kind mit seinem durch Wildkräuter, Gemüse, Rohkost und ständige Bewegung an der frischen Luft geschwächten Körper zusammenbricht? Jeder Windhauch wird das Kind bei seiner Diagnose an den Rand des Grabes bringen.

GOTT: Klein Anna nimmt täglich an Kraft und frischer Farbe zu.

MIRANDA *für sich*: Also ja.

HÖHNISCH: Wie wollen Sie das wissen?

GOTT: Ich sehe sie täglich. Das Kind erholt sich prächtig auf unserer Alm.

MIRANDA *für sich*: Das Mädchen ist meine Anna!

HÖHNISCH: Ohne eingehende Biopsie können Sie das gar nicht beurteilen.

MIRANDA *für sich*: Das Mädchen, das den Mann besucht.

GOTT: Wenn du den hippokratischen Blick verlernt hast, Höhnisch, packst du deine gesamte Apparateweisheit am besten in alte Säcke ein und wirfst sie auf den Müll!

HÖHNISCH: Wir sollten diese unerfreuliche Diskussion vertagen, Herr Gott. In zehn Minuten fängt meine Frühschicht an. *Schreitet entschlossen auf Miranda zu*. Wo steckt das Kind? Geben Sie das Kind heraus!

MIRANDA *weicht zurück*: Ich suche die Kleine selber. Nach dem Donner haben wir uns verloren.

HÖHNISCH: Bringen Sie es auf der Stelle her!

MIRANDA: Ich bin sehr besorgt.

HÖHNISCH: Sie muten meiner Glaubensbereitschaft eine Menge zu.

MIRANDA: Ich sage die Wahrheit.

HÖHNISCH: Heraus mit dem Kind!

MIRANDA: Und wenn Sie mich in Stücke reißen, ich schütze meine Anna!

HÖHNISCH: Da haben wir es, Sie wissen, wo die Kleine steckt.

MIRANDA: Und wenn ich es wüßte–

HÖHNISCH: Die Kleine wird ohne Behandlung sterben!

CAMILLE *wirft lärmend sein Werkzeug hin*: Was melde ich bloß der Zentrale!

HULDA *mit Lina als siebenjähriger Anna an der Hand zurück*: Die kleine Anna *wird* behandelt, Prof. Höhnisch, und zwar von mir.

MIRANDA *rennt erleichtert auf Lina zu*: Gott sei Dank!

HÖHNISCH: Frau Dr. Ehrlich, Sie streunen in meiner Klinik herum und stehlen mir meine Patienten. Ich erteile Ihnen mit sofortiger Wirkung Hausverbot.

HULDA: Ich streune nicht in Ihrer Klinik herum und ich stehle Ihnen keine Patienten. Die junge Frau kam von selber auf mich zu.

LINA *hilfesuchend auf Herrn Gott zueilend*: Bitte hilf mir! Der Professor droht, mich meiner Mami wegzunehmen.

HÖHNISCH *zu Miranda*: Sie machen sich einer schweren Straftat schuldig, junge Frau. Sie dringen in mein Klinikum ein, reißen die Infusion herunter, nehmen die Kleine bei der Hand und bringen sie ohne mein Einverständnis zu dieser Kräuterfrau.

MIRANDA *an Linas Seite tretend*: Anna ist meine Tochter und ich tue alles, um Schaden von ihr abzuwenden. Sie zerstören mir mein Kind!

HÖHNISCH: Als Laiin können Sie das gar nicht beurteilen. Klein Anna bekommt das ganze Programm, die volle Ochsentour … auf der Konferenz … der Fleischwolf … wir hatten einen bestätigten Anfangsverdacht.

Lina verkriecht sich an Mirandas Seite. Camille springt den beiden vorsorglich bei.

HÖHNISCH rüttelt ihn kräftig am Ärmel Hat dieser nicht im Entführungsauto draußen vor dem Tor gewartet?

CAMILLE: *befreit sich und schiebt demonstrativ die Schutzbrille vor den Augen hin und her.*Wenn Sie meinen?

HÖHNISCH: Unverkennbar, die Bewegung, die Figur. Sie saßen bei dem Verschiebebahnhof vorn am Steuer. Das war Beihilfe zur Kindesentführung, Behinderung von Sanitätskräften, schwere Schleuserkriminalität!

CAMILLE: Sie hätten das Kind mit Ihren Methoden umgebracht, Herr Professor. Die junge Mutter handelte in Notwehr.

HÖHNISCH: Ich erfahre heute die unerhörtesten Verdächtigungen, die mir in meiner gesamten dreißigjährigen Laufbahn begegneten!

LINA *reibt sich trostlos die weinenden Augen*: Kevin, Kevin!

HÖHNISCH *zu Miranda*: Mache ich tatsächlich einen so schlimmen Eindruck auf Sie und Ihr Kind? Ich möchte doch nur Ihr bestes.

Schweigen.

Sie werden mir noch auf Knien danken, wenn ich Ihr Kind wiederaufnehme und betreue! Und das will ich auch. Ich bin jederzeit dazu bereit.

LINA: Keine Spritze, keine Spritze, nie wieder Spritze! *Schluchzt.*

Camille bringt Herrn Gott auf Wink eine Richterrobe und hilft beim Anlegen. Anschließend kleidet er sich im Hintergrund unauffällig für den nächsten Auftritt um.

HÖHNISCH: Wir verstehen Ihr Mitgefühl mit Ihrem Kinde durchaus, junge Frau, aber der Gesetzgeber hat in kluger Voraussicht vorgebeugt. Er entlastet Sie … Wir haben die Anfangsdiagnose. Damit geht die Verantwortung für Ihr Kind automatisch auf mich als behandelnden Arzt über. Der weise Gesetzgeber schützt mit seinen Gesetzen Eltern, aus falschverstandener Sorge heraus Entscheidungen zum Wohle ihres Kindes zu boykottieren.

GOTT: Der weise Gesetzgeber enthält mit seinen weisen Gesetzen Eltern das rettende Wissen der alten Ernährungsärzte vor!

HÖHNISCH: Die Approbation von Frau Dr. Ehrlich liegt über ein Jahrhundert zurück!

GOTT: Wahres Wissen altert nie. Halbwissen aber bedingt unterlassene Hilfeleistung, Marquardt Höhnisch.

HÖHNISCH: Gar nichts unterlasse ich und niemandem enthalte ich meine Hilfe vor. Ich stehe auf dem Boden der neuesten Forschungen im ständigen Austausch mit den führenden Wissenschaftlern der Welt im Einklang mit dem geltenden Gesetz. Wenn das Kind stirbt, ist es allein der Verweigerungshaltung seiner Mutter zu verdanken.

LINA: Keine Spritze! Keine Infusion! Und keine Strahlen!

HÖHNISCH: Die mußt du aber bekommen, liebes Kind. Sonst bleibst du krank und stirbst.

LINA: Ich bin aber schon gesund. Und du bist böse!

HÖHNISCH: Wer hat das Kind so aufgewiegelt? Das ist Widerstand gegen die Staatsgewalt, Störung des öffentlichen Friedens, geistige Brandstiftung, Sabotage!

HULDA *begibt sich zu einem Stuhl, der mit Höhnischs Platz und der Theke zusammen den Eindruck zweier Gerichtsparteien vor einem Richter suggeriert*: Herr Kollege Höhnisch, Sie drangen am Montag vergangener Woche mit Ihren Schergen in das Haus der Familie ein und nahmen das Kind gegen den erklärten Willen seiner Mutter in Beschlag.

HÖHNISCH: Das war meine Pflicht … Gesetzespflicht … zum Wohle des Kindes.

HULDA: Sie ließen das Kind, nachdem Sie es aus dem Haus gezerrt hatten, in den Wagen sperren und abtransportieren.
HÖHNISCH: Zum Wohle des Kindes.
HULDA: Die Anklage lautet auf Hausfriedensbruch, Kindesentführung, Freiheitsberaubung …
HÖHNISCH: Ging nicht anders.
HULDA: Unterlassene Aufklärung …
HÖHNISCH: Widerlegt.
HULDA: Und versuchte schwere Körperverletzung.
HÖHNISCH: Ein lächerlicher Einstich, ein kleiner Pieks, ein Milligramm einer heilwirksamen Infusion.
HULDA: Sie haben das Kind gefesselt. Das Gift träufelte. Das Kind schrie.
HÖHNISCH: Aber da kam die junge Mutter schon und riß dem zarten Kind brutal die Infusion aus dem Arm. Die angebrochene Flasche wird die junge Frau teuer zu stehen kommen. Die Rechnung ist schon unterwegs. So eine Flasche kostet ein Vermögen.
GOTT: Hausfriedensbruch, Kindesentführung, Freiheitsberaubung, unterlassene Aufklärung, versuchte schwere Körperverletzung – da kommt eine Menge zusammen, Höhnisch.
HÖHNISCH: Ich lehne das hohe Gericht wegen grober Befangenheit und wissenschaftlicher Unkenntnis ab!
GOTT: Das wird dir nichts nützen, Höhnisch.
HÖHNISCH: Wollen Sie jungen Eltern die Verfügungsgewalt über ihre Kinder zurückerstatten? Leben wir noch im Mittelalter? Öffnen wir dem Mißbrauch Tür und Tor? So leid es mir tut, ich muß die Mutter zwingen, das Kind herauszugeben. *Zückt ein Smartphone. Lina vergräbt das Gesicht an Mirandas Seite.* Sie sehen es, das weise Gesetz allein zwingt Eltern, lebenserhaltende Maßnahmen an ihren Kindern zuzulassen.
GOTT: Sieben Zehntel der mit deinen scharfen Waffen behandelten jungen Menschen, Höhnisch, leiden lebenslänglich unter irreparablen Behinderungen. Sie sterben früher, meist am Neuausbruch der Krankheiten, von denen du sie kuriert haben willst. Das sagt die jüngste amtliche Statistik. Rechtfertigt so eine tieftraurige Bilanz

ein Gesetz, das Kindesentführung und schwere Körperverletzung befiehlt?

HÖHNISCH: Was erwartet ein Mensch denn noch, wenn er von einer dieser Bestien befallen ist? Dann ist das Leben doch entwertet. *In einem versöhnlich Ton:* Streben wir nicht alle danach, dem hippokratischen Eid zu genügen, Frau Dr. Ehrlich? Verhalten Sie sich, ich flehe Sie an, wenigstens als Kollegin und Wissenschaftlerin loyal, wenn Sie schon als Vertreterin der Anklage anderer Auffassung sind.

LINA: Bei Frau Doktor ist es so schön, ich kann da so wunderbar spielen. Und ich komme schon wieder ohne Pause den langen Weg zur Hütte rauf. Im Krankenhaus bin ich so schwach geworden. Mach, daß du mich nie wieder dorthin schickst, Mami! Mach, daß die bösen Männer mich nie wieder abholen kommen!

GOTT *drängt in einer jähen Anwandlung den perplexen Höhnisch auf den Platz hinter der Theke:* Wie lautet dein Urteil über die junge Frau?

HÖHNISCH: Mein Urteil? Ich bin doch angeklagt. Ich habe keine Zeit für dumme Komödienspäße. In diesen Augenblicken beginnt meine Frühschicht. *Richtet verwirrt seinen Kittel. Herr Gott gesellt sich zu Hulda.* Wenn ich Richter wäre …

GOTT: Tu, als ob!

HÖHNISCH: Nehmt die Frau jetzt fest und entreißt ihr das Kind!

Miranda und Lina versuchen zu fliehen, halten aber, von Herrn Gottes Gebärde der deckelnden Hand gebannt, inne und starren wie hypnotisiert auf Höhnisch. Nach einer Schnippbewegung Herrn Gottes können sie sich oberhalb der Gürtellinie bewegen, bleiben aber unterhalb blockiert.

LINA *schlägt die Hände vor den Augen zusammen:* Rettet mich vor dem bösen Mann!

Miranda umschlingt sie schützend mit den Armen.

HÖHNISCH: Überzeugen Sie Ihr Kind von der Dringlichkeit unserer Maßnahmen und bereiten es auf alle nötigen Eingriffe vor! Das und nichts anderes ist Ihre Mutterpflicht!

LINA: Keine Spritze! Keine Spritze!

HÖHNISCH *bedient das Smartphone*: Die Polizei kommt das Kind jetzt abholen und verhaftet die Mutter. Das Kind kommt in die Klinik zu einer sachgerechten Behandlung. Die Mutter kommt wegen Verstoßes gegen die elterliche Fürsorgepflicht und Gefährdung des öffentlichen Friedens ins Gefängnis. Sie aber, Hulda Ehrlich, verlieren Ihre Zulassung. Sie ist veraltet. Ich werde es bei der Ärztekammer morgen veranlassen. *Hantiert an dem Smartphone.* Wann steht die nächste Pflichtuntersuchung für die Kleine an?

Herr Gott macht eine Bewegung – Störung auf dem Smartphone und ebenso auf dem Monitor, der ein kratzendes Geräusch von sich gibt.

HÖHNISCH: Verdammt, hat man denn keinen Empfang hier?

GOTT: Verdammt, ist man nirgendwo vor der Welt da draußen denn geschützt?

HÖHNISCH: Keiner gibt Ihnen das Recht, mich bei der Durchsetzung von Gesetz und Ordnung zu behindern!

LINA: Ich hab Angst! Ich hab Angst vor dem bösen Erlkönig!

Herr Gott löst mit der Gebärde der offenen Hand die Erstarrungen, Höhnisch stürzt auf das Kind los und ein wildes Gerangel entsteht. Herr Gott sieht erst ruhig zu, dann fährt er mit einem Donnerblitz dazwischen. Hulda, das Kind fest an der Hand, und Höhnisch stehen sich frontal gegenüber.

HÖHNISCH: Sie werden erleben, wie das Kind Ihnen unter den Händen wegstirbt.

HULDA: Wem starb der kleine Kevin unter den Händen weg? Mir oder Ihnen, Herr Professor?

HÖHNISCH: Ja, weil die Krankheit zu schwer war und weil die Eltern zu spät zu mir kamen.

HULDA: Wenn *Sie* versagen, ist es die Krankheit oder ein Fehler der andern. Wenn *meine* Patienten sterben, bin es ich.

HÖHNISCH: Ich verlange wissenschaftliche Beweise, ich verlange Laborbefunde, ich verlange Biopsien.

HULDA *das Kind Miranda übergebend*: Und ich verlange Hausverstand, ungetrübten Blick und Menschenliebe.

HÖHNISCH *sich ans Publikum wendend*: Der moderne Jünger des Hippokrates mißtraut dem hippokratischen Blick. Der moderne Jünger des Hippokrates verlangt harte Fakten. Dank der modernen Forschung ist es dem modernen Jünger des Hippokrates gelungen, die Quellen menschlicher Fehlbarkeit zu überwinden. Dank seiner vollkommenen Geräte ist der Beruf des modernen Hippokrates ein präziser Beruf, seine Kunst eine präzise Wissenschaft und sein Selbstbild präzis bescheiden.

Grölendes Lachen einer Menschenmenge aus dem Monitor. Das Klappern eines Stocks und Schlurfgeräusche eines Blinden mit Abzeichen und Augenklappe, der Broschüren anbietet und sich trocken in das Lachen einklinkt, lenken die Akteure ab. Hulda steckt den Stecker des Automaten ein, Lina und Miranda machen sich leichtfüßig aus dem Staub.

CAMILLE *als Blinder verkleidet*: Von der Chemo bis zum wiedererblühenden Leben, in Vers und Reim gefaßt von mir. Der ganze Erlös fließt der Nachbetreuung kranker Kinder zu. Bitte kauft, ihr Leute! Ihr unterstützt einen guten Zweck!

GOTT: Sie geben nur ein Drittel ab und behalten zwei Drittel für sich. Das Büchlein wurde gesponsert und hat Sie nichts gekostet. Es ist ein billiger Trick, um die Leute zum Kauf Ihres Machwerks moralisch zu verpflichten! *Reißt dem Blinden Augenbinde und Mantel vom Leib und wirft den Stock lachend gegen den Automaten.*

AUTOMAT: Sie betreten den medizinischen Servicebereich. Sind Sie ein Patient? Bei Ja drücken Sie die Okaytaste. Sind Sie Kassenpatient? Wenn ja, drücken Sie die Okaytaste.

Camille, in seiner ursprünglichen Identität, tritt heftig gegen den Automaten, der ein Knistern von sich gibt und vergurgelt.

HÖHNISCH: Wer schafft mir diesen Kerl vom Hals!

HULDA: Die Anerkennung seines Falles steht noch aus, Professor.

HÖHNISCH: Was hatte er denn? Gutachten für die Frührente gefällig?

CAMILLE: Ich bin geheilt.

HÖHNISCH: Wie, Sie sind geheilt? Was verstehen Sie von Heilung?

CAMILLE: Ich bin geheilt!

HÖHNISCH: Wovon in Herrn Gottes Namen wollen Sie geheilt sein?

CAMILLE: Mein Körper hatte die Würste und die Braten, die er vertilgte, in einen handfesten Tiger verwandelt. Der zerrte nun heftig am goldenen Faden meines geliebten Lebens, wie böse Tiere das so tun. Der Tiger hatte sich im gesamten Bauchraum ausgebreitet.

HÖHNISCH: Warum leben Sie dann noch?

CAMILLE: Frau Doktor nahm mich unter ihre Fittiche und zeigte mir …

HÖHNISCH: Wildkräuter, Gemüse, Rohkost – es verfolgt mich noch im Traum!

HULDA: Überprüf's, statt ungeprüft daherzureden! Du wirst schon merken, wo die geraden Bäume wachsen, Höhnisch.

HÖHNISCH: Verlassen Sie sich lieber auf die kalten Gesetze der Chemie und auf die noch kälteren Gesetze der Ökonomie, Frau Dr. Ehrlich!

GOTT *amüsiert*: Ein ehrliches Wort.

HÖHNISCH *zu Camille*: In welchem Revier jagte der Tiger genau?

CAMILLE *zieht das Hemd über den Bauch*: Hier.

HÖHNISCH: Ich sehe nichts.

CAMILLE: Hier, so ein Paket. *Zeigt ein großes Areal auf der Bauchdecke an.*

HÖHNISCH: Und wo steckt der Kamerad heute?

CAMILLE: Verschwunden.

HÖHNISCH: Einfach so?

CAMILLE *streichelt sich den Bauch*: Weg, einfach weg.

HÖHNISCH: Geht's nicht ein bißchen präzis?

CAMILLE: Wir haben Frieden miteinander geschlossen.

HÖHNISCH: Sie behaupten einfach, der Kamerad im Bauch sei weg, und legen sich auf die faule Haut. Das ist unwissenschaftlich.

CAMILLE: Ich lebe und es geht mir gut. Ich wollte es vorhin kontrollieren lassen, ja, das wollte ich, endlich, nach dreißig Jahren wollte ich es kontrollieren lassen. Aber der Automat hat mich nicht mehr genommen.

HÖHNISCH: Niemand überlebt so etwas dreißig Jahre.

CAMILLE: Die Diagnose wurde mithilfe modernster Verfahren gestellt, Herr Professor. Von einem führenden Spezialisten.

HÖHNISCH: Von einem – Sie scherzen!

CAMILLE: Aber dank Frau Doktor …

HÖHNISCH: Wildkräuter, Rohkost, Gemüse, ich weiß. *Er inspiziert noch einmal Camilles Bauch.* Und die Narbe?

CAMILLE: Hätte man schneiden sollen?

HÖHNISCH: Sie hätten noch zwei, drei Male operiert werden müssen, ständig chemotherapiert, bestrahlt und kontrolliert. Das hätte Ihre Lebenserwartung auf maximal ein Jahr erhöht. Es ist ausgeschlossen, daß Sie bei diesem Befund noch heute, nach dreißig Jahren, leben. *Camille legt Höhnisch schweigend ein Papier vor*. Und wer nochmal, sagten Sie, hat die Diagnose gestellt?

CAMILLE: Sie!

HÖHNISCH: Ich?

CAMILLE: Genau, Sie.

HÖHNISCH: Fälschung, Zauber, Betrug! *Springt zornig auf …* Aber das hier ist auch kein Gericht, sondern eine heruntergekommene Bahnhofshalle, und dort sitzt eine Bande außerirdischer Gauner! *Schneidig* Angeklagter!

CAMILLE: Ich bin nicht angeklagt, Herr Richter.

HÖHNISCH: Sie zweifeln an meinem klaren Verstand und meinem Recht, Sie anzuklagen? Was fällt Ihnen ein, hier antanzen und behaupten, er wäre gesund! Was versteht er denn von Medizin, was versteht er von den Geheimnissen des Organismus? Nicht einen lächerlichen Atemzug versteht er! Sie haben kein Recht, Angeklagter, sich wohlzufühlen ohne Biopsie! Haben Sie die Konsequenzen Ihres nichtsnutzigen Handelns überdacht? Kommt daher und behauptet, er fühle sich wohl, er sei gesund, er sei geheilt, seit dreißig Jahren!

CAMILLE: Ich sagte doch nur …

HÖHNISCH: Schweigen Sie!

CAMILLE: Ich sagte nur …

HÖHNISCH: Und wenn Ihre Mitbürger, Sie vaterlandsloser Gesell, Ihren Lügenmärchen, Ihrem Betrug und Ihrem Verrat nun folgen und einen Aufstand gegen ihren Hausarzt, ihren Facharzt, ihre Klinik wagen, was dann? Sie unwürdiger Defätist! Sie Wehrkraftzersetzer! Das ist ein Totalangriff auf die Volksmoral!

CAMILLE: Ich sagte ehrlich nur …

HÖHNISCH: Schweigen Sie, Angeklagter!

CAMILLE: Ich sagte doch nur …

HÖHNISCH: Und wenn in vierzig Jahren eine Obduktion ergibt, Sie starben in den Klauen des Tigers, vor dem Sie sich in Freiheit wähnten, welcher verantwortungsvolle Arzt wird dann noch behaupten dürfen, Sie seien jemals auch nur für die Dauer eines lächerlichen Atemzuges geheilt gewesen? Wie entkräften Sie den Skeptiker, Angeklagter? Was entgegnen Sie mir, wenn ich behaupte, Sie sind krank, der Tiger ist unbesiegt? Angeklagter, wie reagieren Sie? Natürlich ist der Tiger unbesiegt. Und warum ist er unbesiegt?

CAMILLE: Aber ich lebe!

HÖHNISCH: Weil Sie vaterlandsloser Gesell meine Wissenschaft verachten, weil Sie die Allgemeinheit mit Ihrer Verweigerungshaltung beleidigen und jahrzehntelange Forschungen der Lüge bezichtigen! Sie sind ein niederträchtiger Lump! Angeklagter, den Tod haben Sie verdient, nichts als den gnadenlosen Krebstod, den öffentlichen Opfergang zur allgemeinen Sühne und zur Warnung vor Ihrer maßlosen Renitenz! Mein Urteil lautet: Tod durch …

AUTOMAT *lärmend, wie eine hängengebliebene Schallplatte*: Che Che Che Che Che Che Che Che Che Che– *Verstummt auf gebieterisches Handzeichen Herrn Gottes. Schweigen.*

CAMILLE: Aber ich habe doch nur …

HÖHNISCH: Halten Sie Ihre Fresse, Angeklagter, ich werde Ihnen das arrogante Maul schon stopfen!

CAMILLE: Ich habe nur Frau Doktor …

HÖHNISCH: Nichts haben Sie! Die bedeutende menschliche Wissenschaft geschmäht haben Sie, schmählich in den Dreck gezogen die Nation der Dichter und Denker haben Sie, Sie sind nicht wert, daß die Sonne der Anständigen länger Ihr Haupt bescheine, Sie sind ein asozialer Trittbrettfahrer, ein Volksverhetzer, ein Schwein! Abführen!

Hulda schlägt dem zitternden Camille beschwichtigend den Arm um die Schultern, Höhnisch schüttelt sich benommen.

GOTT *fröhlich*: Und, wie war er?
HULDA: Camille, beruhige dich, es war ein Scherz, kein guter Scherz vielleicht, aber von erzieherischer Wirkung auf den angeklagten Prof. Höhnisch.
HÖHNISCH: Gerade sollte ich richten!
HULDA: Man möchte verrückt werden, wenn man bedenkt, was Sie anrichten.
HÖHNISCH: Ich tue nur mein bestes, nach bestem Wissen und Gewissen, gemäß meinem hippokratischen Eid.
HULDA: Ich weiß, ich weiß. Geräte lügen nicht.
GOTT: Welches Urteil schlägst du vor, Hulda?
HULDA: Er soll nur gehen und die Menschen weiter unsicher machen.

Höhnisch blickt zweifelnd zu Herrn Gott.

GOTT: Ja, geh! Du bist frei. Sie erwarten dich zur Frühschicht.
HÖHNISCH: Ich verlange, ernstgenommen zu werden! Ich verlange Respekt!
GOTT: Respekt wovor?
HÖHNISCH: Aber bitte!
GOTT: Respekt muß man sich erdienen.
HÖHNISCH: Sie haben mich behext. So kraß drücke ich mich nicht aus. Das war menschenverachtend.
GOTT *legt ihm zutraulich die Hand auf die Schulter*: Wenn die Wahrheit dir mit Elefantenwucht auf beide Füße tritt und ein von Gesundheit strotzender Erwachsener und ein mit einem Anfangsverdacht geängstigtes gesundes Kind auf einen Zentimeter vor deine Netzhaut rückt, wirst du

immer noch dementieren, dementieren bis zum Abwinken. Hauptsache, du behältst recht samt deiner gesamten kranken Richtung. Mir aus den Augen, Ungeheuer! *Scheucht den stolpernden Höhnisch mit einer wegwerfenden Gebärde von der Szene.*

Lautsprechereinblendung.

SPRECHCHOR: Jutta, geh, Jutta, geh, Jutta … *Einblendung stumm.*
GOTT: Was ist das?
CAMILLE: Eine Gruppe frustrierter Ärzte hat das Amtsgebäude der Gesundheitsministerin belagert.
GOTT: So früh am Morgen?
CAMILLE: Die ganze Nacht. Die Ministerin tagte in Klausur mit dem Verband europäischer Arznei- und Apparatehersteller bis zum Morgen.
GOTT: Was hatten sie zu besprechen?
CAMILLE: Die Rahmenbedingungen sollen für sie besser werden.
GOTT: Die kriegen doch jetzt schon alles, was sie wollen, bewilligt!

Weiter Einblendung:

1. EINZELSTIMME: Wir wollen wieder arbeiten wie vernünftige Ärzte! Wir wollen wieder Zeit haben für unsere Patienten, für die Pflege, für das Gespräch!
2. EINZELSTIMME: Wir wollen ohne Zwang und Druck dem Wohl des Patienten dienen!
3. EINZELSTIMME: Wir haben es satt, unseren Patienten lukrative Produkte anzudrehen!
MEHRERE: Weg mit der Fremdbestimmung!
2. EINZELSTIMME: Wir wollen ein Gesundheitssystem und kein Geschäftsmodell!
1. EINZELSTIMME: Zurück zu einer humanen Medizin!
SPRECHCHOR abnehmend: Jutta, geh, Jutta, geh, Jutta …

Einblendung aus.

GOTT: Auf der großen Weltkonferenz in Madrid demnächst wird auch die auf Abwege geratene Heilkunst angesprochen werden, und hoffentlich, hoffentlich, findet die Menschheit wieder aus eigener Kraft zu Mutter Natur zurück. – Hulda, welche Fälle stehen für die verbleibende Nachtstunde denn auf dem Programm?

HULDA: Die Sängerin und die Pianistin.

GOTT: Lassen wir sie herein.[1]

Während er die Robe ablegt und mit Hulda wieder Platz hinter der Theke bezieht, treten Lina und Miranda, beide in Auftrittskleidern, Lina als ältliche Sängerin, vor das Thekentribunal. Lina führt Miranda an einer Leine im Schlepptau, Miranda trägt einen Band Noten. Lina fuchtelt mit einem Schreiben wütend in der Luft.

GOTT: Was haben Sie da?

LINA: Ich bin Sopranistin.

GOTT: Was ist daran schlimm?

LINA: Ich wurde, wurde, musikalisch gesehen, ermordet wurde ich!

GOTT: Sie leben doch noch, und wenn der Anschein zutrifft, in einigermaßen guter Verfassung.

LINA: Ich in guter Verfassung, ich? Am Boden zerstört, vernichtet, ein Wrack bin ich, ein Pflänzchen, das sich in sich selber verkriecht.

GOTT: Was haben Sie denn?

LINA: Diese Person, diese infame Person, hat mich getötet!

GOTT: Die Miranda ist ganz harmlos, die tut keiner Spinne was zuleide.

LINA: Wie Sie sich täuschen, Herr Gott! Wie bin ich selber dieser intriganten Person auf den Leim gegangen!

MIRANDA: Wenn diese Person mich und ihre ganze Umgebung zum Lügen zwingt? … Miranda, der Ton klang jetzt besser als vorhin, nicht wahr? … Ja, Lina, dieser Ton war der beste deiner fünfzehn Versuche … Das Lied wird doch laufen, Miranda? … O ja, Lina, mach dir keine Sorgen … Das Publikum steht schon im Foyer. Ob die merken, daß ich indisponiert bin? … Lina, jetzt denke nicht ans Publikum, denke an deinen Gesang, der alleine zählt.

1 Wenn erwünscht, kann hier Pause sein.

LINA *sinkt auf einen der Stühle und verhüllt das Gesicht*: Denke an deinen Gesang … und jetzt das! *Drückt das zerknitterte Schreiben, hinter sich greifend, Camille in die Hand, der es auf Wink Herrn Gottes überfliegt.*
GOTT: Aber was ist das für ein Gewimmel!

Man vernimmt schlurfende Geräusche und Gemurmel einer Menschenansammlung außerhalb. Herr Gott winkt Camille fort, der ihm das Schreiben weiterreicht und nachschauen geht. Auf dem Monitor der Überwachungskamera, der eben angegangen ist, erscheinen Eingangsbereich und Servicetheke eines Fastfood-Restaurants.

HULDA: Fünf Uhr, Hermann. Da öffnet der Bahnhofs-Mac-Nahrhaft seine Automatiktüren und läßt den ersten Strom der Hungernden ein. Und für die junge Bedienerin beginnt der Kundenstreß: Bestellungen entgegennehmen, Bestellungen abpacken, Bestellungen abrechnen, der nächste bitte. Bis zum Dienstschluß am Nachmittag keine Sekunde Verschnaufen. Und weißt du, was sie dafür bekommt?

Statt zu antworten, wendet sich Herr Gott gedankenlos dem Schreiben zu.

LINA *reißt es ihm aus der Hand*: Erst Zuckerbrot, dann Peitsche, die verlogene Schleimerin!
GOTT *fordert mit einer mahnenden Geste das Schreiben zurück, blickt drüber*: Ihre Freundin Miranda beschreibt, wie sie die lange Rückfahrt in der Nacht nach Ihrem gemeinsamen Auftritt in der Bahn verbrachte. Zum Schlafen kam sie nicht, aus Sorge, den Anschlußzug zu verpassen.
LINA: Erst Zuckerbrot, dann Peitsche!
GOTT: Ich kann nichts übles finden an diesen Zeilen.
LINA: Das dicke Ende folgt!
GOTT: Sie hörte ein anspruchsvolles Hörbuch und stillte den Hunger mit Vorräten, die sie kurz vor ihrer Abfahrt vorsorglich erstanden hatte.
LINA: Dabei ließen sich die Proben so harmonisch an!
MIRANDA: Die Hoffnung stirbt zuletzt.

LINA: Du hast mich immer bestätigt und hundertmal betont, es wird schon werden.

MIRANDA: Hätte ich den Klavierdeckel zuschlagen und abreisen sollen eine Minute vor Einlaß? Was wäre das für ein Skandal geworden, Lina! Und vielleicht geschah ja ein Wunder und das Konzert gelang?

GOTT *sieht auf den Monitor*: Das ist aber eine verdammte Sklavenwirtschaft, Hulda, nur Druck, skandalös!

HULDA: Ich dachte, so Kleinigkeiten wie der Stundenlohn einer Mac-Nahrhaft-Bedienung interessieren dich nicht.

GOTT: Was bekommt sie denn?

HULDA: Eine Kleinigkeit allerdings bekommt sie. Sie bekommt, sage und schreibe, sechs Euro vierzig bekommt sie!

GOTT: Davon kann sie neben Wohnen und Essen niemals Sonderuntersuchungen am medizinischen Serviceautomaten berappen.

HULDA: Sie kann sich gerne für die nächsten zweitausendfünfhundert Jahre verschulden und den Automaten gerne nutzen.

GOTT: So dumm wird sie hoffentlich nicht sein!

HULDA: Das hoffe ich auch.

GOTT: Und wer verantwortet diese Sklavenwirtschaft?

HULDA: Einer der reichsten Konzerne der Welt unter Duldung unserer sauberen Frau Staatspräsidentin.

GOTT: Skandalös, skandalös!

AUTOMAT *heiser und kratzig*: Die Hoffnung stirbt zuletzt. *Knistert und verstummt.*

LINA und MIRANDA *zusammen*: He?

GOTT: Sehe ich das richtig, Miranda, du hast dir die Dinge schöngeredet?

MIRANDA: Das tut man schon mal, wenn die Lage peinlich wird.

Hulda verweist Herrn Gott auf eine spätere Passage in dem Schreiben.

LINA: Ich hatte mit der Allergie von dem Filzbelag zu kämpfen! Das hast du mir bestätigt, daß der Bodenbelag die Atemwege reizt!

MIRANDA: Ein kleiner Huster, ich gebe es zu.

LINA: Ein kleiner Huster? Rede dich nicht heraus! Du hast mich bestätigt!
MIRANDA: Ich bin keine Stimmenexpertin, Lina, aber ich habe den Eindruck, hier geht's um etwas anderes als um Allergien gegen Filz.
LINA: Um was geht es denn?
MIRANDA: Um etwas, das keiner Sängerin um die sechzig erspart bleibt.
LINA: Was weißt du von meinem Alter!
MIRANDA: Laß es ein Jahr weniger sein.
LINA: Du betontest doch, du hast keine Ahnung. Dann halte dich auch bei meinem Alter raus!
MIRANDA: Kein hoher Ton hat mehr gestimmt, geschweige schön geklungen. Du bist eine abgetakelte Sängerin, Lina.
LINA: Wir waren einmal befreundet, Miranda!
MIRANDA: Ändert das etwas daran, daß du abgesungen bist!
LINA: Die ganzen Monate hast du stillgehalten.
MIRANDA: Du nötigst Leute, dir heile Welt vorzulügen.
LINA: Ich nötige niemand.
MIRANDA: Ständig.
LINA: Du bist gemein.
MIRANDA: Dann sing doch wenigstens einfache Sachen!
LINA: Ich habe nie an großen Häusern singen müssen, ich habe meine Stimme immer schonen können. Meine Stimme ist frisch und jung wie am ersten Tag!

Spöttisches Lachen aller anderen. Eine massige Fremde, dargestellt von Camille, unterbricht. Der Monitor blendet aus.

CAMILLE *als Fremde zu Miranda*: Lesen Sie?
MIRANDA: In meiner freien Zeit schreibe ich sogar.
LINA: Unverschämte Briefe schreibt sie!
CAMILLE: Was lesen Sie denn?
GOTT: Was fällt Ihnen ein? Sie stören!
CAMILLE *zu Miranda*: Kennen Sie Wahrheit.de und Aufklaerung.de, Aufklärung mit a-e? Das sollten Sie googeln. Wahrheit.de und Aufklaerung.de. Da steht alles drin.
MIRANDA: Ich kenne solche Verschwörungstheorien.
CAMILLE: Sie wissen nicht, was Sie sagen und wovon ich rede. Es wird höchste Zeit, daß Sie jemand informiert!

GOTT: Na hören Sie mal, kreuzen uns über den Weg und schreiben uns vor, was wir lesen sollen!

CAMILLE: Googeln Sie: Wahrheit.de und Aufklaerung.de, Aufklärung mit a-e. Dann wissen Sie auch, seit wann die USA bankrott sind.

MIRANDA: Ich hörte davon.

CAMILLE: Die Vereinigten Staaten von Amerika wollen alle Welt zu Vasallen machen. Wir sollen alle tributpflichtig werden. Darum erweitern sie ständig den Militärhaushalt.

MIRANDA: Sie fantasieren, gute Frau.

CAMILLE: Ich fantasiere keinesfalls. Aber das wußten Sie bestimmt nicht: die USA schüren überall Konflikte, um den Dritten Weltkrieg zu bekommen. Sie wollen ihre leeren Kassen füllen: durch Waffenabsatz, durch Gewinne aus den Reparationen der Verlierermächte und durch die Beteiligung am Wiederaufbau. Ihre Helfer in der Politik, unsere Staatspräsidentin, die ganze Regierung gehören standrechtlich erschossen.

MIRANDA: Bildlich gesprochen, abgesegnet.

CAMILLE: Standrechtlich, sprichwörtlich, totgeschossen. Sie sind die blinden Handlanger der Vereinigten Staaten und haben längst schon unsere Interessen, Ihre Interessen, meine Interessen, die Interessen der Herrschaften dort *zeigt in die Runde* an die großen Weltkonzerne verkauft.

GOTT: Da stimme ich Ihnen zu.

CAMILLE: Und was geschah früher mit Volksverrätern, was machte man mit fahnenflüchtigen Eidbrechern? Richtig, sie wurden standrechtlich erschossen. *Zu Miranda:* Haben Sie von Chemtrails gehört?

MIRANDA: Wie heißen die Dinger?

CAMILLE: Chemtrails. Nein? Dann leben Sie wahrhaft hinterm Mond.

MIRANDA: Was soll das sein?

CAMILLE: Chemtrails sind Chemikalien. Sie werden von den Flugzeugen abgelassen, um unser Klima und die Atemluft zu verändern.

MIRANDA: Fragen Sie meinen Ex-Freund. Der sympathisierte mit solchen Theorien.

CAMILLE: Ihren Ex-Freund. Wohl der Trennungsgrund? Ihr Ex-Freund hatte recht.

HULDA: Merken Sie nicht, daß Sie uns nerven?

CAMILLE: Die Menschen sind nicht informiert. Sie müssen sich informieren. Sonst werden wir, Sie, ich, die junge Frau hier, wir alle, die Neger der USA. Wahrheit.de und Aufklaerung.de, Aufklärung mit a-e.

HULDA: Aber daß Sie fehlernährt sind, haben Sie nicht ergoogelt?

CAMILLE: Was wollen Sie damit andeuten?

HULDA: Haben Sie gegoogelt oder haben Sie nicht?

CAMILLE: Wie kommen Sie darauf, daß ich fehlernährt bin?

HULDA: Ich sehe es an Ihrer Figur und merke es an Ihrer Ausdünstung.

CAMILLE: Das ist eine Taktlosigkeit sondergleichen, mir zu sagen: Sie sind dick und haben Körpergeruch! *Geht, beleidigt mit den Schultern wackelnd, mit großem Hüftschwung ab.*

GOTT *wendet das Schreiben und zeigt die auf der Rückseite abgebildete Werbung her*: Glauben Sie, Sie erweisen sich einen Dienst, wenn Sie das Image der Jungen-Liebhaberinnen-Partien gewaltsam aufrechterhalten, Frau Kammersängerin? Das Foto auf Ihrem Plakat wurde vor mindestens dreißig Jahren geschossen.

LINA: Das machen alle: Jugendfotos von sich veröffentlichen, das hat mir noch keiner vorgeworfen.

MIRANDA: Weil keiner sich das traut … Manfred, du hast keine Ahnung von Gesang, Mechthild, du bist keine Künstlerin … Und Manfred nickt: Du hast recht, ich bin nicht vom Fach … und Mechthild bestätigt: Ich verstehe nichts von Kunst.

GOTT: Ob das ankommt, als die eigene Mutter aufzutreten?

MIRANDA: Sehr richtig, Herr Gott, ein schreiender Gegensatz. Das Jugendfoto auf dem Plakat und die Mutter im Saal, die Jungen-Liebhaberinnen-Partien auf dem Programm und die schiefen Töne, unerreichten hohen Lagen, ohrenzerreißenden Schärfen, gewaltsam herausgestemmten Desse und Esse, die ein G hätten werden sollen, im Saal. Es klang, als ob eine Katze Kälber würfe.

GOTT: Erleben wir heute morgen nicht echtes Varieté, Hulda?

HULDA: Ich finde eher Gruselkabinett, Hermann.

LINA: Solch eine Beleidigung hätte ich aus Ihrem Munde am allerwenigsten erwartet, Frau Doktor!

HULDA: Wie soll ich das verstehen?
LINA: Das werden Sie früh genug verstehen.
MIRANDA: Ich habe lange geschwiegen, aber nach diesem Auftritt war das Krüglein voll.
GOTT: Was machen wir mit den beiden, Hulda? Soll sich Miranda weiter fremdschämen müssen?
HULDA: Der Hauptteil aller Kunstausübung steht und fällt mit der zutreffenden Selbsteinschätzung des Künstlers im Wechselspiel mit seinen Erwartungen und Plänen.
GOTT: Schöner Satz: Der Hauptteil aller Kunstausübung steht und fällt mit der zutreffenden Selbsteinschätzung des Künstlers im Wechselspiel mit seinen Erwartungen und Plänen … Ob der Schöpfer des Weltalls sich auch so unzutreffend einschätzt wie diese Frau?
HULDA: Als Künstler aller Künstler weißt du das am besten selber.
GOTT: Wie ich mich heute fühle, fürchte ich das schlimmste. Vielen Dank für die rosigen Aussichten, Hulda.
LINA *zu Miranda*: Du glaubst mir einfach nicht.
MIRANDA: Was soll ich dir noch glauben?
LINA: Meine Sopranstimme steckt in einer momentanen Krise.
MIRANDA: Alle abgesungenen Sängerinnen führen Gründe ins Feld. Bei der einen ist es ein zurückliegender Unfall, bei der nächsten der Einfluß des leider falsch eingeschätzten Gesangslehrers, bei der dritten die Probleme zu Hause, bei der vierten der stressende Veranstalter und bei der fünften ein Allergien auslösender Teppich. Ich habe die Nase von Sängerinnen voll!
LINA: Du glaubst mir nicht. Ich werde es allen zeigen!
MIRANDA: Ich wünsche dir Glück dabei. Aber bitte verschone mich mit dem weiteren Verlauf deiner Krise und laß die Leine endlich los! Ich habe keine Nerven mehr für dich und, ehrlich gesagt, auch kein Interesse mehr an deinem Problem.
LINA: Den Bettel hinschmeißen, wenn's schwierig wird, das nenne ich eine Freundin!
MIRANDA: Für dich die Psychotherapeutin spielen, solang ich lebe, den Motor, die Motivationstrainerin, die Bettenmacherin von Prinzessin auf der Erbse, lebenslänglich und fast umsonst!

LINA: Was unterstellst du mir!

MIRANDA: Einen Coach, der deinen Ansprüchen genügt, kannst du gar nicht bezahlen.

LINA: Womit auch, wo ich dank deiner Hilfe jetzt ruiniert bin!

MIRANDA: Singst du die falschen Noten oder ich?

LINA: Du bist gemein.

MIRANDA: Ich bin an deinen schiefen Tönen nicht schuld.

LINA *gewahrt, daß Hulda sich ins Halbdunkel zurückziehen will*: Warum kriegt diese Frau da, die Frau Doktor, meine Stimme nicht flott?

HULDA: Ich habe nie behauptet, Ihrer Stimme den Glanz zurückzugeben, den sie besessen haben mag.

LINA: Besessen haben mag! Ich sang an mittleren Häusern in erlesenen Partien!

HULDA: Ich habe für Ihre Art naturfernen Singens kein Gespür und finde es, ob gut oder schlecht, eher unangenehm.

LINA: Sie hätten mir sagen müssen, daß es nicht mehr geht.

HULDA: Ich bin eine Ärztin alter Schule und keine Kritikerin. Organisch sind Sie wieder gesund.

LINA: Was? gesund? ich? Ohne meine Stimme bin ich krank! Ohne meine Stimme bin ich nichts! Geben Sie Ihr Versagen auf ganzer Linie zu!

HULDA: Eine eitle Frau sind Sie, Camille sollte Ihnen tüchtig den Hosenboden versohlen.

GOTT: Was erwarten Sie vom Alter, Frau Kammersoubrette?

LINA: Soubrette? Jugendlich-dramatischer Sopran!

GOTT: Wie entscheiden wir, Hulda? *Pocht auf das Schild mit der Aufschrift* GERICHT.

LINA: Ich verlange, daß Miranda mich am Samstag wieder begleitet.

GOTT: Bei dem, was Miranda über Ihren Gesang denkt, verlangen Sie nicht allen Ernstes eine neuerliche Zusammenarbeit.

LINA: Sie kann die Zusammenarbeit nicht einfach aufkündigen und mich hängenlassen, schließlich lebe ich von meinem Gesang!

MIRANDA *nimmt Platz*: Ich werde mich nicht noch einmal hinsetzen und gemeinschaftlich mit dir das Publikum betrügen!

LINA: Ich singe mit innigstem Gefühl und aufrichtigster Überzeugung.

MIRANDA: Du singst schrecklich.

LINA: Noch nie hat mir jemand vorgeworfen, ich sänge schrecklich.

MIRANDA: Dann wird es höchste Zeit.

LINA: Los, gib den Ton an! Ich werde den Herrschaften hier beweisen, wie gut ich den Gesang beherrsche!

GOTT: Nein, Frau Kammersängerin, das werden Sie nicht. Sie entlassen Ihre nette Assistentin aus der Pflicht und ziehen Leine. Aber nicht an dieser Leine, die lassen Sie bitte los! Die falschen Töne haben Sie allein gesungen, die nimmt Ihnen keiner ab. Abtreten! *Streckt die Faust aus. Heftige Blitze und Donnerschläge. Sogar der Medizinische Serviceautomat reagiert: er sprüht Funken und fängt zu glühen an. Danach sind Lina und Miranda verschwunden.*

GOTT: Was macht dieser unnütze und überflüssige Arbeitszwang mit den Menschen, was macht er mit uns, die wir diese Menschen ertragen müssen! Diese 62jährige Person, die nichts gelernt hat als singen und das auch noch schlecht, soll weitermachen bis zur Rente. Was soll sie arbeiten, wer nimmt sie denn noch? Soll sie putzengehen? Das hat sie nie gemacht. Mit 62 damit anfangen? Es gibt Bessere, sogar in diesem Beruf. Soll sie für das halbe Entgelt wie die nächstjüngere Putzfrau putzengehen? Die Weltkonferenz in Madrid wird hoffentlich wegweisende Entscheidungen in diesen Fragen treffen.

Nach einer kurzen Verdunklung steht, als Minister in bayrischer Trachtenjoppe, Kniebundhose und Wanderschuhen, Höhnisch irritiert in der Bühnenmitte. Miranda gesellt sich in ihrer ursprünglichen Kleidung zur Gruppe und bezieht hinter der Theke als Protokollantin Position.

HÖHNISCH: Wann fährt der nächste Zug? … Ich habe meinen Chauffeur aus den Augen verloren … Es hat gewittert und gekracht, es blitzte und dann war es kurz stockfinster und jetzt steh ich hier am Fuß der Treppe in dieser unappetitlichen Halle.

MIRANDA: Ja, so bedient ihr Politiker eure Kunden bei der Bahn: mit unappetitlichen Hallen.
HÖHNISCH: Wann fährt der Regionalzug nach München?

Verhaltenes Lachen von Hulda und Herrn Gott.

MIRANDA: Hier fährt kein Zug.
HÖHNISCH: Warum lachen die?
GOTT: Wir sind keine die.
HÖHNISCH: Ich leite immerhin das Ministerium für Landwirtschaft und Verbraucherschutz.
GOTT: Das wissen wir und darum stehen Sie hier.
HÖHNISCH: Was ist das für ein Ort?
GOTT: Ein Bahnhof, sehen Sie doch.
HÖHNISCH: Es fahren keine Züge.
GOTT: Es ist ein stillgelegtes Gleis.
HÖHNISCH: Der Bahnhof ist verhältnismäßig neu, und dort steht ein Serviceautomat.
GOTT: Hier befinden sich eine Krankenstation und ein Gerichtssaal. Wir spielen Jüngstes Gericht.
HÖHNISCH: Mir scheint eher, Sie spielen Klapse.
GOTT *streckt die Faust aus, einmaliges Blitzen und Donnern*: Das ist für die Insassen dieser Klapse, die Blitz und Donner halluzinieren.
HÖHNISCH: Das war nicht halluziniert, das war echter Donner.
GOTT: So, finden Sie? *Klimpert mit den Fingern in der Luft. Für einige Sekunden hört man den Lärm heftigen Regnens aus dem Monitorlautsprecher. Der Lautsprecher verstummt.*
HÖHNISCH: Was werfen Sie mir vor?
HULDA *tritt in den Zeugenstand*: Unten im Tal, dort wo wir wohnen, lebten bis vor wenigen Jahren kleine Bauern. Sie konnten vom Ertrag ihrer Felder, Gärten und Ställe leben. Da kamt ihr und verlangtet von ihnen, sie sollten ihre Milch reinigen, ihre Ställe modernisieren, ihre Bottiche durch Container ersetzen und das Vieh mit neuen Stoffen spritzen lassen. Ihr schriebet ihnen die Größe ihrer Gerätschaften und den Umfang stallpflegerischer Maßnahmen vor. Ihr schriebet ihnen vor, in welcher Zeit das Schlachtvieh welches Gewicht und wieviel Milch die Milchkuh

um wieviel Uhr zu geben, wie groß und wohlgerundet der Apfel wann zu sein habe und welche Abgabe mindestens auf den Hof zu legen sei. Für alles verlangtet ihr Papiere und amtliche Stempel. Der kleine Bauer kann soviel Papierkram nicht leisten, soviele Auflagen nicht erfüllen und soviele Abgaben nicht erwirtschaften und kennt sich in der Theorie nicht aus. Das kann nur ein großer Hof, ein richtiges Unternehmen, eine landwirtschaftliche Fabrik. Hier sinken durch die Menge die Stückkosten und erledigt ein eigenes Büro die Verwaltung. Jetzt gibt es keine Bauern mehr bei uns im Tal. Im Nachbarort steht jetzt eine Agrarfabrik mit Platz für viele tausend Hühner, eingesperrte Rinder und Schweine.

HÖHNISCH: Was habe ich damit zu tun?

GOTT: Och der Unschuldsengel. Sitzt an der Quelle und trübt kein Wässerlein, der Herr Minister.

HÖHNISCH: Ich kann an den Entscheidungen der europäischen Zentrale nichts machen und Verträge meiner Vorgänger im Amt des Ministers für Landwirtschaft und Verbraucherschutz nicht annullieren. Wo kämen wir hin, wenn Staaten Verträge brächen? Wir leben nicht mehr in Zeiten brachialen Faustrechts und staatlicher Hegemonie.

GOTT: Agrarfabriken sind wichtiger als die Schönheiten und die Fruchtbarkeit der unversehrten Natur.

HÖHNISCH: Wovon träumen Sie? Sieben oder acht Milliarden Menschen wollen ernährt sein, da zählen nur Erträge, Erträge, Erträge.

GOTT: Wie lange? Ein paar Jahre?

HÖHNISCH: Große Erträge. Ihre kleinen Milchbauern und Gemüsegimpel schaffen das nie.

GOTT: Aber die Großen? Und wenn das Land kaputtgeht, was schaffen die Großen dann noch?

HÖHNISCH: Wenn das Land kaputtginge, täte mir das leid.

GOTT: Gehen Sie hin und überzeugen Sie sich! Kommen Sie in unser Tal: die Böden *sind* schon kaputt, das Grundwasser, von der Gülle der viel zu vielen Nutztiere, *ist* schon verdorben.

HÖHNISCH: Ich kenne euch Himmlischen und eure Rhetorik. Die Sängerin vorhin habt ihr auch schon mundtot gemacht.

HULDA: Sie sang sich selber in den stimmlichen Abgrund.

HÖHNISCH: Wenn ich einen Betrieb unterhalten will, muß ich auch die Wege kennen. Sonst kann ich das Land nicht bestellen.

Ein Fremder mit Zipfelmütze, dargestellt von Camille ohne dicken Bauch, unterbricht.

CAMILLE *als Fremder*: Ich fahre zum ersten Mal von diesem Bahnhof ab. Ich warte schon seit vier Stunden vergeblich auf diesen Zug. *Zeigt Hulda die Verbindung auf einem Plan.*

HULDA: Ja, aber dieser Zug fährt nur werktags.

CAMILLE: Haben wir nicht Werktag?

HULDA: Wir haben Sonntag.

CAMILLE: Wir haben Samstag. Ich bin seit früh um acht unterwegs, ich drückte kein Auge zu und warte noch immer auf den Zug.

GOTT: Nach Mitternacht fängt immer ein neuer Kalendertag an, und hier steht es schwarz auf weiß: der Zug fährt werktags.

CAMILLE: Ich war auf diesem Bahnhof erst ein einziges Mal: bei meiner Ankunft heute mittag.

GOTT: Gestern mittag. Heute mittag kommt erst.

CAMILLE: Pardon, gestern mittag. Ich wollte meine Freundin besuchen. Wir hatten uns zwei Jahre wild und leidenschaftlich geschrieben, über Internet. Wir hatten uns heftigst ineinander verliebt. Und endlich wollten wir uns kennenlernen: heute.

GOTT: Gestern.

CAMILLE: Gestern. Treffen wollten wir uns, endlich, bei ihr zu Hause in der Wohnung, hier, einen Kilometer von diesem Bahnhof entfernt. Aber ich habe ihre Wohnung nicht gefunden. Den ganzen Tag strich ich in ihrem Viertel umher. Ein Schild mit ihrem Namen war nirgendwo zu finden. Auch die Nachbarn wußten nichts von einer Frau dieses Namens. Sie muß mich belogen und eine falsche Adresse angegeben haben.

GOTT: Oder sie hat Sie beobachtet und von dem verabredeten Treffen abgesehen.

CAMILLE: Glauben Sie?

GOTT: Das sind die Fehler, die man als Jugendlicher so macht.

CAMILLE: Ich bin aber kein Jugendlicher mehr, ich bin 36!

GOTT: Umso schlimmer.

HULDA: Aber glauben Sie jetzt nicht, daß wir auf der ganzen Zugfahrt den Psychiater für Sie spielen, junger Mann!

HÖHNISCH: Wie geht's hier raus, ich muß hier weg!

GOTT: So, flott! *Schnippt mit den Fingern, Blitz und Donner, der Serviceautomat glüht auf. Abdunklung und neues Licht. Höhnisch und der Fremde sind verschwunden, Lina in ihrer ursprünglichen Kleidung zurück.*

MIRANDA: Irgendwie hab ich mir den Himmel spaßiger vorgestellt.

GOTT: Ich auch. Aber ist die Erde besser?

HULDA: Manchmal. Je nachdem. Als ich noch praktizierte, waren Ärzte Leute, die das abgebrochene Glied in der Kette zwischen der beschädigten menschlichen Natur und den Kräften der allgemeinen Natur wiederherzustellen trachteten. Unsere Krankenanstalten waren keine nüchternen Betonklötze, sondern Heilhäuser inmitten grünender Parklandschaften, sie waren Oasen für Seele und Leib.

GOTT: Aber das war auch nur bei den besonderen Kapazitäten so, bei denen du lerntest, Hulda.

HULDA: Und wenn es nur bei den besonderen Kapazitäten so war, es sollte überall so sein. Und jetzt so ein Automat, Medizinischer Serviceautomat, jede Sekunde wird gezählt. Was die Maschine ausspuckt, gilt an Arztes Statt.

GOTT: Seit die Menschen wissen, daß die alten Religionen wenig taugen, erkennen sie keinerlei Wahrheit mehr an. Nur was sich zählen und messen läßt, zählt. Sie behandeln die Schöpfung wie einen Klumpen Müll. Die Tiere, an deren Wohlergehen ich meine Wonne hatte, stehen eingepfercht in engen Gefängnissen und leiden trostlose Langeweile, wenn sie nicht bereits vor ihrem Schlachttermin an ihren Qualen und an Entkräftung sterben, und kaum ein Rind, kaum ein Huhn, kaum ein Schwein genießt bis zu seinem frühen Schlachttierende Auslauf, wie es ihm natürlich wäre: draußen, an der frischen Luft, unter Baum und Strauch, inmitten buntblühender, an Schmetterlingen und nützlichen Insekten reicher Wiesen.

LINA: Wünschen Sie denn die alten Religionen zurück, Herr Gott?

GOTT: Auf keinen Fall, in meinen finstersten Träumen nicht, Lina! Aber das? Die alten Religionen waren wenigstens noch fantasievoll und bunt, wenn auch nicht auf einem besonders hohen intellektuellen Niveau.

HULDA: Ich wünsche mir einen Aufschrei der gesamten gequälten Schöpfung.

LINA: Wie stellst du dir das vor?

HULDA: Die Natur wird zurückschlagen, so oder so, glaubt mir. Die Menschheit hat noch nie so fremd ihren Wurzeln gegenübergestanden wie heute, hatte noch nie so wenig guten Hausverstand und Maß für die Dinge gezeigt. Aber einige jüngere Menschen wissen, die Menschheit kann nicht so naturentfremdet weiterleben, die Wissenschaft nicht so seelenlos weiterforschen. Diese wenigen, glaubt mir, werden handeln, ehe es zu spät ist.

GOTT: Soll die Menschheit sich doch zugrunderichten. Ich habe ihr alles gegeben, was sie braucht: Ohren, Augen, Sinne und Verstand. Ob die große Konferenz den Wechsel bringt?

HULDA: Du bist wieder depressiv. Wir sollten uns eine Weile absentieren, Hermann, und die Sinne vor der Wirklichkeit verschließen.

GOTT: Und was treibe ich den lieben langen Tag? Wie verbringe ich die Myriaden Jahre bis zur nächsten Zäsur, die ich mir selber gesetzt habe, bis zur nächsten Chance, etwas in diesem Getriebe zu verändern?

HULDA: Falls in der unendlich kurzen Pause des nächsten Urknalls überhaupt eine neue Chance entsteht, Hermann, und nicht schon wieder alles läuft, wie der alte Impuls es will.

GOTT: Gefangener in Ewigkeit, Gefangener meiner eigenen Gesetze, Gefangener des Alls. Die Natur ist grausam, nicht milde, meine Hulda, besonders nicht zu dem, der sie entworfen hat. Das Werk wendet sich gegen den Schöpfer. Frankenstein hätte sein Monsterwesen besser nie geschaffen.

LINA: Sie sehen aber doch auch viel Erfreuliches, Herr Gott.

GOTT: Exotische Wesen wie diese abgetakelte Soubrette.

HULDA: Nach der Madrider Konferenz wird sie nicht mehr gezwungen sein, ihre angegriffene Gesangskunst für Geld zu Markte zu tragen, dann wird Menschen wie ihr geholfen sein.

MIRANDA: Ich gehe auch in die Gärtnerei arbeiten, wenn ich anderswo nichts verdiene.

HULDA: Heute arbeitest du ja wohl am Theater.

MIRANDA: Ja, heute. Aber in meiner engagementfreien Zeit?

LINA: Es ginge der Diva gegen die Natur. Sie hat das nie gelernt.

MIRANDA: Da haben wir's wieder: immer wenn wir nicht nachdenken und nichts verändern wollen, war es die Natur.

HULDA: Ich verordne unserm Hermann die nächsten Jahre Abstand von den Menschen. Wir schauen uns auf unserer Alm Naturfilme an aus einsamen Gebirgsgegenden und den Ozeanen. Da sind bunte Pflanzen und exotische Fische und Papageien und die ganze Pracht, die das Auge wünscht.

LINA: Hört ihr das Gerumpel am Bahnsteig gegenüber?

MIRANDA: Der erste Frühzug.

HULDA: Fahren wir bis München Hauptbahnhof, steigen in die erste Bahn nach Garmisch, und gegen Mittag sind wir auf unserer geliebten Alm.

GOTT: Wenn ich die Alm nicht hätte und den Rückzug ins Grüne, ich ginge zugrunde.

HULDA *mit Blick auf den mit Fernsehzubehör zurückkehrenden Camille*: Hoffen wir auf einen ungestörten Empfang.

GOTT: Und eine gute Konferenz!

HULDA: Die können wir ungestört am Bildschirm verfolgen.

CAMILLE: Ich habe die neuen Empfangsteile besorgt, der Empfang müßte funktionieren.

GOTT *lächelt trüb*: Die Technik vertreibt doch manchem alten Herrn die schlechte Laune.

HULDA *hakt bei ihm unter*: Das technische Zeitalter hat auch seine guten Seiten, Hermann.

GOTT: Es ist nicht alles schlecht, was ich inganggeschmissen habe, nicht wahr, Hulda?

HULDA: Nicht alles, Hermann.

CAMILLE: Gehen wir!

Die Gruppe der Himmlischen geht ab. Ansage hinter der Szene: Bitte einsteigen und die Türen schließen! *Geräusch von schließenden Waggontüren und Abfahrt.*

II. Die Konferenz

Anita TANNER, *Staatspräsidentin, Anfang 60, dicklich*
Peer SIMON, Staatssekretär, *Mitte 40, hager*
IRENE Herzberg, *jüngere Aktivistin*
Dr. WAGNER, *Konzernbesitzer*
LINDNER, *Konzernbesitzer*
die STIMME

In mehreren der Szenen gibt es auf einer Projektionswand, die für den Zuschauer nur von der Seite zu sehen ist, und über Monitorlautsprecher Einblendungen.

1

Vorzimmer im Amtssitz der Staatspräsidentin. Tanner, Irene und Simon.

IRENE *zeigt ein Konvolut locker zusammengefügter Notizen*: Mein Onkel, Ihr Vorvorgänger im Amt, Frau Staatspräsidentin, hinterließ uns diese Unterlagen. Sie waren sehr weit ausgearbeitet, aber verstreut. Es gelang uns erst im vergangenen Jahr, sie zusammenzufügen.

TANNER *zeigt eine gedruckte Broschüre*: Die publizierte Version traf gestern ein.

IRENE: Mein Onkel wollte diese Unterlagen mitnehmen zu seinem Treffen mit dem damaligen Präsidenten der russischen Föderation Lennieff. Dazu kam es dann leider nicht mehr.

TANNER: Ihr Onkel Anton Herzberg war todkrank. Die Öffentlichkeit wußte es nicht. Noch vor Lennieffs Ankunft erlag er seinem schweren Leiden. Er hatte es bis zuletzt geheimgehalten.

SIMON: Seitdem müssen unsere Präsidentschaftsanwärter ein umfangreiches amtsärztliches Attest vorlegen.

IRENE: Der Sekretär meines Onkels berichtete, der Hausarzt von Anton Herzberg und Anton Herzberg selber hätten ihn verdeckt auf die Erkrankung hingewiesen, er habe die Warnung damals aber überhört.

TANNER: Es stand extrem viel auf dem Spiel.

IRENE: Alles stand auf dem Spiel!

TANNER: Na, übertreiben Sie mal nicht, wir leben noch!

IRENE: Mein Onkel Anton Herzberg wollte eine Bestandsaufnahme unseres Planeten initiieren. Diese Bestandsaufnahme sollte die umfassendste Bestandsaufnahme werden, die es jemals gab. Eine unabhängige Kommission sollte Vorteile und Nachteile aller politischen Systeme zusammentragen. Auf einer internationalen Konferenz sollten alle Fakten ausgewertet und um gemeinsame Lösungen gerungen werden.

TANNER: Das ist bekanntermaßen nicht mehr geschehen.

IRENE: Weil Anton Herzberg starb.

TANNER: Ich weiß, worauf Sie anspielen. Die im Zusammenhang mit Herzbergs Tod erhobenen Verdächtigungen lasse ich unkommentiert.

IRENE: Herzberg wurde ermordet!

SIMON: Sie haben doch gehört, das möchte die Frau Staatspräsidentin nicht kommentieren.

IRENE: Durch seinen Hausarzt! Mit einem falschen Medikament!

TANNER: Der Tod trat im Rahmen der üblichen Therapierisiken ein.

IRENE: Das war in dem Moment Absicht. Am Nachmittag vor dem Treffen mit Lennieff war Herzberg wohlauf, er wartete voller Optimismus auf den Besucher, der eben vor seinem Amtssitz eintraf.

SIMON: Die Frau Staatspräsidentin kann den Schmerz um Ihren Onkel, dem Sie sehr nahestanden, nachempfinden, bittet Sie aber dennoch, zur Sache zu kommen.

TANNER: Sie unterstellen also, daß vor dreizehn Jahren kein Interesse daran bestand, die Weltprobleme einer Lösung näherzuführen.

IRENE: Jeder Lösungsvorschlag wurde zerredet und, wenn das Zerreden mißlang, mit harten Mitteln brutal bekämpft.

TANNER: Ein starker Vorwurf. Und warum sollten Lösungsvorschläge sabotiert worden sein?

IRENE: Jede umfassende Lösung verlangt den Menschen Anstrengungen, große Anstrengungen ab.

TANNER: Das kann in der Tat heikel werden.

SIMON: Reden Sie einer Politik der Verbote das Wort, Frau Herzberg?

IRENE: Wenn es nicht anders geht? Aber nur dann.

TANNER: Es wird nur mit Verboten gehen.

IRENE: Wenn Sie den Menschen vermitteln, was sich ändern muß und warum es sich ändern muß, dann werden die Menschen gerne folgen.

TANNER: Unser Mitempfinden, unser soziales Gewissen mag ja noch funktionieren, aber das der andern? Die Menschen haben noch Fleisch auf dem Teller und Treibstoff im Tank.

IRENE: Aber zu welchem Preis!

SIMON: Zu einem recht billigen Preis, will mir scheinen.

IRENE: Günstig nennen Sie das? Ob das die bettelarmen, zu krankmachenden Arbeiten gezwungenen, aus verseuchten Regionen vertriebenen Menschen weltweit auch so sehen? Welchen Preis zahlen *die* für unseren Konsum!

TANNER: Sollen wir auf jede Fleischpackung Fotos genmanipulierter Kraftfutterplantagen, aussterbender Tierarten, krepierender Anrainer, zerstörter Agrarlandschaften, aus den Nähten platzender Massenschlachthöfe aufdrucken? Wer wählt uns dann noch?

SIMON: Sollen wir vor jedem Textilgeschäft, jedem Schuhladen Dokumentarfilme zeigen von weinenden Industriearbeiterinnen und ihren todkranken Kindern in China? Von Männern und Frauen, die in den Dämpfen der Kleberstoffe für unsere Markenschuhe ihre Lungen zerstören und in den ätzenden Laugen ihre Haut und dennoch am Abend sich und ihren Kindern keine ordentliche Suppe leisten können? Dürfen wir Handys nur noch mit einem Aufkleber verkaufen: Für Ihr neues Gerät leiden niedliche Philippinenkinder in giftigen engen Stollen, wo sie für einen Cent in der Stunde ihre Zukunft verspielen, versklavt von ein paar gewissenlosen Bergwerksbesitzern?

TANNER: Müssen wir vor jeder Ladentür Aufnahmen von zerstörten Naturlandschaften zeigen, die von großen Baggern bei der Suche nach Ölvorkommen in gähnende Wüsteneien verwandelt werden?

SIMON: Und Filme von verpesteten Flüssen, in denen nur noch Mißgeburten von Fischen vegetieren, von vergüllten Böden und dem ganzen Reich des Todes?

TANNER: Wollen Sie das? Aber pardon, dafür werden wir nicht gewählt. Wir werden gewählt, weil der Braten auf den Tisch kommt und Benzin in den Tank. Dafür sorgen wir.

SIMON: Sie verlangen also, daß wir leben, als lebten wir im Mangel? In Wahrheit leben wir im Überfluß!

IRENE: Hoffentlich nicht mehr lange!

SIMONE: Das habe ich überhört, Frau Herzberg.

IRENE: Ich meinte, dieser Wohlstand steht auf wackligem Fundament.

TANNER: Das hören wir seit 150 Jahren.

IRENE: Sie täuschen uns und Sie täuschen sich, Frau Staatspräsidentin. Das Elend wurde ausgelagert, darum sehen wir es nicht mehr vor unserer Nase. Die Sklavenmenschen, die für nichts für uns arbeiten, sterben weitweg, die Bagger, die halbe Kontinente in unbewohnbare Wüsten verwandeln, vollenden ihr Zerstörungswerk Flugstunden von uns entfernt, die Smogwolken, die ganze Bevölkerungen dezimieren, regnen vor Europas Grenzen ab. Wie in den barbarischen Anfängen der Menschheit vergreifen sich die Gewissenlosen an den Verlierermenschen und befriedigen ihre ungerechten Ansprüche mit deren Blut.

SIMON *lacht trocken*: Wenn Sie und ich überleben wollen, müssen wir leider anderen etwas wegnehmen, Frau Herzberg. Wir schaden einem anderen zwangsläufig, sonst überlebt nämlich *der* und *wir* bleiben auf der Strecke.

IRENE: Es müßte nach unseren Berechnungen genügend da sein für alle.

SIMON: Wie sehen denn diese Berechnungen aus?

IRENE: Das steht vorläufig in dem Papier, das Ihnen seit gestern vorliegt und der Vorbereitungskommission unserer Konferenz als Arbeitsgrundlage dient. *Verweist auf die beiden Skripte. Simon lehnt mit einer Gebärde ab, das gedruckte aufzuschlagen.* Das Herzberg-Institut hat auf seinen weltweiten Aufruf über fünfzig Reaktionen erhalten. Über fünfzig der reichsten Personen der Welt signalisieren Bereitschaft, einen Teil ihres Vermögens zu stiften, um den Planeten zu sanieren. Allerdings, wie Sie sich denken werden, kann diese Stiftung nur unter bestimmten Auflagen erfolgen.

TANNER: Aber wird das Geld dieser Menschen reichen?

IRENE: Einige der Angesprochenen wollen Anteile von bis zu achtzig Prozent ihres Gesamtvermögens stiften.

TANNER: Oh, das klingt abenteuerlich. Und sehr mutig.

IRENE: Die Summen, die ich hörte, übersteigen jedes Vorstellungsvermögen und dürften ausreichen, das ambitionierteste Sanierungsprogramm aller Zeiten abzustützen.

TANNER: Diese Milliardäre, wie Sie vorgeben, verlangen Mitspracherecht. Wie weit wird diese Mitsprache gehen?

IRENE: Wenn die Konferenz zu vernünftigen Beschlüssen gelangt, erwarten wir keine Probleme. Weitere Besitzer mehrstelliger Milliardenvermögen stehen bereits in Vorverhandlung mit uns. Ich werde bereits morgen einen prominenten Spenderkandidaten treffen.

SIMON: Dürfen wir wissen, wer es ist?

IRENE: Eigentlich nicht. Aber es wurde kein Stillschweigen vereinbart. Es ist Dr. Wagner vom Sanux-Konzern.

TANNER *steht auf, die anderen folgen*: Ich danke für Ihr Vertrauen, Frau Herzberg. Mein Staatssekretär begleitet Sie zur Tür, Sie werden von mir hören. *Irene Herzberg mit dem Autographen ab. Tanner blättert in der gedruckten Broschüre. Staatssekretär zurück.* Wenn diese Leute mit ihrem Plan durchdringen, Peer, ist es mit unserer Lieblingsidee, dem weltweiten Freihandel, vorbei. Dann ist es um meinen Ruf als Einigerin Europas, Retterin der Union und Präsidentin der blühendsten Exportnation des Kontinents geschehen. Unsere großen Konzerne verlangen, daß ich den Freihandel garantiere. Wie kann ich das noch sicher tun, wenn wir auf Afrika und wen sonst noch Rücksicht nehmen? Andererseits, wenn auf dieser Spenderliste selber einige Konzerne stehen?

SIMON: Sanux ist kein kleiner Name.

TANNER: Das ist einer. Und er ist auch noch nicht sicher.

SIMON: Diese Liste würde ich mir als erstes zeigen lassen und sorgfältig prüfen. Die junge Frau kann sehr viel behaupten.

TANNER: Das versteht sich.
SIMON: Wie frei, wie locker ist der Umgang der Menschen doch geworden ohne Grenzen heute. Dein Beitrag zum Frieden in Europa und der Welt ist groß, Anita, und wenn alles mit rechten Dingen zugeht, wirst du dafür den Friedensnobelpreis erhalten.
TANNER: Willst du meinen Job dann übernehmen, Peer?
SIMON: Wie meinst du?
TANNER: Wärest du bereit, in diesem Land zu regieren?
SIMON: Aber darüber habe ich nicht zu befinden, darüber befindet das Parlament!
TANNER: Wenn ich dich aber vorschlage und das Parlament nickt ab, wärest du dann bereit?
SIMON: Darüber habe ich nicht nachgedacht.
TANNER: Einfache Frage, antworte ja oder nein: Bist du bereit? *Lange Pause*. Also niemand will mein Amt.
SIMON: Ich weiß nicht, ob ich den Anforderungen dieses Amtes gewachsen wäre.
TANNER: Ich war auch nur eine kleine Steigbügelhalterin bedeutenderer Männer. Das ist immer eine Frage der Perspektive, Peer. Man findet schnell in das Metier.
SIMON: Die Zeiten sind schwieriger geworden.
TANNER: Du sagst es, die Zeiten sind schwieriger geworden. Das Resultat meiner, das Resultat unserer Politik: die Zeiten sind schwieriger geworden …
SIMON: Der Globalismus.
TANNER: Eben, der Globalismus.
SIMON: Dessen Errungenschaften wir nicht missen möchten.
TANNER: Dessen Errungenschaften wir nicht missen möchten.
SIMON: Und dennoch war es richtig so. Der Weg bis hin zu einer geeinten einigen Welt ist anspruchsvoll und dornig. Und er ist alternativlos.
TANNER: Neuerdings könnte ich mir in der Rolle einer Präsidentin der Wende gefallen. Gestalten statt verwalten, das sollte wieder die Herzen erfüllen. Was können wir heute noch gestalten? Kaum haben wir eine Schadensstelle zugedeckelt, tritt am anderen Ende die nächste auf. Wir hetzen von einer Baustelle zur nächsten. Als ich vor dreizehn Jahren ins Amt strebte, rangen mit mir noch zwei Gegenkandidaten um das Amt, und es bedurfte der ganzen Überredungskunst unseres damaligen Fraktionsvorsitzen-

den, sonst wären es aus der eigenen Partei noch weitere Kandidaten geworden. Und heute? Ich werde selbst von erbitterten Gegnern alter Tage auf Knien gebeten: Bewirb dich ein weiteres Mal, stelle dich ein weiteres Mal zur Wiederwahl. Todfeinde von früher beten allen Ernstes darum zu Gott, daß ich gesund bleibe und das Amt bei klaren Kräften in die nächste Legislatur hinüberrette, und offen wird die Wiederabschaffung des amtsärztlichen Attests für Regierungschefinnen gefordert. Mache ich in den Augen meiner alten Todfeinde denn so eine gute Politik? Eher nein. Eher ist das Amt so beschaffen heute, daß man es nur noch seinem ärgsten Feind an die Backe wünscht. Mit Anfang 60 kann man da schon etwas nachdenklich werden. Ist das Amt so schäbig geworden?

2

Kleines Konferenzzimmer. Irene und Dr. Wagner.

IRENE *wischt sich die Hände an einer Stoffserviette*: Ich habe auf keinem Empfang je so vorzüglich gespeist.

WAGNER: Wir wußten, Sie ernähren sich grün. Ich und mein Haus tun dies inzwischen auch. Sie aßen soeben Früchte und Salate von unseren Versuchsfeldern.

IRENE: Versuchsfeldern?

WAGNER: Nun erschrecken Sie mal nicht, junge Frau! Die Blase der Genforschungen ist in meinem Unternehmen längst geplatzt. Unsere Biologen testen, in welchen Kombinationen Pflanzen den größten Ertrag bringen, ohne daß Böden und Tierwelt leiden. Kommen Sie doch in ein paar Wochen wieder, dann führe ich Sie durch unsere Felder. Eine Pracht von Blumen und Schmetterlingen und Bienen und nützlichen Insekten aller Art erwartet Sie. Und dazwischen gedeihen unsere Kräuter und Nutzpflanzen. Aber auch ein Labor in freier Natur, wenn ich das so ausdrücken darf, gibt es zu besichtigen. Unsere Wissenschaftler sind den Geheimnissen der Wirkstoffe in den Pflanzen und Wildkräutern auf der Spur. Was ist anders, wenn wir eine frischgepflückte Brennessel zerkauen …

IRENE: Das geht?

WAGNER: Mit einem einfachen Trick. Unsere Enkelin hat ihn uns gezeigt: wie eine Roulade einrollen, anpressen und in den Mund stecken. *Demonstriert es anhand einer beliebigen eßbaren Pflanze, die greifbar steht.* Nichts passiert. Es schmeckt vorzüglich.

IRENE: Sie suchen nach neuen Pflanzenwirkstoffen?

WAGNER: Genau das tun wir nicht.

IRENE: Aber Sie erforschen Wirkungen?

WAGNER: Was ist anders, wenn wir eine Brennessel unverarbeitet verspeisen und wenn wir ihr ein paar Wirkstoffe entziehen und den Rest entsorgen? Meine Frau, der kein Arzt der Welt mehr helfen konnte, wurde dank des Kräuterwissens einer pflanzenkundigen Russin kerngesund.

IRENE: Sie hatten also einen familiären Anlaß, Ihre Unternehmenspolitik zu ändern?

WAGNER: Ich kann verstehen, wenn meine Konkurrenten solcher Anlässe bedürfen. Bei mir war das anders. Ich hatte mich als ehrgeiziger Pharmakologe zum Abteilungsleiter emporgearbeitet, als ich die Firma von meinem Onkel übernehmen sollte. Ich wäre gern in meiner Position verblieben, hier hatte ich Fühlung zur wissenschaftlichen Arbeit, hier spürte ich den Reiz der Entdeckung hautnah, und das ging jetzt nicht mehr. Ich mußte entscheiden, weiter so oder eine neue Firmenpolitik. Schon damals hatte ich das ungute Gefühl, etwas stimmt nicht in deiner Bilanz. Ein Dompteur bringt eine gute Nummer zustande, wenn er die Pferde liebevoll behandelt. Du aber behandelst die Natur in deinem Labor als ein seelenloses Reservoire toter Rohstoffe. Den Organismus, den du beeinflussen willst, betrachtest du als jederzeit zu manipulierenden Apparat, die Natur ist für dich ein Feind, den du erbittert bekämpfst. Aber das ist sie nicht, die Natur ist des Lebens Freund!

IRENE: Wenn ich meinen Acker mit Kraftdünger stresse und mit einer Armada hochwirksamer Schädlingskiller besprühe, bekomme ich vielleicht ein paar Jahre Prachterträge, aber danach ist der Boden tot.

WAGNER: In Südamerika tragen Sojafelder von der Größe eines Schweizer Kantons nach einer Handvoll fetter Jahre nur noch Gestrüpp. Die Pflanzen verdorren, soviel man sie auch wässert und wieder und wieder mit Dünger und

Pestiziden traktiert. Die alten Bestäuberinsekten sind ausgerottet, hypertrophierte Schädlinge bevölkern das öde Land.

IRENE: In China bestäuben Kolonnen bettelarmer Landarbeiter mit feinen Pinselchen Blütenkelch um Blütenkelch und erledigen die Arbeit von Heerscharen gesunder Bienenvölker, die es nicht mehr gibt.

WAGNER: Da muß ich Ihnen was erzählen. Neulich war eine Abordnung chinesischer Parlamentarier bei uns im Konzern. Wissen Sie, sagte deren Anführer, Sie sind zu vorsichtig. Wir machen es anders. Wir probieren und schauen, was herauskommt. Geht es schief, dann probieren wir es wieder. Und wieder. Und noch einmal. Das Risiko ist immer auf eine Milliarde und vierhundert Millionen Schultern verteilt.

IRENE: Die Chinesen verfügen über genügend Humankapital, denen machen hunderttausend Tote nichts aus.

WAGNER: So ist es. Der einzelne zählt dort nichts.

IRENE: Und wir Europäer treiben weiter Geschäfte mit diesen Politikern.

WAGNER: Das ist unsere verdeckte Form des Rassismus.

IRENE: Ja, unsere verdeckte Form des Rassismus. Unsere Regierung sollte den Handel mit diesen Staaten auf der Stelle stoppen.

WAGNER: Sollte sie, aber tut sie nicht. Ich habe eine Zweigniederlassung in Mittelchina und versuche, zumindest die Menschen dort, die Tiere, den Boden, das Wasser, die Luft besser zu behandeln. *Begleitet Irene vor die Projektionswand.*

IRENE: Wir Menschen müßten längst untergegangen sein. Aber die Natur ist so verschwenderisch, verschwenderisch im Zerstören, verschwenderisch im Produzieren. *Sie und Wagner nehmen auf Sesseln vor der Projektionswand Platz, in Reichweite das Arbeitspapier für die Konferenz.*

WAGNER: Die Entscheidung fiel mir nicht leicht: trittst du das Erbe deines Onkels an oder gibst du das Familienunternehmen ab. Damals gab es gerade diese Unfälle in diversen Atomkraftwerken.

IRENE: Aber die fanden weit weg von uns statt.

WAGNER: Schwere Unfälle konnten jederzeit überall stattfinden, wo es unbeherrschbare Technologien gab.

IRENE: Jede Technik gehört auf den Prüfstand.

WAGNER: Und abgeschafft, wenn das Risiko ein Limit übersteigt. Aber ich sagte mir: die Firma bietet auch ein kostbares Potential, eine große Chance. Kapital kann nicht nur zum Schaden, Kapital kann ebenso gut zum Nutzen aller beitragen. Wenn die Errungenschaften der modernen Technik einmal befreit sind aus ihrem Frondienst um Marktvorteile, dann werden wir vielleicht einen Zustand erreichen, der den Namen Zivilisation verdient.

IRENE: Haben wir den noch nicht?

WAGNER: Solange Wissenschaft und Forschung als Huren um die großen Unternehmen buhlen, sind wir von der wahren Zivilisation entfernt. Meine Frau brachte mich damals auf den entscheidenden Gedanken: Studiere den Stoffwechsel neu, vertiefe deine Kenntnisse der Anatomie!

IRENE: Das verstehe ich nicht: Stoffwechsel? Anatomie?

WAGNER: Das Kapillarsystem der Pflanzen, der Organismus von uns Säugern, das Ökosystem unserer malträtierten Erde funktionieren identisch, Frau Herzberg. Selbst das Zusammenspiel der Menschen innerhalb der Gesellschaft, innerhalb des Staates und der ganzen Welt unterliegt identischen Gesetzen. *Er wirft ein Bild an die Projektionswand.*

IRENE: Was ist das?

WAGNER: Erraten Sie es?

IRENE: Ein Tumor?

WAGNER *zeigt mit einem Curser*: So schön verkapselt?

IRENE: Sind Tumore nicht so schön verkapselt?

WAGNER: Nein, Tumore sind nicht verkapselt.

IRENE: Was ist es dann, wenn es kein Tumor ist?

WAGNER: Es ist die Umhüllung eines Metallsplitters. Er hatte sich bei einem Unfall ins Gewebe eines Bauarbeiters verirrt und war nach Versorgung der Hauptwunde steckengeblieben.

IRENE: Stößt der Körper so etwas nicht ab?

WAGNER: Rauseitern? So ein großes Ding?

IRENE: Wie wär's mit langsamer Resorption durch das Blut?

WAGNER: Metall? Das würde Jahrhunderte dauern.

IRENE: Aber irgendetwas hat der Körper doch unternommen, um der Krise Herr zu werden?

WAGNER: Der Körper hat den Eindringling … schauen Sie nochmal genau …

IRENE: Er hat das Klümpchen mit einem Mantel umgeben.

WAGNER: Richtig, er hat das Metall mit einem Mantel umhüllt. Bei der Operation konnte man es fühlen.

IRENE: Bei den Kraftwerksunfällen hat man auch versucht, den Meiler einzukapseln. Man hat ihn einbetoniert. Mit der operativen Entfernung wird das aber noch etwas dauern …

WAGNER *wirft eine zweite Projektion an die Wand*: Das ist nun ein Tumor. Vergleichen Sie – *zurück zu Bild 1 und wieder das zweite* – die klar gezeichnete Abgrenzung beim Metallsplitter und die diffuse Umgrenzung, eigentlich gar keine Grenze mehr, bei diesem bösartigen Tumor. Hier ist der Schaden sozusagen durchgebrochen und infiltriert das gesamte System. Der schwierige, noch eben abgegrenzte Schadensfall hier, der übergreifende, den gesamten Raum erfassende Unfall dort. Beim größten anzunehmenden Unfall stoßen Abkapseln und Resorbieren und all die kleinen Maßnahmen des Organismus an ihre Grenzen.

IRENE: Was lerne ich daraus?

WAGNER: Wir müssen neu unterscheiden lernen zwischen Angelegenheiten, die man vor Ort regeln kann, und Angelegenheiten globaler Auswirkung. Was tun wir stattdessen? Wir schreiben Regionen heute vor, wie sie ihre Lokalschäden bekämpfen sollen. Die großen Fragen jedoch, die alle betreffen, behandeln wir wie Randerscheinungen, denen man mit Lokalmaßnahmen beikommt.

IRENE: Was folgt aus dieser Erkenntnis und der Kenntnis der Anatomie für das Konzept meines Instituts?

WAGNER: Sie müssen die Frage der Zuständigkeiten neu lösen, Irene. Einerseits müssen Sie das Krisenmanagement vor Ort flexibler und kraftvoller sich entwickeln lassen; zugleich müssen Sie die Verantwortung aller für die Gemeinschaft des Lebens endlich, endlich sicherstellen. Die Regionen müssen künftig wieder kleinere Regionen werden, nicht mehr diese anonymen unbeweglichen Gebilde von heute; gleichzeitig darf nichts Nachteiliges mehr aus Nachlässigkeit eine Landesgrenze passieren und jemals wieder in den Gürtel des Lebens dringen. Wir tragen Verantwortung für die Gemeinschaft alles Lebenden, nicht nur bei uns.

IRENE: Das sehen wir genauso.

WAGNER: Aber setzen Sie es auch um? Wie wollen Sie die Pflichten der einzelnen gegenüber dem Gesamten, dem Gürtel des Lebens, durchsetzen, Irene?

IRENE: Die Staaten werden den Nutzen erkennen, den es für sie bringt, wenn sie konform zum Wohle des Ganzen handeln.

WAGNER: Vertrauen Sie nur naiv auf gute Absichtserklärungen und freiwillige Selbstverpflichtungen!

IRENE: Kann sein, daß ich etwas zu naiv an die Vernunft im Menschen glaube.

WAGNER: Was Sie in Ihrem Konzept gut lösen, ist die Logistik, wenn das Kind bereits in den Brunnen gefallen ist, wer wann mit dem Feuerwagen vorfährt, wer welche Löschflugzeuge schickt, die Unfallmedizin. Aber wie verpflichten Sie die einzelnen zu einer vernünftigen Prophylaxe, damit dies überflüssig wird? Das delegieren Sie in die Obhut von Absichtserklärungen und wohllautenden Versprechungen. Wenn nicht mehr kommt, ist Ihr Konzept das Papier nicht wert, auf dem es gedruckt steht, Irene Herzberg! Kein gewissenhafter Unternehmer kann in so ein wackliges Unternehmen investieren!

IRENE *kleinlaut*: Sie meinen, neben der Unfallmedizin brauchen wir eine Medizin des Ganzen, wenn ich Sie richtig verstehe, eine Art innere oder internistische Medizin.

WAGNER: Ja. Aber nicht die innere Medizin von heute. Die Medizin des Stoffwechsels baut heute leider auf einigen unrichtigen Prämissen auf. Die Frage bleibt zu klären: wie können wir Fälle, in denen die kleinen Reparaturmechanismen versagen und der gesamte Organismus ins Trudeln gerät, ein für allemal verhindern?

IRENE: Da richten die alten Kräfte nichts mehr aus.

WAGNER: So ist es.

IRENE: Die Frau Staatspräsidentin hält aber größte Stücke auf die alten Kräfte und macht ihre politische Zukunft von deren Weiterbestehen abhängig.

WAGNER: Die Frau Staatspräsidentin ist ein Problem.

IRENE: Sie ist wichtig.

WAGNER: Leider.

IRENE: Sie mögen sie nicht?

WAGNER: Ob ich sie mag oder nicht, bleibt ohne Belang. Sie vertritt jene alte Gläubigkeit an die unbegrenzten Möglichkeiten der Technik. Das halte ich heute für einen höchst gefährlichen Aberglauben.

IRENE: In so einer Machtposition geradezu gemeingefährlich.

WAGNER: Stehen Sie mit ihr in Verbindung?

IRENE: Ich hatte gestern bei ihr Audienz und treffe in den kommenden Tagen erneut ihren Staatssekretär.

WAGNER: Staatssekretär Simon ist von meinen konservativen Kollegen instruiert und vertritt knallhart deren kurzfristige Geschäftsinteressen. Für den müssen Sie besonders ausgeschlafen sein.

IRENE: Dann darf das Anton-Herzberg-Institut also nicht mit Ihnen rechnen, Herr Dr. Wagner?

WAGNER: Wie würde sich das Herzberg-Institut denn eine Zusammenarbeit mit mir vorstellen?

IRENE: Wenn Sie Ihre Ideen in unsere Kommission zur Vorbereitung der Konferenz einbringen könnten, wäre das ein unermeßlicher Gewinn.

WAGNER: Und wenn ich nach Maßgabe meiner Eignung Anspruch auf eine Leitungsposition erhebe?

IRENE: Wären Sie unter diesen Bedingungen denn bereit?

WAGNER: Ich könnte einen Teil meiner Zeit der Stiftung zur Verfügung stellen. Und auch eine gewisse finanzielle Unterstützung in Aussicht stellen. Bezüglich des Finanziellen schlage ich grundsätzlich vor, die Stiftungsgelder zu stunden. Nach der Sinnhaftigkeit der Beschlüsse und dem Erfolg erster Maßnahmen soll entschieden werden, ob und welche Summen weiter fließen. Sie werden verstehen, kein seriöser Unternehmer setzt eine Summe ins Blaue aus und unterschreibt einen Blankoscheck, kein seriöser Unternehmer investiert in unbekannte Ziele. Eigentum verpflichtet. Der Eigentümer soll das Gemeinwohl achten, aber er sollte auch das Eigentum achten. Können Sie mir folgen?

IRENE: Unbedingt!

WAGNER: Aber können Sie damit auch *leben?*

IRENE *glücklich*: Abgemacht!

Die beiden erheben sich. Kräftiger Handschlag.

3

Plenarsaal im Parlament. Der Verfolger fokussiert die Staatspräsidentin, die zurückgelehnt auf ihrem Regierungssessel sitzt und ausschließlich mit Gesten und Mienen die Rede kommentiert, die auf dem vom Publikum abgewandten Bildschirm ins Plenum übertragen wird. Öfter schaut sie angewidert drein, dann liest und korrigiert sie gelangweilt Notizen. Eine weibliche Stimme trägt leidenschaftlich die nachstehende Gedichtrede vor.

STIMME: Pfeift mir nicht länger das Lied vom Tod,
ihr von den Regierungen und Parlamenten,
ihr auf euerm hohen Roß!
Ihr Handlanger des Kapitals,
habt ihr noch nicht bemerkt,
daß ihr die Trauermarschweise einer abgelebten Epoche trällert?

Nur die den Tod verherrlichen,
wollen länger
eure Agrarwüsteneien, eure Tierfabriken,
eure Großschlachthöfe und das Sterben der Bauern.
Nur die den Tod verherrlichen,
wollen länger
die Verödung des Landes
und die kalte Herrschaft von Monsanto.
Nur die den Tod verherrlichen,
wollen länger
die Lügen gefälschter Studien und gekaufter Anwaltskanzleien,
wollen die Herrschaft der Maschinen und des Autos über das Leben,
wollen die Patentierung dessen, was uns allen gehört:
die Pflanzen des Feldes,
das Wasser in der Erde, die Luft zum Atmen.
Nur die den Tod verherrlichen,
wollen länger
die Asphaltierung der Flußauen und die Photovoltaikanlagen
über fruchtbaren Ackerböden, wollen diese Subventionspolitik,
die Bauern zu arbeitslosen Verpächtern macht.
Nur die den Tod verherrlichen,

wollen länger, daß der Ertrag der Felder
Mensch und Tier entzogen und an den Moloch Straßen-verkehr
verfüttert wird.
Nur die den Tod verherrlichen,
wollen länger
die staatlich geförderte Tierquälerei
und die Vergüllung der Böden und der Gewässer.

Ja, die in euerm Sinne Rechtgläubigen hängen an euern Lippen,
ihr von den Regierungen und Parlamenten.
Sie sind entschuldigt: sie haben nichts anderes gelernt
in ihren vollklimatisierten Großraumbüros
mit den vielen Aufzügen und dem Rundblick über die versteinerte Stadt.
Sie haben sich an den Anblick des Todes gewöhnt,
denn sie haben nie, wie jene alten Indianer,
den Hauch der Prärie geatmet.
In ihren künstlich erleuchteten virtuell vernetzten Käfigen genießen sie
die trügerische Allmacht der Zahlen und des Datenaus-tauschs.
Sie wissen nicht mehr, wo ihre weichplastikverpackte
Fertignahrung herstammt, sie halten den Flitter ihrer Plastikwelt
für das Schlaraffenland.
Sie haben es so gelernt.
Sie lernten Bildung
als Abrichtung auf williges Konsumverhalten
und kritikloses Funktionieren in dieser
Chimärenwelt.

Pfeift mir nicht länger das Lied vom Tod,
ihr von den Regierungen und Parlamenten,
ihr Lobbyisten, Banker und Technokraten!
Eure Datenbänke machen uns nicht satt.
Hat je einer auf eure Bürobunker Oden gedichtet
oder auf eure Betonpaläste Liebeslieder?
Auf den Wald und den Tiber aber schon.

Wir haben genug von euern Plänen einer toten Welt,
wir haben genug von den Paradiesen grenzenlosen Straßen-,
Luft- und Schiffsverkehrs,

von den Paradiesen versiegelter Tallandschaften,
von den Wiesen ohne Blume, Schmetterling und Biene,
von den kranken Monokulturen mit den Großmaschinen,
genug von dem lebenvernichtenden Gift, das Nutzen heuchelt,
ehe es die Erträge selbst zerstört.

Ihr habt die Völker Afrikas und Arabiens mit eurer neuen
noch perfider getarnten Kolonialpolitik entmündigt und beraubt,
ihr habt mit euren Bomben, Waffenlieferungen
und Handelskriegen, denen sie niemals gewachsen waren,
ihre Not vergrößert und ihre Konflikte verschärft.
Jetzt drängen sie zu uns herüber und fordern zurück,
was ihr ihnen genommen habt.

Menschen von weit woanders ersetzen den Druck der Straße,
den wir selber hätten entwickeln sollen,
wären wir mündiger gewesen und genügend organisiert.
Aber ihre Not drückt noch mächtiger als die der vielen Armen
hier bei uns.
Seien wir ihnen dankbar. Endlich erwachen
die Platzhalter in den Regierungen und Parlamenten
aus dem Schlummer ihrer wohlabgesicherten
Selbstgefälligkeit.

Wir haben genug von euch,
haben genug von euern Auflagen und Abgaben,
mit denen ihr den Kartellen in die Hände spielt,
haben genug von euern Bestimmungen, mit denen ihr
alle, die sich nicht wehren können, wie Ungeziefer vertreibt:
die noch der Erde verbundenen Pfleger des Landes,
die ihr mit euerm Papierkram erstickt,
die Kleinselbständigen mit ihrem kreativen Potential,
die ihr mit euern angeblich sozialen Sozialgesetzen
erwürgt,
die vielen, die ihr lebenslänglich nötigt, Arbeiten nachzu-
jagen,
die es nicht mehr gibt,
die anderen, die ihr nötigt, Arbeiten zu verrichten,
denen zuzuschauen ihr euch angewidert weigert.

Ihr Handlanger des Kapitals,
pfeift uns nicht länger das Lied vom Tod!

4

Vorzimmer der Staatspräsidentin. Irene und Staatssekretär.

SIMON: Erstaunlich, erstaunlich: Herr Dr. Wagner, der Inhaber von Sanux, spendet.

IRENE: Mehr noch, wir haben ihn als Mitarbeiter für unser Konzept gewonnen und warten täglich auf seine Änderungsvorschläge.

SIMON: Wir werden uns Herrn Dr. Wagner nochmal vorknöpfen.

IRENE: Da werden Sie womöglich weniger Freude haben, als Ihnen, Danke für die undiplomatische Auskunft, lieb ist.

SIMON: Das war doch ein Scherz, Frau Herzberg, ehrliche Aussagen meinen wir Diplomaten grundsätzlich nicht ernst. Aber im Ernst: Sie wollen zu den alten Landesgrenzen zurück. Das würde den Bemühungen unserer Frau Staatspräsidentin um einen weiteren Ausbau des freien Handels aber sehr widersprechen. Wie wollen Sie die Frau Staatspräsidentin für Ihre Ziele gewinnen? Wie wollen Sie die großen Konzerne auf Ihre Seite bringen? Sind Sie sicher, daß Herr Wagner Ihnen erhalten bleibt?

IRENE: Er wäre sogar bereit, den Vorsitz der Planungskommission zu übernehmen.

SIMON: Oh! Das klingt interessant!

IRENE: Herr Dr. Wagner ist seit vielen Jahren Vorreiter bei der Herstellung schadstoffarmer Produkte, wie sie unser Institut fordert. Er könnte damit auch wirtschaftlich zu einem der erfolgreichsten Pioniere der Welt werden.

SIMON: Sie sagen es, Konzerne wollen den wirtschaftlichen Erfolg, sie wollen die Marktführerschaft. Sie sagen es, Konzerne wollen dominieren, weltweit, darum brauchen sie den unbeschränkten Handel.

IRENE: Es gibt Unternehmer, denen Geld nicht alles ist. Herr Dr. Wagner zum Beispiel hat in seiner Tochterfirma in Mittelchina die besten Umweltstandards eingeführt. Er hat die Wohnungen seiner Mitarbeiter saniert und die Löhne auf ein Niveau gehoben, das den Menschen ein angenehmes Leben ermöglicht.

SIMON: Akzeptabel täte es sicher auch. Er verdirbt den andern den Schnitt.

IRENE: Fragen Sie ihn selbst, wieviel er seinen Arbeitern zahlt.

SIMON: Wenn dem so ist, Frau Herzberg, wird er schwerlich Nachahmer finden.

IRENE: Doch, sobald ein ernsthafter politischer Wille besteht, die Schande der Billiglohnjobs in den Billiglohnländern zu beenden.

SIMON: Besteht dieser Wille? Ich frage Sie das im Ernst. Was Sie erwarten, verträgt sich nicht mit den Errungenschaften des modernen Lebens und unserer freiheitlich demokratischen Grundordnung.

IRENE: Ich wüßte gern, was eine freiheitlich demokratische Grundordnung mit Wirtschaftswillkür, Ausbeutung und Handelsdiktaten zu tun hat. Wenn ein Land wie unser Land dank seiner Souveränität seine Produkte gegen die Einfuhr von Billigwaren aus Billiglohnländern schützte, wenn es die Produkte aus Billiglohnländern mit Einfuhrzöllen belegte, wäre das kein Verstoß gegen die demokratische Grundordnung, und wenn ein Staatsvolk wie unser Staatsvolk mehrheitlich wünschte, dem Zwang des Modernseinmüssens ein Stop entgegenzusetzen, dann wäre auch das sein gutes freiheitlich demokratisches Recht.

SIMON: Man könnte meinen, Sie hätten die gestrige Rede der italienischen Ausstiegsbefürworterin im Europäischen Parlament verfaßt.

IRENE: Ich habe die Rede selbstverständlich mit Aufmerksamkeit verfolgt.

SIMON: Mehr ein Gedicht, ein pathetischer Traum als die Bewußtseinslage in Europa.

IRENE: Italien, Spanien, Frankreich, nicht zu reden von einigen osteuropäischen Staaten, stehen vor einem möglichen Austritt aus der Union, die Frau Staatspräsidentin kämpft derzeit mit dem Rücken zur Wand. Es müßte ein Wunder geschehen, wenn sie gewinnen sollte.

SIMON: Mir ist unbekannt, auf welche Interessengruppen Sie Ihre Hoffnungen stützen, Irene. Die Wälder und das Grundwasser sind den Wählern egal, solange Überfluß an den Fleischtheken herrscht, Benzin zu erschwinglichen Preisen aus den Zapfsäulen fließt und jeder für sein neuestes Smartphone Empfang bekommt.

IRENE: Das Herzberg-Institut hat Dokumentationen erstellt, die die Verhältnisse in den Billiglohnländern belegen. Wo diese Dokumentationen gezeigt wurden, reagierten die Menschen betroffen.

SIMON: Sie sagen es: wo diese Dokumentationen gezeigt wurden. Wo werden sie denn gezeigt? In zwei, drei Nischenkanälen, die keiner schaut.

IRENE: Sehen Sie den wachsenden Anteil an Veganern!

SIMON: Ach, marginal. Ein lautes, aber marginales Völkchen. Solange die Frau Staatspräsidentin den Veganismus nicht unterstützt, können unsere Fleischproduzenten ruhig schlafen. Wir als Regierung werden niemals unsere Unterstützer mit Vorschriften erschrecken und mit altmodischen Handelsschranken langweilen, gute Frau!

IRENE: Glauben Sie ernsthaft, unserer Frau Staatspräsidentin ist das Schicksal des kleinen Mädchens egal, das mit seinen Eltern in einem kalten Zimmerchen lebt und, nach seiner Zukunft befragt, nichts zu sagen weiß, doch dann, langsam, rinnen ihm die Tränchen, die es nicht mehr zurückhalten kann, und dann schluchzt es wie ein Gebirgsbach und erstickt an seiner Tränenflut? Die Eltern des kleinen Mädchens arbeiten unter ruinösen Bedingungen in einer Fabrik, und diese Fabrik gehört europäischen Betreibern. Oder ist der Frau Staatspräsidentin die Mutter egal, Arbeiterin in einer chinesischen Zulieferfabrik für europäische Markenschuhe? Auch sie kann ihre Tränen nicht mehr zurückhalten. Sie versucht sie mit ihren chemikalienzerfressenen Händen aus den Augen zu reiben, und dabei erzählt sie von ihrem Lebenstraum: sie würde ihrem dreizehnjährigen Sohn so gern ein Paar dieser Sportschuhe schenken. Tag und Nacht träumt der Junge davon. Aber sie wird ihm keine Schuhe schenken können. Für den Preis von einem Paar dieser Schuhe, an die sie täglich Hand anlegt, müßte sie einen Monat schuften. Genau einen vollen Monatslohn kosten die Schuhe, und das kann sie sich nicht leisten. So wenig verdienen die Menschen dort.

SIMON: Mir scheint, Sie filmen immer nur die eine Seite der Wahrheit. China ist eine aufstrebende Wirtschaftsmacht mit einer beneidenswerten Wachstumsrate. Von einem solchen Wachstum können wir Europäer nur noch träumen. Und die billigen Produkte aus diesem Wunderland wollen Sie unseren Wählern nehmen? Wie werden die Wähler reagieren, wenn sie sich all das nicht mehr leisten können? Sie sind ja lustig! Haben Sie die Liste?

IRENE: Einige Stifter möchten bis zum Stichtag anonym bleiben. Sie werden begreifen, daß ich den Wunsch der Stifter, nicht genannt zu werden, respektiere.

SIMON: Verstehe, wir könnten die Steuerfahndung auf sie ansetzen, ob auch alles mit rechten Dingen zuging beim Beschaffen der vielen Reichtümer. Ließen Sie sich steuertechnische Unbedenklichkeitserklärungen vorlegen?

IRENE: Dr. Wagner berät uns derzeit darüber.

SIMON: Trotzdem, wie können wir sichergehen, daß Sie die Spender nicht frei erfinden?

IRENE: Sobald die Stiftung aktenkundig ist, werden die Namen publik.

SIMON: Aber eine Hausnummer werden Sie für uns haben? Ein stiller Tip für eingeweihte Ohren?

IRENE: Wenn – *notiert etwas auf einen kleinen Zettel und gibt ihn Simon* – diese Summe unterm Strich herauskäme, würden Sie dann mit der Anton-Herzberg-Stiftung kooperieren?

SIMON *steht auf, Irene folgt*: Ich werde Frau Tanner informieren. Ich denke, sie wird mit Herrn Dr. Wagner von der Firma Sanux in Kürze zusammentreffen.

Verabschiedung Irenes an der Außentür. Simon telefoniert, kurz darauf erscheint die Staatspräsidentin.

TANNER: Wie verlief dein Gespräch?

SIMON: Du zuerst.

TANNER: Wir müssen uns auf einiges gefaßt machen, Peer.

SIMON: Aufgaben sind da, um …

TANNER: … in unserem Sinne …

SIMON: … um in unserem Sinne geknackt zu werden.

TANNER: Kein vernünftiger Unternehmer wird die Pläne dieser Leute unterstützen.

SIMON: Es sei denn, die Austrittskandidaten machen ihre Drohung wahr und stellen die Errungenschaften der vergangenen Jahrzehnte auf den Kopf, Anita.

TANNER: Und sie werden sie auf den Kopf stellen, Peer! Die Telefonkonferenz der Staatsoberhäupter vorhin ergab genau dieses. Nach der gestrigen Rede der italienischen Unionsgegnerin war nichts anderes zu erwarten.

SIMON: Die Freihandelsverträge, die so sehr deine Herzensangelegenheit sind, werden trotzdem kommen.

TANNER: Hast du mit Herrn Dr. Wagner vom Sanux-Konzern einen Termin vereinbart?

SIMON: Folgt so bald als möglich.

TANNER: Er ist eine starke Stimme im Konzert der Abweichler. Glaubst du, er schaufelt sich als Unternehmer das eigene Grab? Unternehmer haben Expansionsoptionen und Aktienkursen noch nie widerstanden.

SIMON: Du gedenkst ihn einzufangen?

TANNER: Wie nicht!

SIMON: Schlange!

TANNER: Wissenschaftlerin, die kühl rechnet.

*

5

Vorzimmer. Irene und Wagner wartend, die Tür zum Amtszimmer der Staatspräsidentin steht offen. Jetzt tritt der Staatssekretär heraus.

SIMON: Die Frau Staatspräsidentin wünscht ausdrücklich das Gespräch unter vier Augen. Darf ich Sie bitten, Frau Herzberg? *Wagner und Irene wechseln verwunderte Blicke.*

WAGNER: Ich wüßte nicht, was es Frau Herzberg zu verschweigen gäbe. Irene genießt mein volles Vertrauen.

SIMON: Frau Herzberg, wenn es Ihnen nichts ausmacht. Sie sind herzlich eingeladen in der Cafeteria im Foyer.

IRENE: Wenn es der Sache dient?

WAGNER: Wenn Sie gehen sollen, Irene, dann gehe ich auch.

IRENE: Um Himmelswillen, Sie gefährden unsere Sache, Herr Wagner! Bitte bleiben Sie!

WAGNER: Und wie steht es mit Ihnen, Herr Staatssekretär?

SIMON: Ich werde nicht vorhanden sein. *Verschwindet durch die Arbeitszimmertür, an der im selben Augenblick die Staatspräsidentin erscheint.*

TANNER: Herzlich willkommen, Herr Dr. Wagner, Frau Herzberg.

WAGNER: Grüße Sie, Frau Staatspräsidentin.

TANNER: Kaffee?

WAGNER: Gern.

TANNER: Simon! *Simon bringt vier Tassen und eine Kanne Kaffee, gießt Tanner und Wagner ein und setzt sich zur Gruppe.* Entschuldigen Sie das kleine Mißverständnis zu Beginn. Aber auf meinen Staatssekretär kann ich nicht verzichten. Wegen des Kaffees! ... Wenn Frau Herzberg, die ich sehr schätze, sich freundlicherweise in die Cafeteria verzöge? Es gibt wirklich einige Dinge zu besprechen, die wir besser allein verhandeln.

IRENE *scherzend*: Sie wollen mir meinen Kollegen doch nicht abspenstig machen!

TANNER: Wer will denn gleich mit der Tür ins Haus fallen, Frau Herzberg. Peer, dann ziehst du dich am besten zurück.

IRENE: Ich warte unten, Herr Wagner. Verhandeln Sie allein mit Frau Tanner.

Sekretär und, zögernd, Irene in entgegengesetzten Richtungen ab. Tanner und Wagner taxieren einander. Sowie Irene außer Hörweite ist, kommt Simon wieder.

WAGNER *steht auf*: So haben wir nicht gewettet! Ich verlasse auf der Stelle den Raum!

TANNER: Es ist wegen des Protokolls. Gefährden Sie wegen einer kleinen Unstimmigkeit, Sie haben es gehört, nicht Ihre Mission!

WAGNER: Nein, das geht gegen die Abmachung und gegen meine Ehre als freier Bürger dieses Landes!

Pause.

TANNER *ihren Ärger überspielend*: Herr Staatssekretär, lassen Sie uns allein! *Simon geht. Pause.* Sie sind jetzt Leiter des Sonderausschusses zur Vorbereitung der Konferenz.

WAGNER: Am gestrigen Abend frisch gewählt.

TANNER: Meinen Glückwunsch.

WAGNER: Die Firma dankt.

TANNER: Dann haben Sie besondere Macht, den Tenor der Konferenz zu bestimmen.

WAGNER: Sie meinen?

TANNER: Ich nehme an, Sie werden sich nicht vor fremde Karren spannen lassen, Sie sind Unternehmer, Herr Dr. Wagner!

WAGNER: Sie meinen, ich werde die Konferenz manipulieren, ich werde sie unterlaufen, ihre Ziele untergraben, ich werde die Konferenz zum Scheitern bringen?

TANNER: In dem einen Hauptpunkt stimmen wir doch hoffentlich überein: Wachstum ist die treibende Kraft, das Benzin der Wirtschaftsmaschinerie.

WAGNER: Da bin ich keineswegs mehr sicher.

TANNER: Sie zweifeln?

WAGNER: Die Natur kennt Wachstum in gegebenen Grenzen. Sie kennt unbegrenztes Wachstum nur als kranken Ausnahmezustand. Eine Zelle wuchert wild ins Gewebe hinein und zerstört es. Das nennt man Krebs. Krebs darf nicht das Ideal der menschlichen Ordnung sein.

TANNER: Sie produzieren doch schadstoffrei. Das gefällt mir.

WAGNER: Wir versuchen, den Schadstoffgehalt so gering wie möglich zu halten.

TANNER: Ach, Sie sind schon sehr erfolgreich darin.

WAGNER: Es würde die Leistungen meiner Mitarbeiter schmälern, wenn ich dem widerspräche. Aber wir müssen noch besser, sehr viel besser werden.

TANNER: Sie nehmen schon lange eine Vorreiterrolle ein.

WAGNER: Wenn Sie es sagen.

TANNER: Weltweit.

WAGNER: Soweit würde ich nicht gehen.

TANNER: Ich weiß es. *Schlürft Kaffee, animiert Wagner, es ebenfalls zu tun.* Ich mache Ihnen ein Angebot, Wagner: beraten Sie uns!

WAGNER: Wen soll ich beraten?

TANNER: Meine Regierung.

WAGNER: Und in welcher Funktion, bitte, soll ich die amtierende Regierung beraten?

TANNER: Als Chefplaner für modernes Umweltmanagement, als Vordenker einer neuen Landwirtschaft, als Vertreter einer innovativen Chemie.

WAGNER: Sie möchten mich kaufen?

TANNER: Häßliches Wort! Ich denke laut nach. Ich überlege, was für das Land das beste wäre, das ist alles.

WAGNER: Ich soll mich mit den Industrieverbänden herumfetzen und von meiner substantiellen Forschungsarbeit abspalten lassen?

TANNER: Wir könnten künftige Gesetze an Wagners Anforderungen an eine umweltgerechte Produktion anpassen.

WAGNER: Das ist schon oft genug angekündigt, aber nie erfüllt worden.

TANNER: Sie halten mich für minderbefähigt? Ich merke schon, ich bin in Ihren Augen nicht besser als meine Vorgänger.

WAGNER: Sie verhandeln unverblümter.

TANNER *gießt sich und Wagner Kaffee nach*: Darf ich mit Ihrer Unterstützung rechnen, Herr Wagner? Denken Sie an den Nutzen, an die Menschen, die Sie langfristig in Arbeit halten!

WAGNER *schlürft Kaffee*: Als ich die Firma damals übernahm, dachte ich wie die meisten Unternehmer an den ordinären Gewinn. Das garnierte ich mir mit einem schmalen Streifen gemeinnütziger Ideale. Wie diese Ideale in die Tat umzusetzen seien, schwebte mir allenfalls in schummrigen Umrissen vor.

TANNER: Sehen Sie, auch wir Regierenden haben keinen Schimmer davon, wie das Gute funktioniert. Wir benötigen Menschen wie Sie! Machen Sie Lobbyarbeit, Dr. Wagner, werden Sie unser Mann!

WAGNER: Danke für Ihr Vertrauen in meine Talente. Aber was macht Sie so zuversichtlich, daß mein Engagement für die Konferenz nur ein vorgeschütztes Interesse sei?

Simon kommt wieder, Wagner steht erneut auf, hält aber inne.

SIMON: Unsere geografische Lage, Herr Dr. Wagner! Worin besteht der Erfolg unserer Wirtschaft? Im starken Export. Wenn wir die Welt nicht mehr von der Überlegenheit unserer Produkte überzeugen, sind wir ein armes Land, abhängig vom Wohlwollen bodenschätzereicher Staaten, angewiesen auf die landwirtschaftlichen Überschüsse ergiebigerer Kornkammern, als wir es sind. Überall müßten wir uns mit fremden Gütern aushelfen lassen, da der eigene Boden zu wenig für unsere Ansprüche trägt. Wir würden von heute auf morgen Bettler und Bittsteller gegenüber Despoten, abhängig von deren widerwärtiger Gnade. *Nimmt Platz und gießt sich Kaffee ein.* Wir stehen aber ganz anders da: als die Fordernden, die Herren. Wir sind es, die der Welt zu Komfort, Mobilität und Wohlstand verhelfen, und die anderen sind es, die uns zu Füßen liegen. Und damit das so bleibt, müssen wir unseren Ruf als führende Exportnation Europas bewahren.

WAGNER: Sie wiederholen das Einmaleins der alten Ordnung.

TANNER *bestimmt, aber freundlich*: Der freie Strom der Rohstoffe und Produkte darf niemals stocken!

WAGNER *steht nach einem Moment des Besinnens abrupt auf*: Suchen Sie sich einen anderen Komplizen!

Schweigen. Tanner und Simon sehen sich befremdet an.

TANNER *steht freundlich auf*: Mit welchem Aufgebot rechnen Sie?

WAGNER: An die 100 Regierungsdelegationen. Dazu die 56 Milliardäre, die ihre Unterstützung zugesagt haben. Bei einem Gelingen der Konferenz ist mit einer Stiftungssumme zu rechnen, die das Jahresinlandsprodukt unseres Landes übersteigt.

TANNER: Mein Staatssekretär gab mir einen Zettel mit der aktuellen Summe. Beeindruckend! *Bringt Wagner zur Tür.*

WAGNER: Vielleicht gewinnen wir Sie für uns, Frau Tanner?

TANNER: Da bleibe ich doch lieber Regierungschefin.

WAGNER: Jedem das seine.

TANNER: Dann sind wir uns einig.

WAGNER: Ich danke für das informative Gespräch. *Ab.*

SIMON *stellt die Monitore laut*: Hör dir das an! *Jubelrufe aus den Monitoren.*

STIMME aus 3: Wir haben gewonnen! *Sekretär stellt Monitore leise.*

TANNER: Hoffnungslose Idioten!

SIMON: Wähler, leider, demokratische Wähler.

TANNER: Drei Amtszeiten reichen. Ich bin am Ende, Peer!

SIMON: Wir setzen unsere Freunde in den Medien auf die Konferenz an. Im Vorfeld lassen wir verbreiten, die Vorschläge dieser Herzberg-Heinis seien von gestern. Herzbergs Vorschläge schaden dem Weltfrieden und spülen totgeglaubtes nationalistisches Gedankengut an die Oberfläche. Massiver Konjunktureinbruch, das Ende unseres Wohlstands und unseres Vertrauens in der Welt. Hinter hehren Phrasen decken diese Herzberg-Heinis den ganzen Sumpf braunen Gedankenguts und rassistischer Großmachtsfantasien.

TANNER: Nicht doch, Peer, diese Weise verfängt nicht mehr. Uns bleibt nichts anderes übrig, als unsere Teilnahme an der Konferenz zuzusagen.

6

Plenarsaal wie in 3. Der Verfolger fokussiert die Staatspräsidentin, die zurückgelehnt auf ihrem Regierungsssessel sitzt und wie dort ausschließlich mit Gesten und Mienen die Rede kommentiert, die vom Bildschirm ins Plenum übertragen wird. Die Stimme spricht mit bekannter Leidenschaft:

STIMME: Was dachten die Menschen am Anfang unserer Schriftkultur? Aber war es auch der Anfang? Egal. Was also nahmen die Verfasser der Schriften von Mesopotamien und Palästina an? Die Erde ist eine Scheibe und darüber wölbt sich der Himmel. So entsprach es ihrem Eindruck von Bergen und Tälern, Ebenen und Meeren. Und über ihnen bildete die von Sternen unterbrochene Finsternis einen Halbkreis und vollzog die Sonne ihre elliptische Bahn.

Dann merkte Ptolomäus, oder war es ein anderer, auf den Ptolomäus unbekanntermaßen zurückgriff: die Erde muß, wie die Sterne am Firmament, wie die Sonne und der Vollmond, eine Kugel sein. Wir wissen nicht, wie groß der Widerstand unserer Ahnen gegen diese neue Theorie ausfiel, aber Ptolomäus hatte recht.

Die Menschen lernten langsam, mit der Kugelgestalt der Erde zu leben. Da behauptete ein Kopernikus, oder war es ein anderer, auf den Kopernikus unbekanntermaßen zurückgriff: wir stehen nicht im Mittelpunkt, sondern die Sonne steht im Mittelpunkt. Jetzt war der Aufstand groß. Die Erde, der Mensch, dieses Ebenbild Gottes nicht im Mittelpunkt von Gottes Schöpfung – unmöglich! Menschen bezahlten in der Folgezeit die Wahrheit dieses Skandalons mit dem Leben oder widerriefen unter der Folter kirchlicher Inquisition.

Wir diskutieren nicht über die Tatsache. Wir wissen, die Erde kreist um die Sonne und unser Sonnensystem kreist mit wieder anderen Sonnensystemen um wieder andere Sonnensysteme. Aber wir halten fest: mit jeder Erkenntnis, die dem Menschen seine Mittelpunktsgewißheit nimmt, stirbt ein Stück seiner Sicherheit den leisen Tod und bröckelt ein Stück seiner liebgewonnenen Identität.

Tatsachen bleiben Tatsachen, und wir leugnen keine einzige verträumten Wünschen zuliebe. Aber nicht alle Tatsachen sind notwendige Tatsachen, nicht alle möglichen Gesetze sind zwingende Gesetze. Die Ordnung, in der wir auf der Erde leben, ist eine von Menschen gemachte Ordnung und kann von Menschen wieder aufgelöst und durch andere Ordnungen ersetzt werden. Unsere Union steht nicht auf Augenhöhe mit den echten Tatsachen der Chemie, des Kosmos und der Physik. Wir können an dieser Ordnung rütteln.

Auf den Lauf der Planeten und das Zusammenspiel der Galaxien haben wir keinen Einfluß, doch die Ordnung, wie sie von Menschen gemacht auf der Erde besteht, die können wir verrücken. Wir können sie zur Disposition stellen. Jederzeit! Wir können sie durch eine andere Ordnung oder mehrere Ordnungen nebeneinander ersetzen.

In dieser Phase befinden wir uns: die alten Modelle von Wohlstand und Glück sind hinfällig, die Ordnung des alten Freund-Feind-Denkens liegt darnieder, die alten Kräfte sammeln ihre letzten Reserven, um ihre verrostete Maschinerie am Laufen zu halten, aber es wird in Kürze schon vergeblich gewesen sein.

Europa läuft schon jetzt nicht mehr nach den Regieanweisungen der Köpfe der Union. Spätestens nach dem Austritt unserer Staaten aus ihren Regularien haben ihre Befehle keine Macht mehr, ihre Ermahnungen keinen Bestand.
Die kalte Ordnung dieser Bürokraten hat die Herzen nie erreicht. Oh, die Herzen der wenigen erreichte sie schon, die persönlich profitierten und sich ihre Dienste ordentlich vergolden ließen, aber nur sie. Die anderen haben in den nüchternen Büros dieser kalten Ordnung die Melodie der Heimat nicht erkannt. Die Menschen, viele Menschen, die meisten, möchte ich sagen, wollen eine Heimat.
Es stimmt, es haben sich Personen in unsere Bewegung verirrt, die ein Sich-Erheben ihrer eigenen Völker über andere Nationen herbeisehnen. Aber um alte Vormacht darf es niemals gehen. Im Gegenteil, unser Modell fußt darauf, daß alle Staaten in einer neuen Ordnung einander auf Augenhöhe begegnen. Kein Staat darf mehr für sich verlangen als der andere.
Die Länder, die am vergangenen Freitag ihren Austritt aus der Union beschlossen, haben keinen Krieg erklärt. Sie wollen sich vielmehr initiativ beteiligen an einer neuen Ordnung, die die alte, zusammenbrechende Ordnung ersetzt. Die neue Ordnung wird friedlicher sein. Die neue Ordnung wird versuchen, die Bedürfnisse von allen Menschen, Menschen wie du und ich, Menschen auf der ganzen Welt, besser zu befriedigen als die alte. Dafür kämpfen wir.

Beifall aus den Monitoren. Tanner hat in zunehmender Aufmerksamkeit zugehört. Ernst und nachdenklich verläßt sie den Plenarsaal.

7

Vorzimmer in Tanners Amtssitz. Wagner und Lindner werden vom Staatssekretär eingeführt. Begrüßung durch die Staatspräsidentin. Sie überreichen ihr und Simon jeweils eine erweiterte Druckfassung des Arbeitspapiers. Alle nehmen Platz.

TANNER: Der christlich-unitarische Unternehmerverband ist auch vertreten. Ich hoffe doch stark, dieser kluge Verband hat sich einstimmig gegen eine Neuordnung der internationalen Handelsbeziehungen ausgesprochen.

LINDNER: Ich bin durch Herrn Dr. Wagner in die Vorschläge des Herzberg-Instituts eingeweiht und unterstütze sie voll.

TANNER: Das Herzberg-Institut strebt ein Ende des freien Warenaustauschs an, Herr Lindner, Ihr Unternehmen ist jedoch, wie ich denke, weiter an guten Exportbilanzen interessiert.

LINDNER: Gute Exportbilanzen vergolden das Geschäft, aber ich frage mich in letzter Zeit verstärkt: muß es denn immer Gold sein? Silber tut es doch auch! Wichtiger ist mir, daß ich mit Sanux und Herrn Dr. Wagner gemeinsam neue Produkte entwickle, die auch noch nach dem Stichtag Attraktivität versprechen. Meine Gegenfrage: wie können Sie als Präsidentin dieses humanitären Landes darüber glücklich sein, daß meine Kollegen aus dem christlich-unitarischen Unternehmerverband ihre Waren billig in Ländern herstellen lassen, wo der Arbeitnehmer keine Rechte genießt?

TANNER: Natürlich bin ich nicht froh darüber.

LINDNER: Aber es kommen doch so günstige Waren von dort zu uns herüber, zur großen Freude unserer Wähler.

TANNER *lacht krampfhaft auf*: Und zerstören deren Jobs!

LINDNER: Eben. Aber joblos hier ist immer noch der Himmel gegen arbeiten dort. Mein Gott, wie konnte ich so lange so rassistisch sein! Wie gedenken Sie der Vernichtung von Arbeitsplätzen hüben und der Verelendung der Werkarbeiter drüben Herr zu werden, Frau Staatspräsidentin? Bitte tun Sie etwas!

TANNER *lacht unecht*: Ich werde den Ton meiner Appelle ein wenig verschärfen.

LINDNER: Freundliche Ermahnungen nützen auch!

SIMON *schroff*: Einfuhrzölle lösen aber auch keine Probleme!

LINDNER: Wie immer Sie entscheiden, Frau Staatspräsidentin, ich will mit gutem Beispiel vorangehen. Ab Januar lasse ich nur noch im Inland produzieren. Meine Kunden werden es mir danken. Denn Kunden fühlen sich auch besser, wenn sie faire Ware kaufen. Es wird nicht viel teurer werden.

TANNER: Unternehmen erbringen den bedeutendsten Beitrag für unser Land, mit nichts auch nur von ferne zu vergleichen, nicht einmal dem Beitrag, den wir Politiker durch gute Marktgesetze für die Allgemeinheit leisten. Zwang zerstört jede unternehmerische Kreativität und Durchschlagskraft. Ich lehne jeden Zwang für Unternehmen ab.

WAGNER: Sie sind als Motor der europäischen Einigung in die Geschichte eingegangen, Frau Staatspräsidentin. Jetzt stehen wir vor einer neuen Herausforderung. Sie können sich auch hier als treibende Kraft einen Namen machen.

TANNER: Man dankt.

LINDNER: Naja, man würde Ihnen Ihre neue Überzeugung vielleicht nicht ganz abnehmen.

TANNER: Das glaube ich nun wiederum nicht. Wenn es meine Überzeugung wäre, glaubte man mir auch jetzt. Ich wirkte noch in allen meinen Entscheidungen glaubwürdig.

Schweigen. Die Herren schmunzeln, Tanner runzelt befremdet die Stirn.

WAGNER: Wir sind beide Unternehmer, Lindner und ich, und wollen, daß es anders wird. Sie finden uns unerschütterlich in dieser Überzeugung, Frau Tanner. Für die Zukunft unserer Kinder stellen wir die unternehmerischen Gewinnziele zurück. Es muß auch für einen Unternehmer höhere Ziele geben als das Geld, so wie der Mensch über der Rolle stehen sollte, die er spielt. Das erweiterte Arbeitspapier liegt Ihnen vor.

SIMON: Wir werden es diskutieren. Die nächste Expertenrunde findet im Anschluß an dieses Gespräch statt.

TANNER: Wir sehen uns in Madrid. *Sie bringt die Gäste zur Tür und nimmt anschließend müde und gereizt wieder Platz.* Jetzt macht noch ein weiterer dicker Fisch großen Druck: Lindner. Ob er rechthat?

SIMON: Es könnte sein.

TANNER: Tu dir keinen Zwang an, Peer. Für Gefälligkeitsaussagen wurdest du nicht berufen.

SIMON: Die Zustimmung zu unserer Politik sinkt. Man findet uns zunehmend langweilig.

TANNER: Aber Politik ist kein Unterhaltungstheater, Peer!

SIMON: Die Analysten definieren das Wahlvolk zunehmend als ein bilderkonsumierendes Wesen, süchtig nach ständiger Berieselung.

TANNER: Und wenn die, denen wir zu schlechte Unterhaltung bieten, gegen uns aufstehen?

SIMON: Du hast in all den Jahren einen unbezwingbaren Fatalismus in sie eingepflanzt. Mit deiner Lehre von der unausweichlichen Alternativlosigkeit deiner Politik schläfertest du ihren Kampfgeist ein. Sie sind als Wähler tot. Die Opposition ist unwiderruflich gestorben.

TANNER: Du bist noch zynischer als ich selbst.

SIMON: Nicht zynisch, Anita, optimistisch.

8

Die Konferenz.

WAGNER: Ich halte hier den Jahresbericht des Internationalen Natur- und Umweltschutzverbandes in der Hand. Was enthält er? Er enthält die alarmierende Berechnung, daß beim derzeitigen globalen Konsumverhalten bereits in 13 oder 14 Jahren, man lasse sich das auf der Zunge zergehen, in 13 bis 14 Jahren, ein zweiter Planet Erde nötig würde, um den Ansprüchen zu genügen. Herrje, merken denn nur ein paar sehr, sehr wenige Einzelkämpfer unter uns, was die Stunde geschlagen hat! Wäre es nicht dringendstes Gebot der Politiker aller Fraktionen, Ministerien, Mitarbeiter, Kirchen, Sozialverbände, Medien, Schulen, Fernsehanstalten, ihre ganze Energie darauf zu fokussieren, wie man dieses todbringende System sozialverträglich ablöst und ersetzt? Die Köpfe müßten an dieser für unser Überleben allesentscheidenden Frage heißlaufen!
Wieso spielt das Thema, das sich meiner Enkelin schon im Vorschulalter als das zentrale von allen offenbart, so eine untergeordnete Rolle?
Bitte, Politiker, bitte, Kollegen, bitte, Frauen und Männer in den Institutionen und religiösen Gemeinschaften, alle hier in Madrid, fangt an, eure Hausaufgaben zu machen!

Sie, Herr Bischof – keiner persönlich unter Ihnen ist gemeint, aber vielleicht kennt jemand den Bischof, den ich meine –, vor einigen Tagen noch haben Sie in einer öffentlich übertragenen Ansprache die Gesellschaft zu mehr Solidarität mit den Armen aufgerufen. Sie appellierten an uns, die gerechten Ziele der Konferenz zu unterstützen. Aber sehen Sie sich an, schauen Sie in den Spiegel: von Ansprache zu Ansprache, die ich von Ihnen verfolgte, waren Sie eine Gürtelnummer fülliger. Mittlerweile verschwimmen die Konturen Ihres Gesichtes.
Das mag jetzt verletzend und persönlich klingen, und ganz sicher verletzt es ein Tabu. Aber was ist schlimmer, frage ich Sie alle: eine Sache, die krumm läuft, krumm zu nennen, oder die krumme Sache selbst?
Dann doch wohl die krumme Sache selbst.
Parteivorsitzende, Minister, Gewerkschaftsführer, Kardinäle richten in aller Öffentlichkeit Appelle an das soziale Gewissen von uns Bürgern, und den mißbräuchlichen Mehrverbrauch an unser aller Ressourcen übergehen sie. Ihre Leiber treiben Woche für Woche stärker auf, ihre Gesichter werden von Rede zu Rede aufgeschwemmter, ihre Gestalten adipöser. Ich frage mich redlich, kann so ein Aufruf überzeugen? Wasser predigen, doch Wein trinken, paßt das zu Menschen, die die Moral der Mitmenschlichkeit wie ein Plakat vor sich hertragen?
Ich wende mich von Ihnen, Herr Bischof, ab, wenn Sie wieder einmal moralpredigen und im nächsten Augenblick sich kräftig aus dem Fleischtopf bedienen, für den anderswo Menschen bluten und ihr verödetes, von brutalen Agrarriesen okkupiertes Land verlassen – verlassen müssen als Zoll für Ihren abartigen Konsum, Herr Bischof, und Ihre ach so christlich-abendländische Gesinnung. Vielleicht lassen Sie sich, Herr geistlicher Würdenträger, einmal ein paar Zusammenhänge neu durch den Kopf gehen. Dieser Bericht des Internationalen Natur- und Umweltschutzverbandes zum Zustand des Planeten gibt Ihnen vielleicht die nötige Inspiration.
Herr Botschafter, Sie protestieren, denn Sie fühlen sich angesprochen. Ich weiß, Ihr Land lehnt die Sparmaßnahmen, die der Konferenz vorliegen, ab. Aber lassen Sie sich gesagt sein, die Mehrheit der hier versammelten

Staatsmänner teilt Ihre Haltung nicht. Keinem Staat, keinem Land und keiner Menschengruppe stehen mehr Ressourcen zu als der andern.

IRENE: Herr Dr. Wagner, bitte keine weiteren Abschweifungen vom Thema.

WAGNER: Entschuldigung, Frau Vorsitzende, ich bin mit meinem Plädoyer bald fertig. Schließen möchte ich mit einem eindringlichen Appell an die anderen Stifter und diejenigen, die es noch werden wollen: bitte halten Sie Ihre Spende davon unabhängig, daß die hier versammelten Staaten in ihrer Gesamtzahl die Beschlüsse der Konferenz mittragen. Auch wenn sich einige Staaten ausgrenzen, machen Sie einen Anfang und schauen wir dann zu, wie die Reise weitergeht!

LINDNER: Wir haben über ein Jahrhundert lang in unserem Unternehmen Menschen unter Preis für uns schuften lassen. Wir haben sie unter Druck gesetzt, genötigt, erpreßt. Wir haben ihre Gesundheit ruiniert und auch ihre Kinder in kümmerlichen, krankmachenden Verhältnissen aufwachsen sehen. Auf der Sonnenseite des Lebens verdienten wir, nein, beschlagnahmten wir zu unserem eigenen Gebrauch das Hundertfache an einem Tag, was ein Arbeiter an den Maschinen in einem Jahr bekommt, und später, als wir unsere Produktionsstätten ins ferne Ausland verlagerten, wurde es soviel in einer einzigen Woche wie für die neuen Fließbandsklaven in Bangladesch in tausend Jahren. Das war Raub an unseren Mitmenschen, unrechtmäßig gehäuftes Gut.

Aber diese Menschen haben auch noch einen anderen Reichtum geschaffen, der viel größer ist und viel wertvoller als all das Geld in unserem persönlichen Besitz: sie haben all die Möglichkeiten der Technik und des Fortschritts geschaffen, all die Möglichkeiten, nun dem Fortschritt und Gedeihen der ganzen Menschheit zu dienen. Der Dank für die Opfer der vielen, die den Reichtum der wenigen geschaffen und in so großem Maße gemehrt haben, gebietet es uns, daß wir ihr Vermächtnis ehren und bewahren. Wir definieren den Fortschritt neu und setzen unser Wissen und unsere Technik ab sofort neu dafür ein, zu reparieren, was zerstört ist, zu ermöglichen, was gebraucht wird, und die Entwicklung des Menschengeschlechts aus der Talsohle der Krise hinauszuführen, in die blinder Konsum, entfesseltes Gewinnstreben und die Zwänge eines unmenschlich gewordenen Systems uns trieben. Aus meiner großen Schuld heraus, die mich in den letzten Jahren nicht mehr ruhig schlafen ließ, und dem Drang nach Wiedergutmachung, im Gedenken an die schlimmen Opfer entlang der Geschichte unseres Unternehmens und in der Hoffnung auf Verzeihung unterstütze ich hiermit mit meinem gesamten Vermögen bis auf einen kleinen Rest die Ziele des heute zuendegehenden Kongresses, sofern sie hoffentlich von einer großen Mehrheit nun beschlossen werden. Aber auch wenn keine erkleckliche Mehrheit zustandekäme, denke ich, daß genügend Reiche heute ähnlich fühlen wie ich und daß es unser Herzensanliegen ist, aus der Schuld der Vergangenheit zu lernen und herauszukommen. Wir werden, da bin ich sicher, so oder so Wege finden, mit den mächtigen Mitteln, die wir aktivieren können, Gutes auf der Welt zu leisten.

Applauseinblendung.

WAGNER: Ich und 56 weitere meiner Kollegen unter den reichsten Unternehmern der Erde stellen in einem ersten Schritt eine Summe zur Verfügung, die dem Jahreshaushaltsvolumen eines der führenden europäischen Staaten entspricht. Damit soll verlorengegangenes Land wieder fruchtbar gemacht, sauberes Wasser überall verfügbar und ein Gleichgewicht der Arten wieder möglich werden. Alle Menschen, die heute leben, sollen ein Dasein frei von materieller Sorge führen dürfen auf einem Planeten, der auch noch morgen genug zu essen, zu trinken und Energie, sparsam verwendet, bereitstellt.

IRENE: Die westlichen Länder der Erde bekennen sich zur Schuld, die sie am Elend der ärmsten Staaten tragen: früher durch menschenverachtenden Kolonialismus, dann durch mutwillig hervorgerufene, völkerrechtswidrige Angriffskriege, zuletzt in Afghanistan, Irak und Libyen, und heute durch jene neuen verdeckten Formen des Kolonialismus, Freihandelsabkommen genannt, in Wahrheit Ruin der regionalen Wirtschaften in Afrika und anderswo. Damit muß ein Ende sein.

WAGNER: Saubere Luft ist inzwischen zu einem Luxusgut geworden. Ein Besucher von einem fremden Stern, der die Erde besuchte, aber nehmen wir doch nur ein Kind mit seinem unverbrauchten kleinen Verstand, schlägt die Hände überm Kopf zusammen im Angesicht der täglichen Autoschlangen und der Tonnen Kerosins, das unsere Flugzeuge vor der Landung über Fichten und Eichen gießen, die wie alle Pflanzen doch Regen und gutes Wasser brauchen.

IRENE: Das Sterben der Arten muß ein Ende nehmen, im Pflanzenreich wie im Tierreich.

LINDNER: Perversion und Zerstörung als alltägliche Normalität sind für alle Zeiten passé!

STIMME aus dem Auditorium: Richtig! Auf daß wir nicht mehr mit Atemmasken durch die Städte latschen oder ganz daheimbleiben müssen, wenn wir nicht verrecken wollen!

WAGNER: Wenn es nach den Ergebnissen unserer Forschungen geht, wird China seine Industrie und sein Verkehrsaufkommen zurückbauen und wieder zu einem vorwiegend agrarischen Staat werden. Die Zahl seiner Menschen macht eine Deckung seines Bedarfs an Energie, Mobilität, intakten Lebensmitteln von gesunden Böden abhängig und erzwingt eine Rückbesinnung auf geringertechnisierte ältere Formen des Zusammenlebens.

LINDNER: Bei Vorlage entsprechender Pläne der chinesischen Führung möchte ich meine Mittel vorzugsweise einem Programm zum Rückbau der chinesischen Wirtschaft hin zu einer gesunden agrarischen Wirtschaft widmen.

Spöttisches Gelächter aus einer Ecke des Konferenzsaals.

TANNER *aus dem Plenum, unbeirrt*: Wenn unser Haushalt es ermöglicht und das Parlament dem zustimmt, wird unsere Regierung sich an einem Sonderfonds für China mit einer nennenswerten Summe beteiligen.

SIMON *leise; aufgebracht*: Du wirst doch nicht …

TANNER *leise zurück*: Wir sind Exportnation, Peer, wir müssen uns China bei Laune halten. Und ein agrarisches China, das erst recht unsere Güter will, umso mehr! *Begibt sich mit Skript zum Podium.*

China ist groß. Es war ein Witz. China geht uns heute mit gutem Beispiel voran. Ich brauchte viel länger auf dem Pfad der Erkenntnis. Im Laufe der Konferenz erst fiel es mir wie Schuppen von den Augen: wir haben kein Recht darauf, daß um 22 Uhr noch von allem im Regal steht und für jeden Schritt ein vollgetanktes Auto auf uns wartet. Wir nehmen anderen damit etwas weg, wir tragen dazu bei, daß sie unseretwegen leiden.
Dem verdienstvollen Herzberg-Institut sei dank, mit Ihnen an der Spitze, Frau Herzberg, wollen wieviele – 57? – Milliardäre bis zu 95% ihres Vermögens stiften für große Bewässerungs- und Renaturierungsprogramme weltweit. Es findet jetzt, erstmals in der Geschichte, eine friedliche Revolution von oben statt … Herrlicher Gedanke, Aufbruch in eine neue Zeit, eine neue Zukunft!
Ich bin hier in Madrid oft in mich gegangen. Viel zu unbedacht habe ich von sozialem oder christlichem Verhalten gesprochen … und das Gegenteil getan. Ist es christlich oder solidarisch oder barmherzig, mehr an Ressourcen für die eigene Person in Beschlag zu nehmen, als man für ein bescheidenes Leben braucht?
War es jemals christlich, Tiere zu quälen? War es christlich, mit angeblich doch so privatem Eßverhalten Elend über halbe Kontinente zu bringen und über Tausende von Toten wie über eine vernachlässigenswerte Größe hinwegzugleiten? War es jemals christlich, die Ressourcen der künftigen Generationen zu verspielen, ihnen überdüngte, strahlende, plastikverseuchte Meere und tote Böden zu hinterlassen?
Ist es christlich oder nicht eher ein Zeichen biblischen Hochmuts, es besser wissen zu wollen als Gott selber, wenn wir die Gentechnik, ihre einschneidenden Experimente in Natur und Landwirtschaft und die Folgen, die keiner kennt, den Zauberlehrlingen in den Instituten überlassen?
Ist es christlich, die Luft mit Gestank und Lärm und Kerosin so vollzukippen, daß zahllose Menschen heute weder tags noch nachts auch nur eine Minute lang ihr Grundrecht auf Gesundheit wahrzunehmen imstande sind? Ist es christlich, ein Wirtschaftssystem immer noch weiter ausbauen zu wollen, das diese abgrundtiefe Pervertiertheit

allein schon durch die Erfordernis großer Berufsmobilität geradezu erzwingt?
Ist es christlich, im Dienste einer fragwürdigen Wachstumsideologie den Planeten zu zerstören und ihn schon für die nächste, spätestens übernächste Generation zum Schauplatz brutaler Konflikte um kleingewordene Überlebensräume zu machen?
Ich möchte, daß es anders kommt. Unterstützen Sie mit mir die Ziele dieser Konferenz!

Applauseinspielung, dann Abdunklung und neues Licht.

IRENE: Hiermit haben die zwanzig großen Gebernationen und fünfzig Empfängerstaaten abgestimmt. Mir liegt das Ergebnis vor. Alle Gebernationen inklusive der mitteleuropäischen und westeuropäischen Staaten, der reichen Golf-Anrainer und Rußlands stimmen der Resolution zu, die USA lehnen die Beschlüsse ab. Alle Empfängernationen stimmen ebenfalls zu. Die Geberländer bekennen sich zu ihrer Mitschuld am Auslösen von Krisen und deren Verschärfung in den Nehmerländern, seien sie landwirtschaftlicher, sozialer oder kriegerischer Art. Sie erhalten für dieses Schuldeingeständnis nach erfolgten namhaften Reparationen vertraglich verbriefte Amnestie. Die Geberländer verpflichten sich, die ersten Gelder aus der Stiftung für die dafür vorgesehenen Renaturierungs- und Reparationsmaßnahmen zu verwenden. Die Empfängerländer verpflichten sich, diese Gelder ausschließlich zur Wiederherstellung ihres Landes zuzulassen.
WAGNER: Alle Unterzeichnerstaaten verpflichten sich, die internationalen Aufsichtstruppen in ihrem Land zu dulden und jederzeit bei ihrer Aufgabe zu unterstützen. Überprüfungen erfolgen in dichter Abfolge ohne Vorankündigung, streng und konstruktiv.
IRENE: Die besten Fachleute sind vor Ort. Neue Fachleute, bevorzugt Einheimische, werden ständig ausgebildet. Beim ersten absichtlichen Verstoß ziehen die 57 Stifter ihre Unterstützung aus dem jeweiligen Land zurück.
WAGNER: Wenn die Programme gut anlaufen, stellen die Stifter einen zweiten Teil der Gesamtsumme zur Verfügung. Ziel der Maßnahmen ist es, jedes Land nach Maß-

gabe aller natürlichen Spielräume in den Stand zu versetzen, die eigene Bevölkerung in der heute vorliegenden Größe mit Wasser, grünen Grundnahrungsmitteln und Wärme zu versorgen.

IRENE: Bildung, Mobilität und Information gehören nicht zu den unmittelbaren Grundlagen, die für unser Weiterleben unverzichtbar wären, Medizin nur insoweit, als sie nicht als naturentfremdete Monopolmedizin auftritt. Den Alleinvertretungsanspruch der neueren Medizin lehnt das Anton-Herzberg-Institut ab.

SIMON: Zumal der Gründer des Herzberg-Instituts, Anton Herzberg, von einigen Verschwörungstheoretikern als Opfer dieser Medizin angesehen wird.

IRENE: Wenn jede Region der Erde in den denkbar optimalen Zustand zurückversetzt ist, werden alle Länder in die Selbständigkeit entlassen und sind fortan für ihre Angelegenheiten selbst verantwortlich. In frei ausgehandelten Verträgen tauschen sie ihre Überschüsse aus und beheben ihre Mängel, sollte ihr Boden auch nach der großen Globusreparatur die Versorgung nicht gewährleisten. Die internationale Gemeinschaft, verkörpert in der vereinten Friedens- und Wächterarmee der Unterzeichnerstaaten, schreitet ein, wenn höhere Gewalt ein Land unverschuldet in Not bringt. Ferner schreitet sie ein bei Verstößen gegen die Verpflichtungen, die alle Unterzeichnerstaaten miteinander eingehen. Diese Verpflichtungen besagen: alles wird unterlassen, was die generelle Gleichheit aller Menschen unabhängig von Geschlecht und Rasse untergräbt; alles wird unterlassen, was den Lebensraum aller, unabhängig von Geschlecht und Rasse, und das wiedergewonnene Gleichgewicht der Natur in Gefahr bringt.

WAGNER: Als Anlaß harter Sanktionen bis hin zum Einmarsch der internationalen Schutz- und Wächtertruppe gilt, wenn ein Staat seine Gewässer nachhaltig schädigt oder durch seine Emissionen die Luft verschmutzt, den Atmosphäremantel beeinträchtigt oder die Temperatur auf dem Globus vermeidbar erhöht und so zur Einschränkung der Lebensmöglichkeiten weltweit und zum Sterben weiterer Tier- und Pflanzenarten beiträgt. Hierzu tritt der internationale Gerichtshof zusammen, bestehend aus je einem Mitglied aller Unterzeichnerstaaten, von diesen anerkannt und ohne Vetorecht des Beklagten.

IRENE: Sollte der Plan fehlschlagen, steht es jedem Stifter und jedem Geberstaat frei, seine Mittelzusagen zurückzuziehen. Zur Durchführung des Plans werden bis zu einer ersten Zwischenbilanz zwei Jahre veranschlagt, bis zum Abschluß nach vorläufigen Schätzungen auf der Grundlage von Modellversuchen sieben Jahre. Die Konferenz ist damit beendet.

Langer, sich ausblendender Applaus und langsam ausgehendes Licht.

9

Irene, Wagner und Lindner in privater Runde.

LINDNER: Die Staatspräsidentin wäre am liebsten dem Abkommen ferngeblieben und der ablehnenden Haltung der USA gefolgt. Aber sie sah sich zu sehr von den anderen Europäern isoliert.

WAGNER: Ob sie versucht, auch jetzt wieder eine Führungsrolle zu übernehmen? Ein Firmenwechsel sozusagen, Hauptsache das letzte Wort?

IRENE: Und wenn sich ihre Regierung nicht an das gegebene Wort hält?

LINDNER: Dann legt der Weltgerichtshof dermaßen hohe Zölle auf alle Waren aus unserm Land und auf Produkte, die wir von außen beziehen, daß sie kleinbeigeben *muß*. Unser Land macht sein Wohl zu sehr von Waren abhängig, die es selbst nicht produziert, und kann diese dann nicht länger mehr aus seinen Exportüberschüssen finanzieren. Unser Land ist nicht souverän.

WAGNER: Oder in einem alten Begriff: nicht autark.

IRENE: Und wenn das nicht greift? Was richten die internationalen Friedenstruppen gegen einen Umweltsünder von der Größe unseres Landes aus?

WAGNER: Wenig. Gegen unser Land werden sie keinen materiellen Krieg beginnen. Dabei wären wir aktuell kaum im Stande, uns gegen eine Union aus französischen und britischen Truppen oder eine russische Armee militärisch zu verteidigen.

LINDNER: Das kann sich wieder ändern.

WAGNER: Das sehe ich auch. In einer Welt, deren Regionen wieder stärker auf sich selbst gestellt sind, werden schlagkräftige Armeen neu entstehen. Ob wir das begrüßen oder nicht.

LINDNER: Die Utopie einer Eine-Welt-Gesellschaft ist gescheitert. Ich möchte wieder in meinem eigenen Land leben und wissen, ich habe alles versucht, mich von der Schuld meines Fehlverhaltens und des Fehlverhaltens meiner Väter zu befreien.

WAGNER: Einigermaßen.

LINDNER: Wir müssen uns selbst verzeihen können, Wagner. Im Recht und in der Politik nennt man das Begnadigung oder Amnestie.

WAGNER: Es strebt der Mensch, solang er lebt.

IRENE: Ach, Wagner, es ist nie zu spät, es besser zu machen.

WAGNER: Mögen Sie rechtbehalten, Irene. Auf unsere Amnestie!

LINDNER, WAGNER *und* IRENE *zusammen*: Auf unsere Amnestie!

Sie stoßen an. Sie betrachten mit glänzenden Augen den funkelnden Wein in den Gläsern, während langsam das Bühnenlicht ausgeht.

III. Geld für alle

Anita TANNER, *Staatspräsidentin, Anfang 60, dicklich*
Staatssekretär Peer SIMON, *Mitte 40, hager*
IRENE Herzberg, *junge Frau, Aktivistin*
Dr. WAGNER, *Konzernbesitzer*
WEBER, *Firmenbesitzer*
Rosa WAGENBURG, *noch junge Frau, linke Politikerin*
YILMAZ, *Kovorsitzender der Ökologischen Partei*
BECKER, *Generalsekretär der Patriotischen Partei*
BEAMTIN / STIMME 1
LAUER, *Klient* / STIMME 2
junge LEHRERIN

1,1

Vorzimmer im Amtssitz der Staatspräsidentin. Diese, Staatssekretär Simon und der Firmenbesitzer Weber.

TANNER: Was hat Ihr Vater gemacht, Herr Weber?
WEBER: Er hat die Radios und Fernsehgeräte der Gegend repariert. Warum fragen Sie, Frau Staatspräsidentin?
TANNER: Weil ich denke, wenn Ihr Vater Geräte reparierte, könnten Sie das wieder tun.
WEBER: Unsere Firma hat expandiert. Wir bringen die modernste Datentechnik in die verlassenste Gegend, wir sorgen für die Digitalisierung der gesamten Republik.
TANNER: Ist das denn wünschenswert?
WEBER: Ich bitte Sie, die Regierung selber hat den Auftrag erteilt, Sie, Frau Staatspräsidentin, hatten es der Bevölkerung so in Aussicht gestellt.
TANNER: Es war unser Wahlziel vor der letzten Parlamentswahl, ich weiß, aber nun sind neue Fakten eingetreten, Weber.

WEBER: Diese Konferenz hat Ihnen, verzeihen Sie mir, daß ich das so sage, den Kopf verdreht.

TANNER: Die Unterzeichnung des Abkommens bringt unserm Lande sehr viel Nutzen, eine Ablehnung dagegen sehr viel Schaden. Wie ich das so sehe, kommen wir gar nicht anders umhin, als der Gruppe der Unterzeichner beizutreten. Aber das meinte ich nicht: ist es wünschenswert, daß flächendeckend das Land digitalisiert wird? Wollen wir, wollen *Sie* ein Land, in dem jeder Kubikzentimeter Luft belastet ist: mit Feinstaub, mit Lärm und eben auch – mit elektrischer Strahlung?

WEBER: Was hat Feinstaubbelastung mit Funkwellen zu tun?

SIMON: Nie etwas von Elektrosmog gehört?

WEBER: Das ist sehr umstritten!

SIMON: Im Zweifel für den Kläger.

WEBER: Ich weiß, der Kläger hat immer recht.

SIMON: Nicht immer. Aber hier sollte der Nachweis schon verlangt sein, daß Strahlung niemand schadet. Solange dieser Nachweis fehlt, gilt der Klägerschutz.

WEBER: Bringen Sie mir einen, der durch Elektrosmog oder digitale Strahlung krank geworden wäre!

TANNER: Das tun wir gern. Ebenso wie es Lärmgeschädigte gibt, die Panikattacken bekommen, wenn sie im Wald sind und Kilometer entfernt setzt eine Motorsäge ein oder auf der Fernstraße passiert ein LKW.

WEBER: Aber das sind doch bekloppte Hypochonder!

SIMON: Es sollte Schutzräume geben. Außer den Geräuschen der Natur sollte dort nichts vernehmbar sein. Es fragt sich, ob unsere technisierte Normalität überhaupt normal ist. Normal wäre doch, es gäbe natürliche Rückzugsräume. Bestimmte Menschen haben eben eine feinere Wahrnehmung, wer weiß, die richtige womöglich.

TANNER: Lasen Sie als Junge keine Indianergeschichten, Herr Weber? Der letzte Mohikaner das Ohr an die Erde pressend und Entfernung und Zusammensetzung des Reitertrupps bezeichnend, der aus 20 Kilometern Entfernung näherrückte?

WEBER: Und warum hörte ich von lärmempfindlichen Funkwellenhypochondern nie?

SIMON: Sie sagen es: diese armen Menschen wurden bis vor kurzem zu Hypochondern erklärt und totgeschwiegen. In Anbetracht neuer Forschungsergebnisse müssen sie hinfort als schwer erkrankt und therapiebedürftig gelten.

WEBER: Reif für den Psychoklempner! Das flächendeckende Digitalisierungsprogramm wird, wenn ich Sie richtig verstehe, also eingestellt und ich soll wieder Waschmaschinen flicken?

SIMON: So ist es.

WEBER: Ohne Digitalisierung wird es keine Betriebe auf dem Lande geben. Ohne Digitalisierung siedelt nicht einmal ein Verkäufer gebrauchter Kaffeemaschinen an.

SIMON: Das bleibt abzuwarten.

WEBER: Ich bin ein modernes Unternehmen, wir stellen hochsensible Produkte her!

TANNER: Und wenn demnächst keine Zulieferteile mehr kommen? Herr Staatssekretär, haben Sie die aktuelle Bedarfsberechnung des Herzberg-Instituts parat?

SIMON: Hier ist sie. *Reicht seinen Laptop an Weber weiter.*

WEBER: Was entnehme ich daraus?

SIMON: Oben steht die aktuelle Weltbevölkerungszahl. Es folgt eine Auflistung über den Bedarf an fruchtbarem Ackerland und gesundem Wald, der nötig ist, um die Natur im Gleichgewicht zu halten und uns und unsern Kindern noch ein wenig trinkbares Wasser zu garantieren.

WEBER: Wozu soll das gut sein? Wir haben von allem Überfluß!

TANNER: Ja, weil wir uns nicht selbst versorgen mußten in all den Jahren. Weil wir von günstigen Importen lebten. Weil wir dafür die Welt mit Luxusgütern überschwemmen durften, die sie nicht brauchte.

WEBER: Der Export ist die Seele unsers Glücks!

TANNER: Ich bezweifle, daß das so bleibt. Die Vereinigten Staaten von Amerika bleiben dem Pakt fern und schützen sich mit radikalen Einfuhrzöllen gegen unsere Exporte. Wir werden sehen, was ein isoliertes Amerika gegen China, Rußland und den Rest der Welt ausrichtet.

WEBER: China ist dem Pakt schon beigetreten?

SIMON: Das Herzberg-Institut hat der gesamten Konferenz filmische Dokumentationen vorgelegt, daraufhin haben die Vertreter der chinesischen Regierung ihre bisherige starre Haltung aufgegeben.

WEBER: China ist eine führende Industrienation mit den meisten Millionären der Welt!

SIMON: Chinas Volkswirtschaft wuchs stärker als die jedes anderen Landes. Aber haben Sie mal eine chinesische Fabrikarbeiterin in der Schuhindustrie gefragt, wie es ihr geht? Ist etwas von den Millionen bei ihr angekommen? Die Not vieler Menschen in China ist unvorstellbar, eine ständige Tortur, eine tägliche Hölle.

TANNER: Die chinesischen Delegierten saßen mit versteinerten Mienen da, als sie das Material sahen.

SIMON: Daß in den Städten Smogalarm zum Dauerzustand gehört und die Menschen keinen Fuß mehr ohne Atemmaske ins Freie setzen, wußten sie. Daß aber auch die geschundenen Fabrikarbeiter in den ehemals bäuerlichen Regionen den Himmel noch nie blau gesehen haben, war ihnen neu.

WEBER: Filmmaterial läßt sich manipulieren. Wenn die chinesischen Lieferungen ausfallen, kann ich dichtmachen!

TANNER: Reparieren Sie wieder Radios und Waschmaschinen, Weber!

WEBER: Wer bürgt für meine Belegschaft? Ich stehe für das monatliche Einkommen meiner Angestellten gerade. Das werde ich nicht mehr können, wenn die Lieferungen aus China ausbleiben. Ich werde meine Mitarbeiter entlassen müssen.

TANNER: Vielleicht.

WEBER: Meine Fabrik abreißen.

TANNER: Auf keinen Fall.

WEBER: Es ist meine Fabrik!

TANNER: Abrisse müssen im Rahmen des neuen Ressourcenschutzgesetzes staatlich genehmigt werden. Die Genehmigung wird Ihnen verweigert.

WEBER: Und wer erstattet meine Kosten? Sie? Sie können mich nicht dazu verdonnern, auf Kosten, die Ihre Politik verursacht, sitzenzubleiben!

SIMON: Wie lange reicht Ihr Auftrag?

WEBER: Vier Jahre.

SIMON: Und das Material?

WEBER: Ein halbes.

SIMON: Nun, arbeiten Sie ab, was Sie in einem halben Jahr abarbeiten können. Bis dahin finden wir eine Lösung.

1,2

Klopfen an der Eingangstür. Simon führt Yilmaz, Kovorsitzenden der Ökologischen, und Becker, Generalsekretär der Patriotischen Partei herein, gefolgt von Rosa Wagenburg. Als Wagenburg mit Yilmaz versehentlich zusammenstößt, tritt sie mit einem Schaudern zur Seite.
Weber bewegt sich beim Eintreten der Gruppe unruhig auf seinem Stuhl.

WEBER: Was soll diese Versammlung jetzt, Frau Staatspräsidentin, ich ahne nichts Gutes.

TANNER: Ich weiß, Sie sind nicht leicht zu überzeugen, Freund Weber. Aber Hand aufs Herz: haben Sie sich immer wohlgefühlt, wenn die Lieferungen aus China kamen? Können wir alle uns ernsthaft noch wohlfühlen, seit wir wissen, wie die Dinge gewonnen werden, die uns das Leben komfortabel machen? Ist unser Komfort nicht mit dem Blut und Leben anderer erkauft? Auf der Konferenz gab es erstmals Schuldbekenntnisse und durchgreifende Wiedergutmachungszusagen. Unser westliches Bündnis mit den Superreichen an der Spitze und sogar die bevorzugtesten von uns Politikern, vielleicht sogar der eine oder andere hier im Raum, ich bekenne mich selber dazu, haben auch ihr blutiges Päckchen zu tragen. Endlich, endlich haben wir die guten, die optimalen Konsequenzen aus dem Elend der vergangenen Tage ins Auge gefaßt.

WEBER: Sie werden einen starken Unternehmerflügel in Ihrer Partei gegen sich haben, Frau Staatspräsidentin, und ich orakle, ob Sie Ihre Fraktion bei der Abstimmung hinter sich scharen können.

Die Runde verteilt sich um den Tisch.

WAGENBURG: Krieg, Hunger, sterbende Kinder gibt es immer mehr seit der Globalisierung.

YILMAZ: Nicht vergessen: Naturkatastrophen. Doppelt so viele wie vor 40 Jahren.

BECKER: Wir von der Patriotischen Partei sind lange gegen den Globalismus.

YILMAZ: Aber nur, weil Sie Ihren altbackenen Patriotismus wieder aus der Grabkammer hervorholen möchten.

TANNER: Die Geberstaaten der Konferenz wollen, daß Krieg, Hunger, Kinderelend ein Ende nehmen. Sie möchten doch auch am Ende Ihrer politischen Arbeit Ihre Hände einmal in Unschuld waschen dürfen.

BECKER: Krieg, sterbende Kinder, Hunger sind fraglos schreckliche, die Humanität beleidigende Erscheinungen, aber sie waren immer auch ein Korrektiv gegen die Hauptplage dieser Erde, die Überbevölkerung.

YILMAZ: Aber Ihre reinrassigen Landsleute sollen nach dem Willen Ihrer Partei jetzt wieder mehr Kinder in die Welt setzen.

WEBER: Der Mann hat trotzdem recht.

WAGENBURG *höhnisch*: Kriege und Waffengeschäfte bieten nebenbei ja auch ganz nette Gelegenheiten zum Geschäftemachen.

1,3

Abgehetzt treten nach kurzem Anklopfen Irene Herzberg und Dr. Wagner ein.

TANNER: Irene und Dr. Wagner, seien Sie herzlich begrüßt. *Die Neuankömmlinge nehmen in der Runde Platz.* Ich stelle der Vollständigkeit halber vor: Irene Herzberg vom Herzberg-Institut, Dr. Wagner, Chef des Sanux-Konzerns und Vorsitzender des Herzberg-Fonds. Mein Staatssekretär Peer Simon. Herr Fraktionskollege Weber vom Verband christlicher Unternehmer. Frau Dr. Wagenburg von der Sozialistischen Partei, Herr Becker von der Patriotischen. Herr Yilmaz von der Ökologischen Partei. Und mein Name ist Anita Tanner.

IRENE: Die Staus werden immer unerträglicher. Da fuhr man schon selbst nie Auto und bleibt trotzdem in den verstopften Gefäßen des Verkehrsorganismus stecken.

WAGNER: Die Folgen des Fortschritts: immer größer, immer zentraler, immer effizienter. Vier Fünftel unserer gesamten Bevölkerung legen täglich dreistellige Strecken zurück, um tagsüber an ihren Arbeitsplatz und abends zu den Einkaufszentren zu gelangen.

WEBER: Das ist doch klar: wenn Sie die Versorgung und die Arbeit effizient vernetzen wollen, müssen Sie immer größer werden und zentralisieren. Organisation ist die halbe Miete. Das nennt man Synergie und Optimierung des Humankapitals. Wenn ich für jede Kleinigkeit in einen anderen Laden muß und dort auch noch auf meine Abfertigung warte, hab ich im Supermarkt in einem Zehntel der Zeit alles beisammen und stehe gerade einmal am Ende schlange.

WAGNER: Das Wirklichkeit gewordene Schlaraffenland am Abend, die in einer Zentrale der Arbeit inkarnierte menschliche Allmacht am Tag.

IRENE: Und dahin führen tausend verstopfte Straßen im stündlichen Verkehrsinfarkt, eingebettet in verseuchte, stinkende Wohngegenden. Sind uns auf unserer Fahrt hierher spielende Kinder aufgefallen, Dr. Wagner?

WAGNER: Im Freien? Nirgendwo!

IRENE: Spaziergänger?

WAGNER: Kein einziger. Die Leute gehen nur noch vom Auto zum Lift und vom Lift zum Auto zu Fuß.

IRENE: Alles lebt eingesperrt in Kästen toten Betons.

WEBER: Von frischer Luft wird man auch nicht reich.

WAGNER: Aber lebt.

WEBER: Wir leben auch gut mit dem bißchen Verkehr und Gestank ganz ohne den täglichen Auslauf. Sehen Sie doch an mir. *Zeigt lachend an seiner aufgeschwemmten Figur entlang*. Außerdem rieche ich nichts.

YILMAZ: Wenn Sie den Gestank der Städte mit Ihren abgestorbenen Geruchsnerven nicht mehr wahrnehmen, Herr Weber, bedeutet das nicht, daß andere nicht sehr wohl, und zwar sehr gewaltig, unter den ökologischen Folgen und dem seelischen Streß des täglichen Pendlerwahnsinns leiden!

WEBER: Glauben Sie, mit Ihrem Elektromobil wird der Pendlerwahnsinn besser? Haben Sie nicht erst vergangenes Jahr einen Antrag gestellt, den Umstieg auf Elektroautos zur Pflicht zu machen?

YILMAZ: An der Elektromobilität wird noch gearbeitet.

WEBER: Klar. Weil sich herausstellt, daß ich weitaus mehr Öl im fernen Kraftwerk verheizen muß, um einen Akku zu speisen, als wenn ich das Öl direkt im Auto verbrenne.

YILMAZ: Wir verbrennen bald kein Öl mehr aus der Erde.

WEBER: Bloß noch Öl aus gepreßten Feldfrüchten. Wieviel davon wollen Sie der Weltbevölkerung noch wegnehmen, damit Sie und Ihre Ökologischen Wohlstandsbürger weiter Ihr Elektroauto laden und Ihr biologisch hergestelltes Olivenöl aus Griechenland beziehen können. Oder bekommen Sie das hergebeamt? Wenn schon, dann müßten Sie bei der Mobilität und dem Luxus selber anfangen. Wollen Sie aber nicht.

YILMAZ: Wollen *Sie* das?

WEBER: Natürlich nicht. Aus mehreren Gründen. Abgesehen vom Versorgungsfortschritt, der als alleiniger Grund schon genügte, zeigt sich im Wohlstand unsere menschliche Schöpferkraft. Und dagegen, daß der Mensch sich schöpferisch entfaltet, hat wohl niemand in dieser Runde etwas.

WAGNER: Aber ich frage Sie: beschränkt sich Schöpferkraft aufs Geschäftemachen und Konsumierenkönnen? Geschäfte machen dürfen, große Geschäfte, Inbegriff menschlicher Freiheit, konsumieren ohne Grenzen kann auch ein *Grab* für die Freiheit sein: das Grab für die Freiheit anderer.

WAGENBURG: Sehr richtig. Wie werden Geschäfte gemacht? Indem man die Notlage und die Ahnungslosigkeit anderer mißbraucht. Indem man teuer verkauft, was man billig erstand. Indem man andere unterbezahlt und um den Ertrag ihrer Arbeit prellt.

WEBER: Sie werden mich jetzt nicht zu einem Betrüger erklären, Frau Dr. Wagenburg!

WAGENBURG: Sie werden von einer Textilarbeiterin in einem Billiglohnland und einem fünfjährigen Kind, das nach seltenen Metallen für Ihre Branche gräbt, aber auch schwerlich ein Loblied auf die Freiheit unbeschränkten Geschäftemachens erwarten, Herr Kollege Weber.

TANNER: Die Problemländer der Erde sanieren ihre Landwirtschaften und ziehen ihre Lohnsklaven aus der Herstellung billiger Zulieferprodukte zurück. Wir müssen künftig ohne diese Lieferungen auskommen. Sie alle hier im Kreis möchte ich mitnehmen in die bedeutsamen Entscheidungen, die es zu fällen gilt. Die Reformen werden so durchgreifend sein, daß ich alles dafür tue, jeden von Ihnen zu gewinnen und jeden Einwand mit den überzeugendsten Argumenten zu entkräften. Frau Herzberg, Herr Wagner, jetzt beginnt Ihr Part.

IRENE: Ich darf uns nochmal vorstellen: Ich bin Irene Herzberg, Geschäftsführerin des Herzberg-Instituts, und dies ist Herr Dr. Wagner, Vorsitzender des Herzberg-Fonds und unsere rechte Hand beim Akquirieren der Stiftungsgelder. Im Geiste unsers Namensgebers, meines Onkels Anton Herzberg, erforschen wir, wie man das Beste aus allem herausziehen, das Trennende überwinden und alte Parteilichkeiten ersetzen könnte. Schon mein Onkel, bitte erschrecken Sie nicht, sah die aktuellen Parteien als überholt an. Jede Partei hat Wichtiges und Richtiges zu sagen, aber jede Partei grenzt Wichtiges und Richtiges auch aus. Frau Staatspräsidentin Tanner hat Sie heute hier versammelt, um gemeinsam mit uns zu überlegen: wie können wir das Beste aus allen Konzepten zusammenführen und zu einem guten Ganzen verschmelzen?

Staatspräsidentin geht in ihr Arbeitszimmer, gefolgt von Simon, der zuvor in einem Winkel seinen Laptop abstellt und für eine Filmvorführung vorbereitet.

1,4

Die Teilnehmer der Runde bedienen sich immer wieder aus zwei Karaffen mit Wasser, wobei Wagenburg ihr Glas gegenüber mehreren Anbietern bedeckt halten muß, während Becker niemanden bedient und sein Glas demonstrativ wegzieht, als Yilmaz als einziger den Versuch macht, ihm einzuschenken.

IRENE: Die Sozialistische Partei, fangen wir bei Ihnen an, Frau Wagenburg, die Sozialistische Partei ist die einzige im Parlament, die immer wieder auf unsere Mitschuld an den Krisen und Kriegen dieser Erde hinweist.

WAGENBURG: Wir fordern die Regierung auf: stellen Sie sofort alle Waffengeschäfte ein, beenden Sie die Kooperation mit Diktatoren, ändern Sie Ihre ruinöse Außenhandelspolitik mit den armen Ländern Afrikas!

IRENE: Aber formulieren Sie auch einen konkreten Plan? Muten Sie Ihren Wählern einschneidende Maßnahmen zu?

YILMAZ: Wie passen außerdem Ihre permanenten Wohlstandsversprechen mit Ihrer Forderung nach einem verantwortungsvollen Umgang mit den Ressourcen überein?

WAGENBURG: Es stimmt, an diesem Punkt arbeiten wir noch. Wir haben ihn auf Anfrage unserer jungen Mitglieder neu ins Wahlprogramm aufgenommen.

YILMAZ: Reichlich spät und wenig überzeugend. In ökologischen Belangen ist eben einzig die Ökologische Partei kompetent.

BECKER: Darin haben wir von den Patrioten Sie längst überflügelt, Määr Yilmaz.

YILMAZ: Ich verbitte mir, mit Määr angeredet zu werden.

BECKER: Herrrr Yilmaz, Määr Yilmaz. Wir simplen Patrioten lieben unsere Heimat und wollen sie vor der Verschandelung und dem Ruin bewahren. Ihre nutzlosen Windräder, Määr Yilmaz, zerstören die Natur und zerstören Existenzen.

YILMAZ: Und bauen andere Existenzen auf.

BECKER: Die Ihrer ausländischen Freunde von der Windkraftträderlobby vielleicht.

YILMAZ: Woher wollen Sie wissen, wieviele Ausländer die Windkraftträderindustrie beschäftigt!

BECKER: Ich sage Ihnen nur eines: *wir* beschützen unsere Heimat, nicht Sie, denn wir, wir lieben unsere Heimat.

YILMAZ: Den Grund und Boden, Blut und Boden, die weiße Rasse. Ich bin übrigens auch weiß.

BECKER: Aber Moslem.

YILMAZ: Zum mindesten kein Rassist wie Sie!

BECKER: Schaut mir diesen angelaufenen Bengel an, verdreht mir das Wort im Munde.

YILMAZ: Ich verbitte mir solche feindseligen Ausfälle.

BECKER: Packen Sie nur Ihre verkommene Moralkeule aus! Sie haben in der Sache nichts mehr zu sagen, Ihre Energiereform ist auf ganzer Breite gescheitert: Windräder, die ohne Nutzen ganze Mittelgebirgslandschaften zerstören; erst Dieselautos, die die Luft schlimmer belasten als Benzinmotoren, jetzt das Elektromobil, das mehr fossile Energie verschleißt als ein normales; Sprit von Feldern, die den Menschen als Nahrungsquelle gestohlen werden; Sparlampen mit gefährlichem Quecksilber, millionenfache Verschrottung intakter Glühbirnen, die eine bessere Umweltbilanz hatten. Jetzt stehen Sie da wie der nackte Bettler, und was tun Sie: schwingen bei jeder Gelegenheit die Moralkeule und belehren wie ein Oberlehrer Ihre Mitwelt.

WAGENBURG: Können wir die Diskussion beenden?

YILMAZ: Sie haben meine Frage noch nicht beantwortet, Frau Kollegin Wagenburg: wie wollen Sie Ihr Wohlstandsversprechen mit einer intakten Natur vereinen?

WAGENBURG: Ich will antworten. Ich kann meinen Wählern nicht die Wahrheit sagen: Wenn ihr mit mir, wenn wir alle diese Welt bewahren wollen, dann müssen wir, auch die nicht Reichen, selbst die Kleinsten unter uns, unsere Ansprüche runterschrauben. – Wenn ich das so sage, stirbt uns unser Feindbild und schwindet mir die Klientel.

YILMAZ: Das ist ehrlich gesprochen!

WEBER: Nehmen Sie uns zum Verbündeten, liebe Frau Wagenburg. Vielleicht wollen wir Ihnen ja in vielem beipflichten, was Gerechtigkeitsdinge anbelangt. Wir Unternehmer sind keine Unmenschen. Aber, meine liebe und sehr verehrte Frau Dr. Wagenburg, erschrecken Sie uns nicht so mit Ihren permanenten Forderungen nach Steuern. Menschen, die dank ihrer guten Ideen mehr Erfolg haben als andere, zu ausgemachten Feinden erklären, ist nicht nett. Wollen Sie uns doch nicht dauernd ans Geld!

BECKER: Das finde ich auch unmöglich! Unteres Niveau! Abschreckend!

WAGENBURG: Sie werden nicht behaupten, geschätzter Kollege Weber, daß die einmalige Stiftungsaktion des Herzberg-Fonds die Systemfrage klärt.

WAGNER: Ob es bei einer einmaligen Spende bleibt, hängt vom Erfolg der Verträge ab, Frau Dr. Wagenburg.

WAGENBURG: Wir werden danach wieder dieselben Vollstreckerparteien an der Regierung haben wie heute, blinde Vollstreckungsgehilfen des Kapitals.

WEBER: Aber ich bitte Sie, hochverehrte Frau Wagenburg, wer anders schafft denn Arbeit und Brot, wenn nicht wir Unternehmer!

WAGENBURG: Von den kleinen und mittleren Betrieben rede ich ja nicht.

WEBER: Aber wir Mittelständler schaffen auch Arbeit!

WAGENBURG: Ich rede von den Großbanken und den Konzernen.

WEBER: Die sind in der Tat die allergrößten und allerwichtigsten Arbeitgeber, Frau Wagenburg! Die garantieren wie niemand sonst sozialen Frieden und die Steuern!

WAGENBURG: Wenn die Reichen denn Steuern zahlten! Aber die Zeche zahlt wie immer der kleine Mann.

WEBER: Und wer zahlt dem kleinen Mann den Lohn, von dem er die Steuern zahlt? Doch auch die Reichen, die Vermögenden, oder sehe ich das falsch. Wir Arbeitgeber, und am meisten die Konzerne, bestreiten über die Löhne auch die Steuern.

WAGENBURG: Darum soll die ganze Politik auf ein blindes unternehmerfreundliches Mitläufertum beschränkt sein?

WEBER: Ist sie nicht.

BECKER: Niemals!

WAGENBURG: Ist sie wohl!

YILMAZ: Wir sorgten immerhin dafür, daß die Industrie heute neue, umweltgerechte Technologien entwickelt.

BECKER: Ohne Fortschritt auf dem Weg in eine saubere Welt.

YILMAZ: Üble Nachrede paßt zu ihrer Partei!

BECKER: Kein fossiles Kraftwerk konnte bisher abgeschaltet werden dank der monsterhaften Windkrafträder, die ständig stillstehen, und der Solarkraftwerke, die in der Dämmerung den Füchsen gute Nacht sagen.

YILMAZ: Mit Ihrer umweltfeindlichen Politik befürworten Sie den Mord an ungeborenen Kindern!

BECKER: Ich spreche die Wahrheit und die wollen Sie nicht hören. Ich hoffe, die Frau Staatspräsidentin erkennt, was für ein unsympathischer ämtergeiler Mensch Sie sind. Sie werden garantiert kein Minister in einem künftigen Kabinett mit ihr. Wahrscheinlich kommt Ihre kindische Partei nicht einmal wieder in den Bundestag.

YILMAZ: Ihre Partei aber auch nicht!

BECKER: Ihre türkische Verwandtschaft hilft Ihnen sicher, wenn sie demnächst einreist und nach den Vorstellungen Ihrer Partei zu den Wahlurnen darf. Die hält nämlich viel von Ihrer puritanischen Eine-Welt-Romantik, Yilmaz. Und noch mehr hält sie von einem verwestlichten Landesverräter und Islamabtrünnigen.

YILMAZ: Meinen Sie mich?

BECKER: Wen sonst!

YILMAZ: Nach fünfjährigem Aufenthalt bei uns soll jeder Erwachsene das Recht erhalten, in den Gemeinden mitzubestimmen.

BECKER: So blöd sind die Kanaken nicht, daß sie Ihrer abgetakelten Partei dann ihre Stimme geben. Eher wählen sie uns.

WAGNER: Warum entgegnen Sie nichts, Frau Wagenburg? Die Sozialistische Partei war doch auch immer für eine Gleichberechtigung aller Menschen. Herrn Yilmaz' Vorstoß müßte Ihnen hochwillkommen sein?

WAGENBURG *ausweichend*: Wohl wahr, Neubürger dürften weder die Partei von Herrn Yilmaz noch eine andere wählen, sondern eigene, neue Parteien.

BECKER: Sprechen Sie's offen aus, Frau Kollegin Wagenburg: die muslimischen Neubürger werden muslimische und islamistische Parteien wählen! Und weil der Islam die Gottlosen nicht duldet, kommen Sie mit Ihrer marxistischen Gesinnung gleich auf die Todesliste.

YILMAZ: Lassen wir dieses Thema! Fest steht: die Entwicklung hin zu einer einen Welt ist alternativlos und unumkehrbar.

IRENE: Wo leben Sie, Herr Abgeordneter? Wir wissen es inzwischen: ein friedliches Zusammenleben im Großen kriegen wir nicht hin. Es überfordert uns. Wir fühlen uns wohl, wenn wir in kleinen Zellen denken und entscheiden können. Weite Grenzen verwirren, der einzelne verliert den Überblick. Wir lieben Mitbestimmung über unser Leben und unser kleines Land.

YILMAZ: Irrtum erkannt und zwei Schritte zurück, wie? Die Nationalstaaten sollen wieder aus der Mottenkiste geholt,

Müll der Geschichte wieder als Frischkost aufgetischt werden. Die Nationalstaaten sind durch die Geschichte endgültig disqualifiziert.

BECKER: Schon wieder schreiben Sie uns vor, wie wir zu denken haben. Ich hoffe, das gibt einen ordentlichen Denkzettel für Sie bei der nächsten Wahl!

WAGNER: In der Tat müssen Sie als Demokrat, Herr Yilmaz, kontroverse Ansichten zulassen, auch wenn Ihnen Herrn Beckers Meinung rückständig erscheint. Demokratie ist nicht gleich Fortschritt.

YILMAZ: Sind wir hier, um über Begriffe zu debattieren?

WAGNER: Die Vermischung der Begriffe trägt mehr zum Unfrieden bei als Ihre kleine Meinungsdiskrepanz mit Becker und Wagenburg.

WAGENBURG: Mit mir vor allem.

YILMAZ: Wie, Sie unterstellen mir mehr Nähe zu diesen Altnazis als zu Ihnen? Schämen Sie sich, Rosa Wagenburg!

WEBER: Schade, daß Sie so streiten. Ich schlage ein Wochenende zu zweit für Sie beide in meinem Waldhaus vor. Ich komme für Aufenthalt und Spesen auf.

YILMAZ: Vielen Dank, aber das bringt Krieg.

BECKER: Wollen Sie nicht lieber selbst mit Frau Wagenburg, Herr Kollege Weber …?

YILMAZ: Künftig wird es dank Ihrer neuen Nazipolitik ja wieder klare Begriffe davon geben, wo Deutschland endet und wo Polen anfängt. Keine Vermischung mehr, nur noch klare Verhältnisse, Massa Becker. Die Demarkationslinie zwischen Arm und Reich wird festgezurrt. Halten Sie mir endlich einmal bei, Frau Kollegin Wagenburg!

WAGENBURG: Das würde ich gern. Aber bei der Sauberkeit der Begriffe halte ich es gern mit Herrn Dr. Wagner.

BECKER: Und Sie andern Parteien verhindern hoffentlich mit uns gemeinsam echt demokratisch, daß türkische Abgeordnete und ihre nachreisenden Verwandten den islamischen Gottesstaat bei uns aufziehn!

YILMAZ: Ich bin kein türkischer Abgeordneter, sondern Staatsbürger dieses Landes, Massa Becker.

Jubelrufe von nebenan.

WAGNER: Ich frage mich, ob Sie wirklich die Demokratin sind, Frau Dr. Wagenburg, als die Sie gerne gelten. Wenn Sie eine rückhaltlose Demokratin wären, müßten Sie durchaus wie Herr Yilmaz zugereisten Bürgern früh das Wahlrecht geben, unabhängig vom Ausgang einer Wahl.

BECKER *lacht*: Keine schlechte Idee! Dann wären wir die Sozialistische Partei gleich los!

WAGNER: Um Ihren politischen Gegner zu liquidieren, befürworten Sie plötzlich ein Wahlrecht für Befürworter des islamischen Gottesstaates, Herr Becker?

BECKER: Im Gegenteil, diese Leute dürfen nicht die kleinste Zehe auf unsern Grund und Boden setzen! Das war ein Spaß. Wir freien Bürger schaffen doch unsere Freiheit nicht selber ab! Wir sind doch nicht plemplem!

WAGNER: Auch nicht, wenn man damit die Sozialisten liquidiert?

BECKER: Jetzt werden Sie ungerecht. Demokratie muß immer sein!

WAGNER: Vielleicht ging ich mit meiner Anmerkung etwas weit.

1,5

Die Staatspräsidentin kommt, gefolgt vom Simon, aus ihrem Arbeitszimmer zurück.

TANNER: Herr Becker, wir würden Ihre Partei gerne mitnehmen bei den umfassenden Reformen, die unserm Land in Aussicht stehen. Ihr Wunsch nach einer wieder stärkeren eigenen Identität wird in Erfüllung gehen, allerdings ein wenig weniger patriotisch, ein wenig eher praktisch. Die Präsidenten Rußlands und Frankreichs sind vor wenigen Augenblicken vor die Presse getreten und haben in einer gemeinsamen Konferenzschaltung mitgeteilt, daß sie die Verträge ratifizieren. Die Parlamente beider Länder haben am Abend mit überwältigender Mehrheit das Mandat erteilt.

BECKER: Wenn wir die Hoheit über unser Land zurückgewinnen, werden wir, denke ich, unsere Zustimmung geben.

TANNER: Und dann ist hoffentlich Ruhe mit vaterländischen Krakeelern.

BECKER: Das gebe ich Ihnen schriftlich.

YILMAZ: Papier ist geduldig, Frau Staatspräsidentin. Diese Partei läßt im politischen Alltag diese Nazikrakeeler nur zu gern für sich auf Stimmenfang gehen. Dieses doppelte Spiel, hier saubere Demokraten, dort krakeelende Nazis, macht diese Partei für jeden moralisch empfindenden Bürger unwählbar.

BECKER: Schon wieder das Moralin, schon wieder der Oberlehrer, Määr Yilmaz.

TANNER *setzt sich an den Kopf der Versammlung*: Ich möchte Sie alle hier trotz unserer fraglos vorhandenen kleinen Meinungsverschiedenheiten bitten: nehmen Sie, und sei es nur für diese eine entscheidende Stunde, zu der wir uns versammelt haben, nehmen Sie zu unser aller besonderen Gunsten an, wir sind voller guter Absichten hier! Keiner der in diesem Raum Versammelten möchte in dieser wichtigen Stunde Böses. Wie häufig habe ich mir in meiner langen Amtszeit gewünscht, daß man sich ohne Vorurteile und Verbote trifft und ein Brainstorming veranstaltet. Nun sind uns, bei der Lösung der Probleme, die die Welt beherrschen und das Überleben aller infragestellen, die 57 Superreichen mit ihrem Fonds so entgegengekommen, sie haben soviel Vermögen eingebracht, daß die Weltgemeinschaft Reparaturen in ungeahntem, ungeheurem Ausmaß am geschundenen Planeten durchführen kann. Die Beschlüsse der Konferenz geben wesentlichen Hauptanliegen aller der hier Versammelten eine Chance wie niemals zuvor, wir müssen nur noch ratifizieren und gemeinsam die optimalen Konsequenzen überlegen.

WEBER: Nach der Ratifikation durch Rußland und Frankreich bleibt ja wohl nichts anderes übrig, als ebenfalls zu unterzeichnen.

TANNER: Wir schauen auf Rußland und Frankreich, und Rußland und Frankreich schauen auf uns. Wenn Rußland und Frankreich, wie soeben geschehen, ihre Unterschriften unter diese zukunftsweisenden Dokumente setzen, gehen sie sicher davon aus, daß auch wir die Verträge ratifizieren. So entsteht Harmonie, so *wächst* Harmonie. Und noch etwas: der Fonds hilft auch Menschen hier bei uns, die infolge des Rückbaus der Weltwirtschaft in Bedrängnis geraten werden. Auch Ihnen und Ihren Mitarbeitern, Herr Kollege Weber, wird geholfen werden, sollte Ihr großer Auftrag in nächster Zeit vorzeitig zuendegehen und Sie Ihre Arbeiten einstellen müssen, weil keine Zulieferteile mehr kommen …

SIMON *auf einen Wink der Staatspräsidentin*: Ich bitte die Herrschaften, die das Zahlenwerk noch nicht kennen, zum Laptop.

Versammelt sich mit allen außer Staatspräsidentin und Wagenburg in der Ecke. Staatspräsidentin serviert Rosa Wagenburg einen Kaffee.

TANNER: Ein Kaffee könnte nicht schaden, Sie sehen mitgenommen aus. Übrigens: fair gehandelt.

WAGENBURG: Danke für Ihr Mitdenken.

TANNER: Wir sind beide nicht so unsensibel, wie uns nachgesagt wird.

WAGENBURG *lächelt müde*: Die im Sternzeichen Krebs Geborenen sind sogar besonders sensibel.

TANNER: Daran glauben Sie?

WAGENBURG: Sie nicht? Wir sind beide im Krebs geboren und ich möchte jetzt daran glauben.

TANNER: Zeigen wir uns von unsrer sensiblen Seite. *Die Gruppe in der Ecke verfolgt eine teilweise stumme, teils gesprochene Dokumentation.* Wenn die Lagen Billigkaffee ausverkauft sind, wird es nur noch Kaffee aus fairem Handel geben, und dann wird es womöglich überhaupt keinen Kaffee mehr bei uns geben.

WAGENBURG: Es wird doch immer Kaffee geben, solange der Kaffeestrauch wächst.

TANNER: Wohl wahr, aber in nördlichen Breiten wächst nun einmal kein Kaffee, und ob und wieviel wir jemals wieder importieren können, hängt von vielem ab. Die kaffeeexportierenden Länder sind infolge der Konferenzbeschlüsse aus ihren Knebelverträgen raus und haben begonnen, ihre Landwirtschaften zu sanieren. Wir haben übrigens auch damit begonnen. Auch wenn wir im Überfluß alles zu haben meinen, stammt das meiste nicht aus eigenem Anbau. Und wenn aus eigenem Anbau, von erschöpften, geschundenen Feldern. Ein Land wie unser Land, in gemäßigten Zonen und einigermaßen fruchtbar, muß sich künftig selbst versorgen.

WAGENBURG: Aber nicht mit Kaffee.

TANNER: Irgendwann in wenigen Monaten gibt es keinen mehr. Erst wieder, wenn die weltweite Situation Kaffeeexporte wieder zuläßt.

WAGENBURG: Wenn das die Konsequenzen der Konferenz sein sollen, wird es eine große Unzufriedenheit im Lande geben.

TANNER: Ein Aufstand bricht los wegen einer Kaffeebohne.

Simon gesellt sich zu den beiden Frauen.

SIMON: Ich fürchte, ja.

TANNER: Darum werden Sie bis dahin viel Überzeugungsarbeit bei Ihren Anhängern für die Idee der Konferenz leisten müssen, Rosa!

SIMON: Und im Vorfeld viele Hamsterkäufe verhindern helfen.

TANNER: Unser Verbraucherministerium strickt mit heißer Nadel an einer Kontingentierung.

WAGENBURG: Ich darf mir die Tasse Kaffee trotzdem schmecken lassen?

TANNER: Eine zweite auch noch. Selbstverständlich.

SIMON: Aber gehen Sie fortan sparsam mit Ihren Vorräten um, Frau Wagenburg. Gewöhnen Sie sich daran, Ihren Kaffee dünn zu trinken. Machen Sie von jeder Filterfüllung einen zweiten Aufguß. Der Kaffee wird rar, sehr rar und sehr, sehr teuer. Nach dem Entwurf unsers Verbraucherministeriums gehört Kaffee in die Kategorie der Luxusgüter und bleibt von den Garantiebestimmungen für Grundnahrungsmittel ausgenommen.

WAGENBURG: Nun soll der Niedriglöhner auch noch auf seinen geliebten Morgenkaffee verzichten. Wie soll ich meinen Wählern das vermitteln?

TANNER: Versuchen Sie es, Sie schaffen das.

WAGENBURG: Als kleine Oppositionspartei werden wir schwerlich die Abstimmung über die Konferenzergebnisse blockieren können.

TANNER: Gewiß nicht.

WAGENBURG: Warum führen Sie dann mit mir dieses Sondergespräch?

TANNER: Wir suchen Unterstützung aus allen Fraktionen und möchten nach Kräften alle Menschen mitnehmen. Die anstehenden Reformen erscheinen uns so bedeutsam, daß wir alle Herzen für uns gewinnen wollen. Sie hörten es: das Beste aus allem herausziehen, das Trennende überwinden, die Parteilichkeiten alter Prägung sind überholt. Die Hauptziele der Konferenz müßten Sie außerdem in Jubelstimmung versetzen, Rosa.

SIMON: Die 57 reichsten Menschen der Welt finanzieren ein Renaturierungsprogramm, das die Schäden des Globus bereinigt und die armen Länder in den Stand versetzt, ihre Bürger wieder mit allem Nötigen zu versorgen.

TANNER: Damit ist doch eine Hauptforderung Ihrer Partei erfüllt, Frau Wagenburg: Wiedergutmachung an den ehemaligen Kolonien, ein Ende dessen, was Sie so gern den neuen Kolonialismus nennen.

WAGENBURG: Und was ändert diese, zugegeben, frappante Großzügigkeit einiger Superreicher am System? Wer verhindert, daß die Welt anschließend in alte Fehler und Ungerechtigkeiten zurückverfällt?

TANNER: Machen Sie einen besseren Plan und wir hören zu!

Längere Pause. Im Hintergrund legt Irene eine neue DVD ein, die Wagner ihr aushändigt.

SIMON: Was ist wichtiger, Frau Wagenburg: *daß* Hilfe kommt oder *von wem* sie kommt? Was ist wichtiger: daß Hilfe rechtzeitig kommt, oder ist es wichtiger, daß sie einem bestimmten Schema folgt?

TANNER: Ihre Partei würde sich als sehr undankbar erweisen, wenn sie die Tat der 57 Reichsten der Welt nicht anerkennt. Seien Sie nicht so ideologisch!

WAGENBURG: Vielleicht können die Menschen in den Nehmerländern der Konferenz wieder Wasser aus eigenen Brunnen schöpfen und Salat aus eigenem Anbau verkaufen, vielleicht wird der eine oder andere verkarstete, niedergebombte und verseuchte Landstrich wieder von Wald und Feldern bedeckt sein, aber wer schafft die Arbeitsplätze? Am Ende geben die Superreichen ihr Geld nur hin, um sich die Kunden für ihre Monopolprodukte heranzuzüchten. So war das immer schon.

SIMON: Und dennoch sollten die Menschen sauberes Wasser und gesund zu essen bekommen, das ist ein großes, ein immens großes Ziel.

TANNER: Warum erkennen Sie nicht an, Frau Wagenburg, daß die Konferenz den Zielen näherführt, die Ihre Partei seit Jahren postuliert?

WAGENBURG: Der gerechten Verteilung und der Entmachtung der Vermögenden führt der Fonds keinen Millimeter näher.

TANNER: Sie wollen das, was Sie jetzt freiwillig bekommen, mit Zwang erreichen. Ich sehe den Vorteil von Zwang nicht ein.

WAGENBURG: Es geht ums Prinzip.

TANNER: Gewiß, gewiß. Die Länder auf der Verliererseite der letzten 200 Jahre gelangen durch den Fonds nach dem Willen der Sozialistischen Partei also nicht in ein entspannteres Fahrwasser, die Länder auf der Verliererseite erhalten nach dem Willen der Sozialistischen Partei also keine Chance, auch noch die nächsten 200 Jahre zu existieren?

SIMON: Und dann noch, hochgeschätzte Frau Dr. Wagenburg, darüber müßte Ihr Herz doch jubeln: es wird keine Waffenlieferungen mehr an Diktatoren geben. Unsere Waffenarsenale werden einem ganz neuen, vornehmen Zweck zugeführt.

WAGENBURG: Einem neuen Zweck? Nicht vernichtet?

SIMON: Vernichtet nun eben nicht.

TANNER: Es wird auch keine Garantie dafür geben, daß unsere Soldaten nicht wieder im Ausland dienen.

WAGENBURG: Unsere Soldaten dürfen nie wieder in Feldzüge für Freiheit und Demokratie verstrickt werden, die in Wahrheit Feldzüge für Erdölfelder und Bodenschätze sind.

SIMON: Sind sie das? Glauben Sie, die Rechnung der Großmächte ging auf? Die USA haben mehr Geld in ihren Kriegseinsätzen verbrannt, als Erdöl gewonnen.

WAGENBURG *schadenfroh auflachend*: Dann haben die USA mal etwas Pech gehabt!

Pause, in der die Dreiergruppe im Vordergrund zu der Filmgruppe schaut.

STIMME IRENES im Film: Wo der Wissenschaftler hinblickt, entdeckt er was? Richtig, er entdeckt Widersprüche, Widersprüche, Widersprüche. Widersprüche, aus denen er hinausfinden muß. Ich nenne Ihnen die Hauptwidersprüche, um die es in den nächsten Jahren geht. Die Versorgung unserer Alten. Was wünschen wir uns im Alter? Wir wollen endlich ungebunden leben, frei sein von den Zwängen vierzigjähriger Erwerbsarbeit. Was brauchen wir, um, vom Zwang zu arbeiten entbunden, frei zu sein? Geld. Wir brauchen Rente. Und was brauchen wir, damit Rente immer fließt? Wir brauchen eine stetig steigende Anzahl junger Menschen, die die Renten für uns erwirtschaften. Das Rentensystem, wenn es in seiner bisherigen Form bestehenbleibt und funktionieren soll, erzeugt: Überbevölkerung. Die nachwachsende Bevölkerung wird in wenigen Jahren selber alt. Auf einen Schlag sind noch mehr Rentner da, die noch mehr junge Menschen brauchen, die für ihre Renten sorgen. Immer mehr Menschen verbrauchen immer mehr Platz, Natur, Energie. Es entsteht immer mehr Raum-, Natur- und Energieknappheit. Und bald entsteht Raum-, Natur- und Ressourcen*not*. Infolge des immer größeren Raum-, Natur- und Ressourcenbedarfs schrumpft das Natur-, Raum- und Ressourcenangebot immer mehr zusammen. Immer mehr Menschen kämpfen um immer knapper werdenden Raum. Die Wohnqualität in den Städten wird katastrophal, die Situation auf den überfüllten Straßen ein täglicher Zusammenbruch. Konkurrenz und Lohnverfall auf dem Arbeitsmarkt belasten die Menschen täglich mehr.

STIMME WAGNERS im Film: Während für den einzelnen nicht nur die Lebenshaltungskosten steigen, sondern auch die Last der Alten, gibt der Arbeitsmarkt immer weniger her, um mit gutbezahlten Jobs die ständig steigenden Summen für die Rentenkassen zu erwirtschaften.

STIMME IRENES: Konkurrenz und Lohnverfall werden durch die vielgelobte Digitalisierung verschärft. Wenn wir unsere Technik voll einsetzten, müßten nur noch wenige der aktuell beschäftigten Arbeitnehmer einer Arbeit nachgehen. 70 bis 80 Prozent der heute beschäftigten Menschen könnten bereits zu Hause bleiben.

STIMME WAGNERS: Dennoch wird von allen im Parlament vertretenen Parteien daran festgehalten, Lebenseinkommen an das Arbeiten zu koppeln. Es ist immer weniger Lohnarbeit da, aber immer mehr Menschen sind gehalten, Lohnarbeit zu suchen. Das ist, gelinde gesagt, Zynismus.

WEBER: Ist es nicht! *Becker und Yilmaz murmeln etwas vor sich hin.* Wo bin ich hier hingeraten!

WAGNER: Weber, oder Becker, oder Yilmaz, gehen Sie mir hinaus und bringen mir drei Greifenfedern, aber dalli, und wenn Sie keine finden, kriegen Sie nichts zu essen!

BECKER: Was soll das? Greifenfedern!

IRENE: Richtig erkannt, Greifenfedern gibt es nicht. Ebenso wenig gibt es einen Stein der Weisen, das Gold der Alchimisten und Lohnarbeit, wo Technik menschliche Hand ersetzt.

WEBER: Was schlagen Sie als Alternative vor?

IRENE: Gute Frage.

YILMAZ: Was!

STIMME IRENES: Das Herzberg-Institut schlägt vor: der Staat zahlt jedem Bürger, ob arm, ob reich, ob jung, ob alt, ein monatliches Handgeld aus. Das Handgeld ist knapp bemessen, sichert nur das nackte Überleben. Was der Bürger darüber hinaus wünscht, versucht er auf einem verkleinerten Arbeitsmarkt zu verdienen.

STIMME WAGNERS: Was stellen Sie sich unter einem Betrag vor, von dem man überlebt?

STIMME IRENES: Ohne Zwang zu arbeiten, ohne sich nach Jobs verzehren zu müssen, die es nicht mehr gibt, soll der Bürger seine Lebensmittel, Kleidung und Wohnen von diesem Handgeld bestreiten können.

STIMME WAGNERS: Und wenn die Miete steigt?

STIMME IRENES: Gibt es ein separates Wohngeld. Je höher die Miete, desto höher aber auch die Summe, die der Vermieter für die Instandhaltung zurücklegen muß. Legt er nichts zurück, wird seine Einnahme hoch besteuert.

WEBER: Unter solchen Bedingungen vermietet kein vernünftiger Eigentümer auch nur einen Geräteschuppen.

WAGNER: Wir werden sehen.

BECKER: Wer entsorgt unsern Müll, wenn alle fürs Faulsein belohnt werden?

IRENE: Die Verrichter unangenehmer Arbeiten erhalten so hohe Entgelte, daß Kandidaten dafür schlangestehen werden.

WAGENBURG: Wer unterrichtet unsere Kinder? Wer bildet Webers Lehrlinge aus?

TANNER: Wozu soll das staatliche Monatsgeld reichen, wiederholen Sie doch bitte für meinen trägen Verstand die Aussage Ihrer Dokumentation, Irene.

IRENE: Bescheiden wohnen, essen, trinken. Jeder kommt zu Fuß oder mit dem öffentlichen Nahverkehr, der kostenlos sein soll, zum nächsten Einkaufszentrum und deckt sich mit dem Nötigsten ein.

STIMME IRENES: Übrigens, da müssen wir vom Institut aus noch einige Überzeugungsarbeit leisten: aus Gründen des Tierschutzes, des Artenschutzes und des Ressourcenschutzes werden tierische Produkte auf unsern Tellern die absolute Ausnahme bilden. Unser hoher Konsum davon tötet nicht nur Tiere, sondern auch Menschen und stellt einen der höchsten Risikofaktoren für den Fortbestand des Lebens auf dem Planeten dar.

STIMME WAGNERS: Die Erhebungen dazu liegen allen Fraktionen vor.

Lautes Murren in der Runde.

STIMME IRENES grimmig: Leider hat die Gier den Verstand der Damen und Herren Abgeordneten noch fest im Griff.

TANNER: Wir arbeiten daran.

Die Runde vereinigt sich am ursprünglichen Platz im Vordergrund.

SIMON: Eine Scheibe Ihres geliebten Bratens dürfen Sie am Sonntag aber noch verzehren, Frau Staatspräsidentin.

TANNER: Hin und wieder, ich hoffe doch.

WEBER: Und wer *bezahlt* das Handgeld für die Bürger?

IRENE: Auf alles werden hohe Verbrauchssteuern erhoben.

WEBER: Das System kann nur funktionieren, wenn haargenau die gleiche Summe in die Staatskasse zurückfließt, die der Staat zuvor an Handgeld auszahlt.

IRENE: Sie unterschlagen: der Markt läuft weiter. Ja, die Geschäfte florieren besser als zuvor. Der Mensch, jetzt, da er freudig arbeiten darf, ohne Zwang, ohne Druck, in einem entspannten Umfeld, leistet Enormes. Er unternimmt alles, um sein Einkommen aufzubessern und zugleich das Lob und die Anerkennung seiner Mitmenschen zu erlangen.

WEBER: Traumtänzerei!

IRENE: Nennen Sie mir einen Menschen, der nicht nach Lob und Anerkennung dürstet! Das Lob der andern ist uns Menschen Lebenselixier und ein Feind ist die Langeweile.

WEBER: Das läuft nicht, sag ich euch! Mein Handgeld könnt ihr euch sonstwohin stecken!

WAGNER: Stecken Sie's in den Herzberg-Fonds!

WEBER: Ihre Stiftung wartet umsonst darauf, daß ich meinen zugrundegerichteten Betrieb verscherbele und das Geld ein paar Rumtreibern in den Rachen stecke. *Türknallend ab. Die andern runzeln betreten, Tanner und Wagner amüsiert die Stirn.*

TANNER: Und hat er recht?

IRENE: Wie meinen Sie?

TANNER: Daß die Sache nicht sauber ist.

WAGNER: Zweifel, Frau Staatspräsidentin? Sehen wir es nüchtern: was ist Geld? Wer weiß es?

WAGENBURG: Ein Zertifikat.

WAGNER: Richtig, ein Zertifikat. Ein Zertifikat wofür?

WAGENBURG: Daß ich mir etwas davon kaufen kann.

WAGNER: Geld ist die papiergewordene Berechtigung, Leistungen und Waren zu erwerben, ein Leistungen-und-Warenerwerbs-Berechtigungsdokument. So ein Anwartschein, ein Berechtigungsdokument, ein Zertifikat muß nur eine Bedingung erfüllen: es muß glaubwürdig sein.

TANNER: Also nicht der Metallwert oder sonst etwas entscheidet, sondern das Vertrauen in das Geld, seine Glaubwürdigkeit.

WAGENBURG: Darum heißt es auch Zertifikat. Von lateinisch certus: sicher. Theoretisch kann eine Regierung beliebig viele Leistungen-und-Warenerwerbs-Berechtigungszertifikate drucken lassen und zu sicheren Dokumenten erklären. Die Scheine müssen nur das Vertrauen der Bevölkerung erlangen. Was durch Bewährung im Alltag gelingen wird.

YILMAZ: Scheine oder Geld in jeder anderen beglaubigten Gestalt, Hauptsache beglaubigt. Das funktioniert, solange Leistungen und Waren jederzeit von meinem Geld zu erwerben sind.

BECKER: Und solange die Preise nicht steigen!

YILMAZ: Woher das Geld kommt, kann aber gleichgültig sein.

BECKER: Wenn der Staat Geld druckt, wie es ihm gerade in den Sinn kommt, glaubt aber niemand mehr an den Wert.

TANNER: Mein Finanzminister tat mit seiner Nullschuldenpolitik in der Vergangenheit alles, um die Glaubwürdigkeit unseres Geldes zu beweisen.

SIMON: Dafür gebührt ihm höchste Anerkennung.

WAGENBURG: Aber diese Politik war sachlich Unfug. Meine Fraktion trat darum immer für eine offensive Ausgabenpolitik ein. Mit satten Staatsaufträgen wäre dem Land weit mehr gedient gewesen.

BECKER: Herrscht über die Höhe des Geldes, das im Umlauf ist, Klarheit?

WAGENBURG: Kann ich mir nicht vorstellen.

BECKER: Ich auch nicht. Hauptsache ist wohl, der Kreislauf läuft.

IRENE: Im übrigen springt der Fonds der Herzberg-Stiftung ein, sollten in einer ersten Phase Engpässe entstehen. Die Gelder, die die 57 reichsten Familien der Welt in den Stiftungsfonds gesteckt haben, reichen aus, die Nehmerländer in Afrika, Asien und Südamerika zu sanieren und darüber hinaus noch eine Kleinigkeit wie das Handgeld für alle in unserm Land zu sichern.

*

2

Sprechzimmer in einer Handgeldverteilerzentrale, ehemals Arbeitsamt bzw. Jobcenter. Beamtin und ein Klient namens Lauer.

BEAMTIN: Sie wünschen?
LAUER *bleibt stehen*: Ich habe nichts zu essen.
BEAMTIN: Zeigen Sie Ihre Karte. *Lauer händigt ihr eine Servicekarte aus, die sie in ihrem Computer kontrolliert.* Sie haben Ihr Monatshandgeld vor genau einer Woche abgeholt und quittiert.
LAUER: Es ist mir gestohlen worden.
BEAMTIN: Das behauptet sich leicht.
LAUER: Ich bin wohnungslos.
BEAMTIN: Das steht hier. Ihnen wurde mehrfach angeboten, einen Heimplatz zu beziehen.
LAUER: Ich liebe die Freiheit.
BEAMTIN: Dann werden Sie den Rest des Monats hungern müssen.
LAUER: Dann sterb ich. Auch egal.
BEAMTIN: Dann sterben Sie.
LAUER: Der Staat bringt mich also um.
BEAMTIN: Sie können gern beim Reinigungstrupp, Anmeldung in Zimmer 133, sozialen Dienst machen und sich Ihr Essen zusammenverdienen.
LAUER: Da war ich schon mal.
BEAMTIN: Und?
LAUER: Nix für mich.
BEAMTIN: Wissen Sie, Ihre Ausrede, das Geld sei Ihnen geklaut worden, zieht nicht. Sie sind schon im vergangenen Monat mit Ihrem Geld nicht ausgekommen. Wenn Sie Ihr Geld gleich am ersten Abend versaufen und verkiffen müssen, ist das nicht unsere Schuld.
LAUER: Das ist üble Verleumdung. Ich zeige Sie an wegen körperlicher Beleidigung.
BEAMTIN: Entweder Sie kriegen Ihre Sucht in den Griff und lernen wirtschaften, oder Sie verdienen sich Ihr täglich Brot mit nützlicher Arbeit.
LAUER: Ich bin doch kein Sklave.
BEAMTIN: Dann sterben Sie eben.
LAUER: Mörder!
BEAMTIN: Das Amt zur Verteilung des staatlichen Handgelds soll sich von asozialen Elementen wie Ihnen erpressen lassen, Herr … Lauer? Es gibt Regeln, und an diese Regeln halten wir uns.
LAUER: Ich kann nichts für meine Sucht.

BEAMTIN: Ich etwa?
LAUER: Sie können mir das Handgeld doch nochmal geben.
BEAMTIN: Sie haben aber Humor.
LAUER: Ist doch egal. Ist doch sowieso gefälscht.
BEAMTIN: Wer erzählt Ihnen solchen Quatsch? Jeder Cent, den ich Ihnen auszahle, ist haarklein erwirtschaftet.
LAUER: Wie soll das gehen? *Nimmt der Beamtin gegenüber Platz.* Wenn doch die halbe Gesellschaft nichts mehr schafft, wo soll das Geld dann herkommen?
BEAMTIN: Die Menschen, bis auf wenige wie Sie, arbeiten, weil ihnen Arbeit Spaß macht.
LAUER: Die meisten, die ich kenne, schmeißen die Arbeit hin.
BEAMTIN: Dann kennen Sie die falschen Leute. Die Leute, die ich kenne, arbeiten gern.
LAUER: Meine Schwester saß an der Kasse im Einkaufszentrum. Nach Einführung des Handgelds wollte sie nur noch zweimal die Woche kommen. Ihr Chef sagte ihr, das geht nicht, die Kassen müssen immer besetzt sein. Bei ungleichem Dienst der Mitarbeiter wäre das zu schwierig.
BEAMTIN: Sie kann sich eine andere Stelle suchen. Sie muß es ja nicht mehr, weil sie jetzt wie alle Bürger das Handgeld bekommt, sie hat viel Luft und kann sich Zeit lassen bei der Auswahl. Wenn sie etwas besser wirtschaften kann als Sie, Herr Lauer, überlebt sie damit.
LAUER: Sie vielleicht. Aber dem notleidenden Bruder ein paar Cent zustecken, dafür reicht das Handgeld nicht.
BEAMTIN: Dann gewöhnt der notleidende Bruder sich auch vielleicht ab, sein Geld beim nächsten Kneipentreff auf den Kopp zu hauen.
LAUER: Bespitzeln Sie mich?
BEAMTIN: Vielleicht.
LAUER: Angeberin … Im Ernst?

Schweigen.

BEAMTIN: Entweder Sie melden sich in Zimmer 133 zur kollektiven Sozialarbeit oder Sie müssen sehen, wie Sie den Rest des Monats verbringen. Regulär arbeiten wollen Sie ja nicht.
LAUER: Wollen tät ich ja schon vielleicht, aber nicht dürfen.

BEAMTIN: Bei der großen Auswahl motivierter gesunder Mitarbeiter greift man nicht gern auf einen suchtabhängigen Obdachlosen zurück. Das sehe ich ein.

LAUER: Wissen Sie keinen anderen Ausweg? …

BEAMTIN: Ich lade ausnahmsweise die halbe Summe nochmal auf Ihre Servicekarte drauf.

LAUER: Einfach so?

BEAMTIN: In den kommenden Monaten reduziert sich Ihr Handgeldanspruch anteilig um die gleiche Summe.

LAUER: Schulden?

BEAMTIN: Ja, geschenkt werden Sie dieses Entgegenkommen nicht erwarten! *Tippt die Daten ein und gibt Lauer die Servicekarte wieder. Lauer ab.*

Nächster Klient, eine junge Lehrerin.

LEHRERIN: Darf ich?

BEAMTIN: Nehmen Sie Platz. *Lehrerin händigt ihre Karte aus, die die Beamtin in den Computer steckt.* Sie sind Lehrerin?

LEHRERIN: *War* Lehrerin.

BEAMTIN: Sie sind jung, anscheinend gesund, voll arbeitsfähig. Was ist passiert?

LEHRERIN: Ich halte den Job nicht mehr aus.

BEAMTIN: Ärger mit Ihren Kollegen, mit Ihrem Direktor?

LEHRERIN: Die sind genauso verzweifelt.

BEAMTIN: Man hört von gewissen Verwerfungen an den Schulen.

LEHRERIN: Gewissen Verwerfungen ist gut! Sie sitzen mit Ihrem doppelten Handgeld an sicherer Position, aber spielen Sie in diesen Tagen mal Lehrer!

BEAMTIN: Stelle ich mir weniger frustrierend vor als manches Gespräch, das ich hier führen muß.

LEHRERIN: Unterrichten ist völlig unmöglich geworden. An keinem Morgen weiß ich, wieviele Schüler kommen. Fünf, zehn, die halbe Klasse, drei, zwei, keiner. Die Schüler kommen und bleiben weg, wie es ihnen paßt.

BEAMTIN: Oder den Eltern.

LEHRERIN: Es hat sich in den Köpfen festgesetzt, du brauchst nicht mehr zu arbeiten und du brauchst nicht mehr zu lernen, um später versorgt zu sein. Es ist egal, ob du einen qualifizierten Beruf erlernst oder gar nichts. Das Handgeld stellt alle gleich.

BEAMTIN: Ich denke, das sind Anfangsschwierigkeiten, die neue Ordnung steckt noch in den Kinderschuhen. In ein, zwei Jahren wird den Kindern langweilig und sie besuchen eifrig den Unterricht.

LEHRERIN: So lange halte ich nicht durch. Keine Autorität, kein Druckmittel mehr, keine Disziplin. Ich kann in keinem einzigen Kurs meinen Stoff durchziehen. Jeden Vormittag habe ich eine andere Gruppe vor mir oder leere Bänke.

BEAMTIN: Warten Sie das Jahr geduldig ab und kassieren guten Gewissens das doppelte Handgeld, das der Staat auch Ihnen als seiner Beamtin zahlt. Damit läßt sich existieren.

LEHRERIN: Sie mögen robuster gestrickt sein. Ich habe gekündigt und muß ab nächstem Monat auf mein zweites Handgeld verzichten. Mit dem einfachen Handgeld bringe ich meine Miete nicht mehr auf. Ich beantrage das Wohngeld. *Legt Papiere vor.*

BEAMTIN: Kündigung beantragt und genehmigt. Die Unterschriften der Schulleitung. Bedauerlich, daß Sie Ihren Beruf nicht mehr ausüben wollen.

LEHRERIN: Wollen schon, es geht aber nicht.

BEAMTIN: Hier muß unsere Regierung nachjustieren.

LEHRERIN: Ich weiß nicht, wie der Staat die allgemeine Schulpflicht durchsetzen will, wenn der Leistungsdruck entfällt.

BEAMTIN: Das sagen Sie gut. – Das zusätzliche Geld trifft rechtzeitig auf Ihrem Konto ein.

LEHRERIN: Die Regierung sammelt doch diese Erfahrungen?

BEAMTIN: Fleißig fleißig, darauf gebe ich Ihnen Brief und Siegel.

Lehrerin ab. Weber tritt ein und händigt der Beamtin ein Konvolut mit Akten aus.

BEAMTIN: Antrag auf Arbeitslosenunterstützung, wie versteht sich das? Es gibt doch keine Arbeitslosenunterstützung mehr, seit unser monatliches Handgeld alle diese Leistungen ersetzt.

WEBER: Meine Belegschaft hängt mich auf.
BEAMTIN: Setzen Sie sich.
WEBER: Danke.
BEAMTIN: Warum schließen Sie?
WEBER: Dank der neuen internationalen Wirtschaftsordnung treffen unsere Rohstoffe nicht mehr ein. Unser Auftrag, der vor der Reform vereinbart wurde, ist mit dem Erlahmen der Rohstofflieferungen erledigt. Heute mußte ich meiner Belegschaft ihre fristlose Entlassung und das Schließen der Firma mitteilen.
BEAMTIN: Keiner fällt heute mehr in ein soziales Loch.
WEBER: Ich bitte Sie, die Leute waren an einen Lebensstandard gewöhnt und hatten ihn mit ihrer Arbeit redlich verdient. Jetzt soll das mit einem Schlag beendet sein. Nein, da mache ich nicht mit.
BEAMTIN: Was soll ich jetzt?
WEBER: Meine Angestellten verlangen eine ehrliche Abfindung. Ich verlange, daß der Staat für diese Abfindung aufkommt. Wenn ich ohne eine Abfindungszusage zurückkehre, hängen die mich auf. *Grinst mit einem nervösen Zucken in den Mundwinkeln.*
BEAMTIN: Zunächst haften Sie ja mit dem Firmenvermögen.
WEBER: Für die Fehler, die das Parlament gegen meinen Einspruch und den Einspruch meiner Kollegen und wider alle bessere Einsicht durchgesetzt hat, hafte ich nicht.
BEAMTIN: Bezüglich Inhalt und Konsequenzen politischer Entscheidungen fragen Sie am besten die dafür zuständigen Politiker.
WEBER: China arbeitet jetzt an der Rekultivierung des eigenen Landes. Es hat dem Wiedergewinn seiner ökologischen Überlebensfähigkeit zuliebe den Abbau von Lithium für den europäischen Markt eingestellt. Mein Digitalisierungsbetrieb kann ohne diese Lieferungen nicht weiterarbeiten.
BEAMTIN: Verkaufen Sie.
WEBER: Ich führte doch gerade aus, die Firma ist nichts mehr wert. Es wird keinen Käufer geben.
BEAMTIN: Produzieren Sie etwas anderes.
WEBER: Einfach so?
BEAMTIN: Als Unternehmer fällt Ihnen schon etwas ein.

WEBER: Der Staat wird meinen Angestellten und mir nicht zumuten, ohne Übergangsfrist in das Loch des geringen Handgelds zu fallen.

BEAMTIN: Es gibt andere Arbeit, und wenn es nur wenig ist, reicht's zusammen mit dem Handgeld zu einem hübschen Leben.

WEBER: Es gibt in unserer Region keine Arbeit. Die wenigen Stellen im Einzelhandel und die Stellen in der Landwirtschaft sind besetzt. Unsere Firma war der einzige moderne Betrieb in der Region. Meine Mitarbeiter werden absolut pleite und ratlos dastehen.

BEAMTIN: Wir alle müssen dem System eine Umbaufrist einräumen und die Anfangsschwierigkeiten, die es gibt, gemeinsam tragen. Das ist jetzt unser aller Pflicht. Ich richte Ihr Anliegen aus, leite den Antrag aber nicht weiter, denn ich weiß, daß er keine Chance hat. Soll ich Polizeischutz für Sie anfordern?

Weber greift sein Papier und verläßt höhnisch lachend den Raum.

BEAMTIN: Die werden Sie schon nicht hängen.

3

Pfiffe und Buhrufe aus dem Off. Weber versucht mit einer Handbewegung die aufgebrachte unsichtbare Menge zu beruhigen. Endlich dringt er durch.

WEBER: Ich habe alles versucht, Ihre Interessen, meine lieben, hochgeschätzten Mitarbeiter, durchzusetzen. Viele von euch sind in diese abgehängte Gegend gezogen, weil die Firma mit ihren Innovationen Absicherung und ein neues Rückgrat für die Region versprach. Sie ist es dank eures hervorragenden Engagements, eurer hervorragenden Qualifikation und Kompetenz, eures täglichen Mitdenkens und Mittuns in kürzester Zeit geworden. Dank der Veränderungen in der Weltordnung sind uns nun die Rohstoffe und die Grundlagen entzogen. Wir müssen mit unserem Großauftrag Schluß machen. Die Regierung ist nicht bereit, euch eine Abfindung für den Übergang zu zahlen.

ERSTE STIMME AUS DEM OFF: Sie haben uns mit wilden Versprechungen in diese abgehängte Gegend gelockt. Nie wären wir in diese verschlafene Gegend gezogen. Sie müssen uns dafür entschädigen.

WEBER: Ich bin selber von Sicherheiten ausgegangen, die es nun nicht mehr gibt.

ERSTE STIMME: Hat es die je gegeben?

WEBER: Ich bin nur ein kleiner Fisch.

ZWEITE STIMME: Sein Vermögen hätten wir gern!

WEBER: Ich bin für die verantwortungslose Politik unserer Regierung nicht verantwortlich..

Er wird mit kleinem Elektroabfall beworfen (Computer-Laser-Animation). Er hält die Hände schützend vors Gesicht und flüchtet zum Ausgang. Der entgegenkommende Staatssekretär führt ihn zurück.

SIMON: Herrschaften, so kommen wir nicht weiter.

ERSTE STIMME: Wer ist das?

ZWEITE STIMME: Was wollen Sie?

SIMON: Mich schickt die Frau Staatspräsidentin. *Pfiffe und Buhrufe.* Herrschaften, hören Sie doch erst, was sie anbietet.

ERSTE STIMME: Wir hören.

SIMON: Die Regierung bietet Herrn Weber an, die Firma aufzukaufen. Von dem Reinerlös kann Ihnen eine Abfindung gezahlt werden.

ERSTE STIMME: Und wie hoch soll die sein?

SIMON: Das verhandeln wir.

ERSTE STIMME: Behalten Sie Ihr dreckiges Geld.

SIMON: Seien Sie doch nicht voreilig.

ERSTE STIMME: Es wird bald eine Inflation geben, dann ist das Geld sowieso nichts mehr wert.

SIMON: Wer sagt denn so etwas?

ERSTE STIMME: Man ist ja nicht blöd.

SIMON: Wenn Herr Weber die Firma nicht verkaufen will, sind er und Sie, meine Damen und Herren, von der Regierung herzlich eingeladen, Ihre Produktion umzustellen und weiter hier zu arbeiten.

ERSTE STIMME: Und wenn wir nicht wollen?

SIMON: Das Handgeld, das alle Bürger monatlich bekommen, hilft Ihnen über Ihren Verlust hinweg.

ZWEITE STIMME: Wir schlagen den Laden kurz und klein.

SIMON: Das werden Sie nicht. Sollte es auf einen Abriß oder eine Zerstörung hinauslaufen, wird die Regierung laut neuem Gesetz den Betrieb konfiszieren und nach gemeinschaftlichem Bedürfnis zum Nutzen der Gesellschaft und des Landes weiterbetreiben.

ZWEITE STIMME: Und wie sieht die Produktpalette aus?

SIMON: Wir brauchen Recyclingbetriebe. Aus den schnelllebigen verbrauchten Computern der Vergangenheit sollen neue langlebige Geräte werden. Wir brauchen Registriergeräte, um an jeder Handgeldzentrale der Republik jederzeit alle Daten zuverlässig zu überprüfen. Wie Sie wissen, werden im neuen vereinfachten Steuersystem alle Warensteuern an der Kasse dem Staat gleich gutgeschrieben. Und ebenso die Steuern auf die Beträge, die Sie Ihrem Vermieter an Miete überweisen.

ZWEITE STIMME: Und wieviel bekommen wir?

SIMON: Das müssen wir verhandeln.

ZWEITE STIMME: Wir wollen unser altes Gehalt.

SIMON: Das wird nicht gehen.

ZWEITE STIMME: Und wenn wir's unter dem Preis nicht tun?

SIMON: Sie wollen den Staat doch nicht erpressen, heißblütiger junger Mann? Das Gemeinwohl erfordert manchmal Kompromisse.

Gelächter und Pfiffe.

ERSTE STIMME: Wir sind nun einmal qualifiziert und etwas teurer.

SIMON: Wir arbeiten mit einem Netzwerk exzellenter verantwortungsvoller Wissenschaftler und Fachleute zusammen, die Ihre Aufgaben gern übernehmen.

ERSTE STIMME: Und wenn wir die nicht aufs Gelände lassen?

SIMON: Dann kommt die Polizei.

ERSTE STIMME: Oho! *Pfiffe und Buhrufe.*

SIMON: Verlassen Sie sich darauf, der Staat verfügt noch immer über genügend Kräfte, Sie zur Annahme des Notwendigen zu bewegen.

Pfeif- und Buhkonzert. Der Staatssekretär wird heftig mit Elektromüll beworfen.

4

Vorzimmer. Krisensitzung bei der Staatspräsidentin mit Simon, Irene und Wagner.

TANNER: Ich habe das Gefühl, die Politik muß jetzt aktiver in den Wirtschaftskreislauf eingreifen. Ich hatte eigentlich nicht vor, als Unternehmerin Profil zu zeigen. Das können die privaten Unternehmer besser.

IRENE: In einer Übergangsphase wird das so sein. Der Staat übernimmt unternehmerische Aufgaben. Wenn sich die Sache einigermaßen eingespielt hat, wird der Bürger wieder das Steuer in die Hand nehmen.

SIMON: Die Unruhen im Land sind nicht von Pappe. In jedem zweiten Betrieb gibt es Entlassungen. Die Arbeitnehmer protestieren so massiv wie noch nie in der Geschichte unserer Republik. Es haben noch nie so viele große Betriebe Konkurs angemeldet wie in diesem Jahr. Unsere Wirtschaft kommt zum Erliegen.

TANNER: Für eine Revolution von oben sind, fürchte ich, unsere Polizeikräfte doch zu schwach.

WAGNER: Und die internationale Schutz- und Friedenstruppe?

TANNER *lächelt*: Dafür sind die Probleme nun wiederum zu regional.

SIMON: Wenn nun schon der Staat als Unternehmer in Erscheinung tritt, gibt es zwei Alternativen: Zwang und Gewalt, oder aber der Staat begibt sich in die Niederungen tariflicher Auseinandersetzungen. Wenn er das tut, macht er sich erpreßbar.

IRENE: So extrem wird es hoffentlich nicht kommen, Peer. Die langjährigen Erfahrungen des Herzberg-Instituts haben ergeben, daß die Mehrheit unserer Bürger sozial und mitverantwortlich denkt und sich moderat verhält, wenn man sie an der richtigen Stelle packt.

WAGNER: Vor allem müssen wir unser Netzwerk sozial verantwortlicher Forscher stärker aktivieren. In alle Betriebe und in alle Streik- und Krisenherde wollen wir unsere Fachleute entsenden. Sie werden die Ziele der neuen Ordnung vor Ort erklären und die Chancen und die Notwendigkeit der großen Veränderungen vermitteln. Unsere Forscher sind ganz durchdrungen von den neuen Ideen.
IRENE: Sie müssen unbedingt eine Rede an die Nation halten, Frau Staatspräsidentin.

5

Bürovorraum Handgeldzentrale. Weber und Lauer.

WEBER: Reicht Ihr Handgeld schon wieder nicht?
LAUER: Das geht Sie möglicherweise wenig an.
WEBER: Ich komme mir vor wie ein Dieb. Früher habe ich für mein Geld gearbeitet, jetzt sitze ich hier und verlange Geld und tue dafür nichts.
LAUER: Aber ist der Mensch nicht allein dadurch, daß er existiert, existenzberechtigt?
WEBER: Sentimentales Gewäsch. Sobald Sie dem Staat richtig Ärger machen, werden Sie schnell genug erfahren, wie wenig ihm Ihr Existenzrecht und Ihre Würde gilt.
LAUER: Verhungern läßt er mich aber nicht.
WEBER: Sind Sie sicher? Wie lange wird das noch so gelten?
LAUER: Einen Monat ohne Essen hält man im übrigen durch.
WEBER: Ausprobiert?
LAUER: Das nicht, aber ich weiß, der Körper schafft das.
WEBER: Aber das tut ganz schön weh, das kann ich Ihnen sagen.
LAUER: Ausprobiert?
WEBER: Auch nicht.
LAUER: Warum soll ich ein Dieb sein, wenn ich für mein Geld nichts arbeite? Wenn ich das nun einmal darf?
WEBER: Ich kann mich an den Gedanken nicht gewöhnen. Wer früher nichts schaffte und trotzdem mit Forderungen kam, war entweder der Fürst irgendeiner verkommenen Dynastie, ein Wegelagerer oder ein Bettler. Zu meiner

Jugendzeit lernte ich, daß man für sein Geld hart arbeiten muß.

LAUER: Aber wenn sich nichts findet? Sie können nicht die Menschen zur Arbeit zwingen und es ist kein Bedarf für die Arbeit da.

WEBER: Ja, die Freiheit, die läßt sich auslegen, wie man gerade will. Wir sind zu sehr verwöhnt. – Wissen Sie eigentlich, wie der Staat unser Geld finanziert?

LAUER: Wissen Sie es?

WEBER: Ich versuche es krampfhaft. Versuchen wir es gemeinsam zu verstehen. Was arbeiten Sie?

LAUER: Ich arbeite nichts.

WEBER: Heißt, Sie leisten zur Refinanzierung Ihres staatlichen Monatshandgeldes keinen aktiven Eigenbeitrag. Gehen wir in unserem Modellbeispiel davon aus, daß alle Personen, die ich bezeichne, ihr gesamtes Geld stetig ausgeben. Ihr Handgeld, Herr … ?

LAUER: Lauer.

WEBER: … Herr Lauer, beträgt 800 Euro. Sie geben 800 Euro für Essen und Wohnen aus. Aufgrund der Verbrauchssteuer, die 50% beträgt, wandern 400 Euro in die Staatskasse zurück. 400 Euro muß der Staat aus anderen Quellen refinanzieren. Nehmen wir dazu den Bauern A. Um sein eigenes Handgeld und das Ihre, Herr Lauer, rezufinanzieren, muß er für 1.600 Euro im Monat Waren produzieren. 800 Euro sind für ihn selbst. 800 Euro fließen als Verbrauchssteuern an den Staat zurück. Diese 800 Euro reichen aus, die Fehlbeträge aus Ihrem und dem ihm selber gezahlten Handgeld auszugleichen. Zwei Bauern müßten, um die eigenen Handgelder und Ihres mit rezufinanzieren, Waren für 2.400 Euro monatlich verkaufen. Nehmen wir nun an, Bauer A stellt einen Mitarbeiter ein, der neben seinem staatlichen Handgeld 400 Euro zusätzlich von ihm erhält. Beide Bauernbetriebe zusammen müssen, um die Handgelder für sich, den zusätzlichen Mitarbeiter und weiterhin Sie als arbeitslosen Handgeldempfänger zu finanzieren, monatlich – kommen Sie noch mit?

LAUER: Hört sich wahnsinnig verzwickt und metaphysisch an, tut mir leid, ich kapiere nichts.

WEBER *lacht*: Die materiellste Sache der Welt ist zugleich eine der kompliziertesten. Da weiß ich noch mehr von. Was ist das?

LAUER: Eine Münze.

WEBER: Ein Euro. Wieviel davon sind im Umlauf? Wissen Sie es?

LAUER: Natürlich nicht.

WEBER: Wieviel müssen es sein?

LAUER: Viele, Milliarden sicher.

WEBER: Tatsächlich? Nehmen wir diese Münze, einen Euro. Sie kaufen dafür bei Bauer A einen Kopfsalat.

LAUER: Ich bestimmt nicht.

WEBER: Bier und Tabak sind teurer.

LAUER: Also Salat.

WEBER: Der Fiskus behält 50 Cent an Verbrauchssteuer ein. Bauer A kauft mit demselben Euro von Bauer B einen Blumenkohl. Wieviel bleiben beim Fiskus?

LAUER: Wieder 50 Cent.

WEBER: Richtig, 50 Cent. Mit zwei Verkäufen hat der Euro sich also refinanziert. Bauer B kauft für einen Euro Saatgut. 50 Cent bleiben wieder für den Staat. Der Saatgutzüchter kauft mit demselben Euro bei Bauer A wieder – was schon?

LAUER: Einen Salat.

WEBER: Richtig, einen Salatkopf. Jeder Besitzerwechsel bringt infolge der Verbrauchssteuer dem Staat bei jeder Münze deren Vielfaches, ja Tausend-, ja Millionenfaches von deren Eigenwert in die Kasse zurück. Es bedarf also nur eines vergleichsweise kleinen Teiles der Geldsumme eines Landes in Münzen und Papiergeld.

LAUER: Ich zahle sowieso meist per Karte.

WEBER: Für die Bauern und den Saatgutzüchter ist jedoch nicht ein Euro gleich ein Euro. Der eine Euro ist geschenkt, da ist es egal, daß der Fiskus die Hälfte über die Verbrauchssteuer zurücknimmt. Aber der andere Euro ist erarbeitet, ist real erwirtschaftet, und dennoch ist er, genau wie der geschenkte Euro, nur die Hälfte für den Bauern wert. Um einen Euro zu verdienen, muß er zwei Euro erwirtschaften. Welcher Kleinselbständige oder größere Unternehmer will da noch einen Finger krümmen, wenn ihm soviel vom Ertrag seiner harten Arbeit genommen wird?

LAUER: Wenn die Geldmenge nicht besonders hoch ist und die Firmen reihenweise dichtmachen, weil sich Arbeit nicht lohnt, wenn das Handgeld aber trotzdem jeden Ersten auf dem Handgeldkonto eintrudelt, wenn dazu die meisten sowieso per Karte zahlen, wer garantiert dann, daß die Zahlen auf dem Konto nicht nur eine Zahl, daß sie, salopp gesagt, echt und nicht geschwindelt sind?

WEBER: Eben. Eine Ziffer, die der Staat beliebig festlegt.

LAUER: Kann er das?

WEBER: Fragen Sie die Regierung.

LAUER: Wenn die Zahl geschwindelt ist, wer berechtigt dann die Beamtin, mich willkürlich zu schikanieren? Okay, ich bin abhängig, ich kiffe, ich trinke manchmal, ich komme mit meinem Geld nicht hin. Aber wenn es ein Schwindel ist, dann muß ich dafür auch nicht büßen, dann kann die Beamtin jeden beliebigen Betrag auf mein Konto setzen, und solange ich Ware bekomme, nehme ich niemandem etwas weg und schade niemandem, höchstens meiner eigenen Gesundheit.

WEBER: Nun, auch das muß verhindert werden. Sie fallen als Kranker sonst der Allgemeinheit zur Last.

LAUER: In den Pflegenotstand schaff ich's sowieso nicht. Sie werden mich mindestens zwanzig Jahre überleben.

WEBER: Vielleicht können Sie die Beamtin jetzt besser unter Druck setzen. Immerhin wissen Sie ein schmutziges Geheimnis.

LAUER: Optimist.

Weber ab mit einem knappen Gruß an die junge Lehrerin, die aus der Gegenrichtung kommt.

LAUER: Das Wohngeld ist zu knapp?

LEHRERIN *setzt sich unaufgefordert; fröhlich*: Der Staat wird es wieder streichen müssen.

LAUER: Nehmen Sie Ihren komischen Dienst wieder auf? Es wäre auch zu schade, der Staat liebt dienstwillige junge Frauen wie Sie.

LEHRERIN: In den alten Betrieb zurück? Nein. Aber das sagen Sie richtig, ich liebe meinen Beruf. Mein alter Chef stellt mir jetzt zwei Vormittage in der Woche einen Klassenraum zur Verfügung, probehalber. Er möchte auf der Schule eine Kreativklasse einführen, ohne Lehrplan und ohne Fächertrennung. Da vermittle ich jetzt logisches Denken und geistige Selbständigkeit. Einer schlägt ein Thema vor oder wirft eine Frage in die Runde. Alle gemeinsam diskutieren und suchen nach einer Antwort.

LAUER: Geht das denn juristisch?

LEHRERIN: Die Schulnovelle ist noch in Arbeit. Mein Chef möchte die Kreativklasse an höherer Stelle beantragen.

LAUER: Und Sie sind hier, um sich ganz oben ins Gespräch zu bringen?

LEHRERIN: Der Anklang ist enorm. Anfangs wußte man wenig mit der Idee anzufangen, aber jetzt scheint der Laden zu laufen. Jetzt wird auch dem trägsten Jugendlichen klar, wie wichtig Lesekompetenz für ihn ist. Jugendliche, die noch kein Buch in der Hand hielten, schlagen plötzlich literarische Diskussionsrunden vor. Sie wollen Dramen und Romane der Weltliteratur kennenlernen oder das neue Stück gemeinsam im Theater ansehen und vorher und nachher darüber sprechen. Sie stellen Fragen nach wirtschaftlichen Zusammenhängen, nach dem Wesen des Geldes, den Unterschieden zwischen den Interessen von Konzernen und einer sozialen Marktwirtschaft. Sie wollen alles wissen und vor allem wissen, wie man zuverlässig an Informationen kommt. Für einen Abend in der Woche habe ich mich dagegen im Rahmen des neuen Regierungsprogramms zur Verbreitung der Ziele der Konferenz von Madrid in der Erwachsenenbildung beworben.

LAUER: Dann können Sie bei mir gleich den Anfang machen.

LEHRERIN: Was möchten Sie wissen?

LAUER: Wie das mit dem Handgeld ist. Ich halte es für einen Schwindel ohne Gegenwert. Wenn die Regierung will, ist es von heute auf morgen nichts mehr wert. Ungültig, von jetzt auf sofort.

LEHRERIN: Die Sicherheit, die der Staat gibt, ist eine stabile, ideelle, geistige Garantie.

LAUER: Und wenn die Blase platzt, wie mehrfach in Amerika?

LEHRERIN: Dafür, daß solche Dinge nicht wieder passieren, hat die Konferenz die Grenzen des internationalen Handels engergesteckt und die Freiheit des Geldtransfers beschnitten. Es wird kein Geld mehr unbekannt verschoben. Kein Euro oder Dollar wird seine Spur in irgendeinem fernen Winkel des Erdballs je wieder verlieren. Alles wird überschaubar und klar.

LAUER: Überschaubar gelogen.

LEHRERIN: Bekommen Sie nichts mehr zu kaufen für Ihr Geld?

LAUER: Doch.

LEHRERIN: Weniger als noch vor einem Monat?

LAUER: Bislang gleichviel.

LEHRERIN: Dann ist doch alles in bester Ordnung.

6

Ansprache der Staatspräsidentin.

TANNER: Liebe Mitbürger. Ich trete nicht mehr vor die Kamera und sage, wie noch vor wenigen Jahren, es geht uns gut wie nie zuvor. Ich wurde anläßlich der großen Konferenz der Stifter dieser Erde eines besseren belehrt. Mir ging es gut und einem großen Teil der Menschen, zu denen ich sprach, ging und geht es hoffentlich gut. Aber vielen Menschen auch bei uns ging es gar nicht gut und Millionen von Menschen, alten und jungen, Erwachsenen und Kindern in vielen Teilen der übrigen Welt ging es sogar erbärmlich schlecht. Die Regierungschefs haben das in ausführlichen Dokumentationen gesehen, sehen müssen und endlich auch verstanden. Ich bin persönlich glücklich, daß ich in meinen reifen Jahren nochmal lernen und meine Meinung überdenken und ändern durfte.

Warum ich heute so persönlich zu Ihnen rede? Ich habe die Floskeln der Diplomatie satt. Die Floskeln der Diplomatie haben abgedankt und ihre Glaubwürdigkeit verloren. Unser persönliches Engagement und Ehrlichkeit sind gefragt.

Aber, werden Sie fragen, war ich vorher nicht ehrlich? Nein, ich war nicht ehrlich. Und wenn ich auch nicht wissentlich andere belog, belog oder betrog ich mich doch selbst. Das Leben, mein Leben, Ihr Leben, liebe Mitbürger, ist aber zu schade, um in Unehrlichkeit zu enden.

Weiter als Fernsehbild. Im System, dessen letzte Züge wir in diesen Tagen miterleben, waren viele gezwungen, überflüssige Dinge zu erfinden, und noch mehr Menschen oblag es, diese überflüssigen Dinge als notwendige Dinge unters Volk zu streuen. Ein unaufrichtiges, zermürbendes, entwürdigendes Geschäft. Die überflüssigen Dinge erschienen notwendig, um auch die sinnvollen Dinge im Überfluß zu erzeugen. Der Markt ahmte die Natur darin nach, denn auch die Natur verschwendet. Sie streut unendlich Samen aus, damit einige Samen aufgehen. Seit jeder von Ihnen staatlich garantiert monatlich ein Handgeld bekommt, braucht keiner mehr überflüssige Dinge zu produzieren und keiner braucht mehr überflüssige Dinge zu verkaufen. Wir alle haben den Einbruch der Produktion binnen Monatsfrist beobachtet und gespürt. Rohstoffe blieben aus und es entstand in der einen oder anderen Branche der erste Mangel. Die Bürger unseres Landes murrten. Aber viele erkannten unsere Absicht und begrüßten sie. Heute appelliere ich an Sie alle, arbeiten Sie freiwillig mit! Sie können es ja jetzt freiwillig tun.
Wieder original Wenn Sie möchten, daß ein bescheidener Luxus in Ihren Alltag zurückkehrt, dann stellen Sie Ihr Potential, Ihre Fähigkeiten, Ihren Fleiß und Ihre Arbeitskraft der Gemeinschaft zur Verfügung. Wenn sich andere etwas mehr leisten können, dank Ihrer freiwilligen Mitarbeit, können auch Sie sich wieder mehr leisten, dank des Geldes, das Sie zusätzlich verdienten und dank der Arbeit, die Ihre Mitbürger umgekehrt für Sie erbringen.
Weiter als Fernsehbild. Wir haben die Landwirtschaft in den wenigen Jahren seit Einführung des Handgelds auf neue Beine gestellt. Die Versorgung der Bevölkerung wird von ausgezeichneten Landwirten gewährleistet, die durch ein staatlich gesichertes Zusatzeinkommen zu garantierten Preisen arbeiten. Garantiert für sie selber und garantiert für Sie, meine lieben Mitbürger. Die Preise für landwirtschaftliche Erzeugnisse bleiben stabil, das Einkommen der Erzeuger sicher. Die Qualität der Böden und des Wassers hat sich durch Reduktion der Viehwirtschaft und Reduktion der Chemikalien, die den Artenbestand bedrohten, wieder ein gutes Stück erholt, aber hier bleibt noch viel, sehr viel, ich gestehe offen, erschreckend viel

zu leisten übrig. Unsere Wiesen, Wälder und Felder sind wieder zumindest etwas reicher an Pflanzen und Schmetterlingen aller Art als vor fünf Jahren. Das Bienensterben, das den Bestand unserer Nährpflanzen empfindlich bedrohte, ist gestoppt, und das gehört zum wichtigsten überhaupt, damit wir unsere Nachkommen sicher in die nächsten Jahrzehnte begleiten können. Das weitere sehen wir dann.

Wieder original. Vor wenigen Jahren hätte ich mich als Träumerin und weltfremde Fantastin belächelt, wenn ich das Wasser und die Schmetterlinge als wichtiger und notwendiger als den Aktienhandel an der Wall Street und die neueste Innovation auf der jüngsten Technikmesse angesehen hätte. Aber die Technik verfällt, die Natur webt weiter ihre Netze, notfalls ohne uns. Auf Asphaltstraßen wächst kein Korn und Computer können wir nicht essen. Wenn Sie alle, liebe Mitbürger, mitarbeiten, verantwortungsvoll und entspannt, und wenn auch alle Unterzeichnerländer der Stifterkonferenz nach den erfolgreichen fünf Jahren bislang weiter ihre Hausaufgaben machen, dann werden nicht nur wir, Sie alle und ich, wie ich hier zu Ihnen spreche, in eine gute Zukunft blicken, sondern auch die vielen geschundenen Menschen in entfernten Teilen dieser Erde werden ein menschenwürdiges Dasein führen, unbelastet von der Schuld unserer überzogenen Ansprüche. Strengen wir uns gemeinsam an, daß die Welt eine gerechte und für alle, die da sind, lebbare wird!

Ansprache Ende. Lichtwechsel. Gesprächsrunde: Weber und Lauer links, Simon rechts von der Lehrerin, die als Moderatorin fungiert, um einen Tisch versammelt. Auf dem nächst Simon freien Stuhl nimmt die Staatspräsidentin Platz.

LEHRERIN: Erste Frage an Sie, Frau Staatspräsidentin. Kann ein Mensch mit 65 Jahren, und Ihr Alter darf ich verraten, es steht in jedem Lexikon vermerkt, kann ein Mensch mit 65 Jahren ohne Scham seine Einstellung ändern?

TANNER: Ja, er kann es und er sollte es, und er muß es, wenn er seinem Leben die Lebendigkeit zurückgeben will, die es einmal hatte. Aber Sie deuten es an, er muß die

Scham, die ihn dabei befällt, überwinden. Ich empfehle es jedem, der vor der Entscheidung steht: überwinden Sie die Scham, springen Sie über den Graben, Sie landen drüben als ein verjüngter und befreiter Mensch.

LEHRERIN: Aber war nicht die Stabilität, die Verläßlichkeit Ihr Markenzeichen und galten Sie nicht deshalb auf der ganzen Welt als ein Sicherheitsgarant schlechthin?

TANNER: Hier steh ich nun und kann nicht anders.

WEBER: Sie haben gut lachen, Sie schaffen es wie eine Schlange aus jedem Sumpf, aber ich gehe mit meinem erlernten Wissen, meinen Investitionen, meinem Lebenswerk vor die Hunde.

SIMON: Sie produzieren doch wieder.

WEBER: Recyclingware, Technik von gestern. Dafür habe ich nicht die innovativsten Facharbeiter in meine gottverlassene Gegend gelockt.

TANNER: Der Bestand ist allerdings wichtiger geworden als die Innovation. Mit dem Innovationstempo von zuletzt hätte die Menschheit nicht mehr lange überlebt.

LEHRERIN: Geistig wäre die Menschheit vielleicht kollabiert, technisch wäre es noch eine Weile weitergegangen.

TANNER: Und unsere Nachkommen hätten einen leergeplünderten Planeten vorgefunden. Davor war mir angst. Ein richtiges Grauen, ein regelrechter Albtraum, der mich die ganze Konferenz über in Madrid begleitete.

LAUER *angetrunken*: Was, wenn das Geld nicht mehr reicht, werden dann die Handgeldzahlungen eingestellt und fängt dann der Wahnsinn von vorne an?

SIMON: Ich garantiere, keiner der hier Anwesenden, und wenn er ein Alter von hundert Jahren erreicht, wird erleben, daß der Staat ihm das Handgeld nicht mehr zahlt.

WEBER: Der Staat kann das Geld nur zusammenkratzen, wenn der doppelte Wert an Waren umgesetzt wird. Das ist beim Einbruch der Konjunktur und der Zunahme an staatlichen Investitionsprogrammen nicht zu erwarten.

SIMON: Das Geld kommt aus sicherer Quelle.

WEBER: Geben Sie doch zu, daß die Staatsbank zu einer reinen Gelddruckmaschine verkam.

SIMON: Wir garantieren, daß Sie weiter zum selben Preis Ihre Lebensmittel erhalten.

WEBER: Das ist doch Quatsch. Wenn die Ware dank des allgemeinen Produktivitätseinbruchs abnimmt, wird sie sich verteuern und mitnichten für ihren heutigen Preis erhältlich bleiben.

TANNER: Per Gesetz ist es untersagt, den Preis einer Ware zu erhöhen, wenn die Nachfrage das Angebot übersteigt.

WEBER: Und wenn die Ware ausverkauft ist, was mache ich dann mit dem Geld?

TANNER: Zurücklegen, bis die Ware wieder eintrifft.

WEBER: Und wenn sie nicht wieder eintrifft? Wenn, wie in meinem Fall, der Rohstoff ausbleibt und die Ware nicht mehr produziert wird? Schauen Sie in die Läden allerorten, die Regale dreiviertelleer. Wer strengt sich noch an für ein Geld, für das er nichts bekommt? Das ist doch das gleiche wie Inflation.

IRENE *aus dem Publikum:* Zahlen Sie das Geld, das Sie nicht ausgeben können, in den Herzberg-Fonds! Damit fördern Sie nachhaltig die auf vollen Touren laufenden Reparierungsprogramme in den Problemländern der Erde.

WEBER: Und was habe ich davon?

IRENE: Vielleicht erholen sich China und Afrika in Kürze so, daß sie Rohstoffe wieder abbauen können, Herr Weber. Mit denen entwickeln und produzieren Sie dann neue Luxusgüter.

WEBER: Auf den Sanktnimmerleinstag warten und Däumchen drehen statt etwas machen – gute Idee!

LAUER: Wenn ich etwas kaufe, kaufe ich von Geld, für das ich nicht arbeite, den Ertrag dessen, was ein anderer gearbeitet hat.

SIMON: Wenn Sie keiner Arbeit nachgehen, ist das richtig.

LAUER: Der andere schenkt mir also seine Arbeit.

SIMON: Und bekommt dafür Entgelt.

LAUER: Für das ich aber nicht gearbeitet habe.

WEBER: Und mit dem er wieder einen Teil des Geldes finanziert, das Ihnen als Handgeld ausgezahlt wurde und mit dem Sie den Ertrag seiner Arbeit erwerben.

LAUER: Der Arbeitende ist der Bestohlene, so oder so. Warum geben Sie den Diebstahl nicht frei und legen fest: alles ist frei, alles ist kostenlos und umsonst. Ich verlange, daß ich soviel bekomme, wie ich will, und die Schikanen aufhören, wenn ich mein Handgeldkonto überziehe.

LEHRERIN: Grenzen müssen sein, sonst raubt der eine die Regale leer und der Gemeinschaft bleibt nichts.

LAUER: Ich mache hiermit öffentlich, daß das Geld, das der Staat bezahlt, nichts wert ist und jeder sich genausogut alles nehmen kann, was er braucht. Freie Ware für freie Bürger!

SIMON: Solchen gemeingefährlichen Blödsinn habe ich noch selten gehört.

LAUER: Wenn es Unsinn und gemeingefährlich ist, warum führen Sie mich dann nicht auf der Stelle ab wegen Geheimnisverrats?

WAGNER *aus dem Publikum*: Die Herzberg-Stiftung, die in Absprache mit der Regierung handelt, ist so unermeßlich reich, daß die Verpflichtungen des Staates für die nächsten fünfzig bis hundert Jahre reichlich gedeckt sein werden.

LAUER *verblüfft*: Die Quelle sprudelt ewig?

WAGNER: Ewig.

LAUER *lacht*: Wer glaubt, wird selig.

LEHRERIN: Bis dahin werden Sie mit den Sanktionen eingeschränkten Handgelds weiter leben müssen oder lernen, mit Ihrem Geld zu wirtschaften, junger Mann. Der Staat wird Sie notfalls zwingen, mit gemeinnütziger Arbeit Ihre Schulden abzutragen.

LAUER: Ich verlange freien Zugang zu freien Waren für freie Bürger.

Während die Lehrerin aufsteht und sich ans Publikum wendet, treten Weber und der torkelnde Lauer ab. Irene und Wagner nehmen die leergewordenen Plätze ein.

LEHRERIN: Begrüßen Sie mit mir die Geschäftsführerin der Herzberg-Stiftung, Irene Herzberg, und den Vorsitzenden des Herzberg-Stifter-Fonds, Herrn Dr. Wagner. *Wieder an ihrem Platz* Frau Herzberg, Herr Dr. Wagner, was ist Ihre Bilanz fünf Jahre nach Unterzeichnung der Ziele von Madrid, viereinhalb Jahre nach Einführung des Handgelds?

IRENE: Zunächst einmal, die Bilanz ist positiv. Es gab zwar, nicht gänzlich unerwartet und von Vertretern der Großindustrie vorausgesagt, einen signifikanten Rückgang der Produktion. Aber das war notwendig und gewollt.

LEHRERIN: Im Sinne einer gesünderen Weltordnung und einer Sanierung der Weltschäden.

WAGNER: Die Produktion überflüssiger und schädlicher Waren ist drastisch zurückgegangen.

LEHRERIN: Aber es traten auch echte Mängel auf!

WAGNER: Sie werden behoben werden.

IRENE: Mit der verhängnisvollen Überproduktion – und vor allem mit dem krankmachenden Zwang zur Überproduktion –, mit dem Rückgang der Produktion und der Beendigung des Skandals erzwungener Arbeit ist auch das Mobilitätsaufkommen massiv gesunken. Die täglichen Autostaus in den Städten, in die Städte hinein, aus den Städten hinaus haben abgenommen, die Luft ist wieder atembar.

WAGNER: In China, wie wir hörten, können die Menschen erstmalig wieder ohne Atemmaske ihre Wohnungen verlassen.

LEHRERIN: Doch mit dem Rückgang der Öllieferungen infolge der neuen Handelspolitik wäre die Mobilität auf den Straßen sowieso zurückgegangen?

WAGNER: Die Menschen merken, daß es sich richtiger lebt, und lernen mehr und mehr die Einschränkungen akzeptieren. Einschränkungen sind einfach nötig. Und es ist doch ein wahrhaft gutes Gefühl, wenn ich weiß, die Kinder in Afrika und Fernost haben wieder eine Chance und meine eigenen Enkel finden blühende Landschaften vor statt kalter Industriewüsteneien.

IRENE: Langsam bilden sich neue handwerkliche Betriebe heraus. Die Lust des einzelnen ist erwacht, Güter herzustellen, an denen jeder sich freut.

LEHRERIN: Aber die Vormachtstellung unseres Landes als wichtige Exportnation ist passé!

IRENE: Allen Menschen ein beschauliches, sicheres Leben zu ermöglichen, ist das Ziel einer lebenswerten Zukunft.

LEHRERIN: Aber wird das reichen? Unternehmend und abenteuerlustig, wie wir Menschen sind?

IRENE: Kennen Sie noch die Freude, die Kinder manchmal erleben, wenn sie kleine Geschenke, einen Holzkreisel, ein Brettspiel, ein Kartonspiel mit Angel für die Papierfische zum Geburtstag bekommen? Es kann auch wieder ein Abenteuer sein, wenn Sie nur ein kleinwenig mehr als

Ihr nichtarbeitender Nachbar mit Ihrem Einsatz gewinnen. Es ist alles eine Frage des Maßstabs und der Gewöhnung.

LEHRERIN: Ein Paradies auf Erden?

IRENE: Eine Insel der Seligen, eine Enklave zumindest.

LEHRERIN: Ein beschauliches und bescheidenes Paradies. Klingt irgendwie gestrig.

IRENE: Wenn Sie so wollen.

LEHRERIN: Was sagt die Frau Staatspräsidentin dazu?

TANNER: Liebe Mitbürger, jetzt darf ich es sagen, mit dem Gütesiegel der Aufrichtigkeit und der Wahrheit: es geht uns so gut wie nie zuvor in der Geschichte unseres geliebten Landes. Ich bitte Sie voller Zuversicht: arbeiten Sie mit, seien Sie solidarisch! Sie profitieren alle davon. Nur wer geben kann, gewinnt. Fröhliche Geber, fröhliche Nehmer.

LEHRERIN *steht auf; Abmoderation*: Ich danke den Teilnehmern dieser Runde: Frau Staatspräsidentin Tanner, Herrn Staatssekretär Simon, Frau Herzberg, den Herren Lauer und Weber, Herrn Dr. Wagner. Sie können die Ansprache der Frau Staatspräsidentin und unsere Nachdiskussion jederzeit in der Mediathek des Senders nachhören. Bis zum nächsten Mal. Haben Sie eine gute Nacht!

IV. Ingenieure des Friedens

PATRICIA, *Premierministerin eines schwarzafrikanischen Landes*
JOHN, *ein Schiedsmann*
ANN, *Johns Tochter*
NELSON, *ein Angeklagter*
JACK, *Kläger*
CLIFFORD, *Jacks Sohn*
ein REDAKTEUR
ein (Pharma-)VERTRETER
IRENE Herzberg, *Geschäftsführerin des Anton-Herzberg-Instituts*

1

Gerichtsplatz im Freien.

JOHN: Name?
NELSON: Nelson.
JOHN: Du bist angeklagt, deine Nachbarn bestohlen zu haben.
NELSON: Meine Familie habe ich versorgt.
JOHN: Du bist mit deiner Rasselbande umhergezogen, bei Nacht und Nebel, und hast die Bäume leergepflückt, die Kartoffeln ausgegraben, die Kürbisse entwendet und sogar die Hühnerställe aufgebrochen, um die wenigen Eier zu stehlen, die unsere gesunden Hühner ihren gewissenhaften Haltern schenken.
NELSON: Meine Nachbarn haben nur zwei Kinder durchzubringen. Denen reicht ihr bißchen Land. Wo soll ich mit meinen sieben hin?

JOHN: Dann setz doch nicht jedes Jahr ein neues in die Welt.

NELSON: Soll ich die Bälger aus dem Bauch meiner Frau herausschneiden? Soll ich die Neugeborenen verrecken lassen?

JOHN: Andere verhüten.

NELSON: Das funktioniert nicht.

JOHN: Kriegst du mit Haube keinen hoch?

NELSON: Mein Temperament geht mit mir durch, und eh ich so'n Ding übergezogen krieg, schwebt meine Frau im siebten Himmel.

JOHN: Gib nicht so an! Du weißt, was du gefährdest, Nelson. Kein Fluß darf über seine Ufer treten, sonst gefährdet er das Land. Du aber gefährdest mit deinem Verhalten die Unterstützung, die unser Land genießt. Leute wie du verschulden es, wenn wir kein gesundes, blühendes Land wieder werden können. Du weißt genau, diese Stütze hängt ab davon, daß wir nicht weiter wachsen. Keine Bevölkerung in keinem Land der Erde darf das. Alle Madrider Beitrittsstaaten haben es versprochen. Dein Verhalten bedroht unser aller Wohl.

NELSON: Der Gott der Religion, die du vielleicht auch einmal teiltest, Herr Richter, verspricht dem, der Gott gefällt, Nachkommen wie Sand am Meer.

JOHN: Diese Religion vergiß mal, guter Nelson. Sie paßt nicht mehr in unsere Zeit.

NELSON: Meine Kinder sollen mich einmal pflegen, wenn ich alt bin. Wenn jeder Mensch nur ein Kind hat, muß dieses Kind allein die ganze Pflege leisten. Und umgekehrt, wenn ich ohne Geschwister bin, hängt die Pflege meiner Eltern allein an mir. Wo soll ich dann noch für mich selber, meine Frau und meine eigenen Kinder sorgen?

JOHN: Unsere weise Regierung hat Maßnahmen ergriffen, damit deine Kinder nicht in Not geraten und du auch nicht. Und wenn du überhaupt keine Kinder hättest, die dich einmal pflegen.

NELSON: Ich glaube das nicht und du weißt, viele Menschen in diesem Land glauben das auch nicht.

JOHN: Wieviel Geld bekommst du mit deiner Familie vom Staat?

NELSON: Zweihundert Neue afrikanische Dollar.

JOHN: Und wieviel bekommen die anderen Familien?

NELSON: Ja auch zweihundert Neue afrikanische Dollar.

JOHN: Also bekommt ihr soviel wie alle anderen auch. Welche Kosten mußt du davon bestreiten?

NELSON: Ich zahle die Gebühren für fließend Wasser, die Nutzwasseraufbereitung, das Trinkwasser, Hausstrom, Abwasser und Kanalgebühren und, wenn Geld übrigbleibt, die fehlenden Lebensmittel, die ich auf dem Familienacker nicht erwirtschafte.

JOHN: Also Land hast du auch?

NELSON: Vom Staat, wie jede Familie.

JOHN: Ein gleichgroßes Stück wie andere Familien oder ein kleineres Stück?

NELSON: Ein gleichgroßes Stück.

JOHN: Ein Landstück, gerecht zugeteilt.

NELSON: Meine Frau und meine mittleren Kinder bewirtschaften es in der Hauptsache.

JOHN: Und ihr wohnt umsonst. Oder ist das bei deiner Familie anders?

NELSON: Warum fragst du? Alle Familien erhalten Wohnraum zugeteilt, mietfrei und in gleicher Größe. Zwei Zimmer, Küche, Bad.

JOHN: Die Bäder auf dem neuesten Stand, mit sauberem Wasser zum Trinken, Nutzwasser von guter Qualität für die übrigen Bedürfnisse des täglichen Lebens. Außerdem flächendeckend Anschluß an das Abwassernetz der modernisierten Gemeinden.

NELSON: Ein Teil des Abwassers wird aufbereitet und zur Wiedernutzung in die Nutzwassersysteme zurückgeleitet. Ein Teil wird aufbereitet zur Bewässerung der Felder. Die Fäkalien werden aufbereitet zur Verwendung als Bioenergiemasse und als Phosphatspender und natürliche Düngung der Felder. In der Klärgrube leiste ich nämlich meine Gemeindearbeit.

JOHN: An zwei Tagen der Woche, nehme ich an?

NELSON: Je nachdem, wieviel Arbeit anfällt. Im Durchschnitt an acht bis zwölf Tagen im Monat.

JOHN: Alles geht seinen gerechten Gang in deinem Haus. Warum bestiehlst du mit deiner Familie dann die Nachbarn?

NELSON: Sie wohnen allein, zu zweit, zu dritt oder viert in den Häusern und lassen es sich gutgehen.

JOHN: Und du nicht?

NELSON: Ich habe sieben Kinder, wie soll ich mit sieben und der Frau am Hals auf fünfzig Quadratmetern Wohnraum leben? Wie sollen wir von zweihundert Neuen afrikanischen Dollar und dem bißchen Eigenertrag satt werden? Wie sollen wir die Kosten für Strom, Wasser und Reinigung aufbringen?

JOHN: Ich lese hier, du arbeitest, wenn du nicht für die Gemeinde nach den Abwässern und der Kompostierung schaust, zuhause als Schmied.

NELSON: Ich kümmere mich um alle möglichen Geräte und Fahrzeuge der Nachbarn.

JOHN: Kleine Reparaturen?

NELSON: Kleine, mittlere, was so anfällt.

JOHN: Und das Geld reicht nicht, die Mäuler zuhause zu stopfen?

NELSON: Oft fehlen die Aufträge, aber manchmal haben wir Geld und es fehlen die Waren.

JOHN: Erwirtschaftet denn niemand Überschüsse in deinem Dorf? Das Eigenland reicht doch für mehr Personen, als in deiner Nachbarschaft leben, wenn ich richtig hörte.

NELSON: Ja, das tut es, aber die Überschüsse gehen an die Armee und die Landbauingenieure.

JOHN: Da tun die Überschüsse auch gut daran, denn unsere Soldaten und Landbauingenieure leisten Großes für unser Land.

NELSON: Wie soll ich nun meine Mäuler stopfen?

JOHN: Frage Jack, ob er zwei deiner Töchter in sein Haus nimmt. Sie können ihm den Haushalt führen und ihn pflegen, wenn er bedürftig wird. Dann hast du zwei Mäuler weniger zu stopfen. Jack lebt nach dem Tod seiner Frau und dem Weggang seines Sohnes allein.

NELSON: Ich glaube, er will das aber nicht.

JOHN: Fragen wir ihn persönlich. Den Nachbarn des Angeklagten, den Kläger Jack, bitte hereinführen.

JACK *im Hintergrund unsichtbaren Gestalten zurufend*: Ich schaffe das allein! *Humpelt am Stock, aber aufrecht in den Verhandlungsbereich.*

JOHN: Du führst Klage gegen deinen Nachbarn und seine Familie, Jack.

JACK: Nelson und seine saubere Familie brechen des Nachts auf fremden Grund und Boden ein und bestehlen die Armee und unsere Ingenieure im Landbau ihres täglichen Brotes.

NELSON: Ein bißchen Mundraub, um meine Mäuler zu stopfen.

JACK: Dann setze nicht so viele in die Welt!

NELSON: Sie sind über Nacht gekommen. Aber du sitzt jetzt allein in deinen fünfzig Quadratmetern und deinem Stückchen Land.

JACK: Das habe ich mir auch redlich verdient.

NELSON: Wenn deine Frau nicht über der Geburt ihres zweiten gestorben wäre, säßest du jetzt auch mit mehreren Mäulern in deinem kleinen Haus.

JACK: Es war schwer genug, die Frau zu verlieren und den einzigen Sohn alleine großzuziehen. Jetzt habe ich viel Platz, ich gebe es zu, aber ich habe nicht neu geheiratet und habe das Land nicht mit weiteren Mäulern belastet so wie du.

NELSON: Und wer pflegt dich eines nahen Tages, wenn die Nachkommen ausbleiben?

JACK: Ich weiß, worauf du hinauswillst. Du meinst, ich soll welche aus deinem Clan bei mir aufnehmen und dich bei deinen Pflichten entlasten.

JOHN: Wäre das nichts, alter Jack? Du nimmst zwei der sieben Kinder Nelsons bei dir auf. Das entlastet ihn und du hast immer noch genug für dich und auch noch ein bißchen Überschuß für die Armee.

JACK: Nelsons Kinder klauen.

NELSON: Das ist eine pauschale Unterstellung.

JACK: Ihr klaut doch alle.

JOHN: Bitte keine Verallgemeinerungen, Jack!

JACK: Es ist erwiesen, daß Nelsons Bagage Mundraub betreibt, organisierte Kriminalität.

JOHN: Nun, Nelson handelte aus einer persönlichen Notlage heraus. Das mildert seine Straftat in gewisser Weise.

JACK: Wenn sein Raum und sein Nutzland nicht reichen, warum setzt er dann die Bankerten in die Welt? Wir haben die Bürgerpflicht, nicht mehr als zwei Kinder in die Welt zu setzen. Wir dürfen unseren Wohlstand nicht gefährden und der Kerl setzt mal eben sieben in die Welt und seine Frau läuft schon wieder mit geschwollenem Bauch herum.

NELSON: Soll ich die Kleinen stapeln, soll ich sie schlachten, soll ich die Leibesfrucht im Bauch meiner Frau mit Säure übergießen?

JACK: Laß sie wegen meiner in ihrem Dreck verrecken und iß sie nachher auf. Du hast kein Recht, dich mit deiner Sippe so breitzumachen.

NELSON: Bürschchen, wie viele Jahre hast du auf dem Buckel?

JACK: 81.

NELSON: 81. 81, ist das nicht etwas viel? Du hast kein Recht, dich so lange auf der Erde breitzumachen, alter Jack. Die Erde ist viel zu eng für so viele alte Esser. Wenn hier einer Mundraub begeht, dann bist du es! Tritt ab und mach Platz, alter Mann!

JACK: Ich sage es ja, wenn ich seine Töchter ins Haus ließe, brächten sie mich um, angeleitet von diesem Ungeheuer.

JOHN: Noch wird niemand in unserem schönen Land für sein Alter vor Gericht gestellt, Jack.

NELSON: Warum nicht? Wenn doch Menschen dafür gestraft sind, wenn sie Kinder in die Welt setzen.

JOHN: Ein alter Mensch ist schon da.

NELSON: Meine Kinder sind auch da. Haben sie weniger Recht dazusein als ein überflüssiger Greis?

JOHN: Aber der Greis hat seines für die Gemeinschaft geleistet und soll jetzt ausruhen in seinem wohlverdienten Nest.

NELSON: Ich verlange eine Altersgrenze für sein Leben, solange er meinen Kindern das Recht auf ihr junges Leben abspricht!

JOHN: Er spricht niemandem etwas ab, Nelson.

NELSON: Er nimmt meine Kinder nicht auf und nimmt mir die Last nicht ab, obwohl er es kann.

JACK: Ich mag deine Familie nicht und mißtraue jedem von euch. Ich nehme deine Töchter nicht auf, und in der gesamten Nachbarschaft wohnt auch niemand, der einen aus deiner asozialen Sippe aufnimmt!

JOHN: Das ist ein hartes Wort, alter Jack.

JACK: Ich habe mich mein ganzes Leben so verhalten, wie der Staat es von mir erwartet. Jetzt genieße ich den Wohlstand und die Freiheit, die der Staat mir versprochen hat. Und ich lasse mir das nicht nehmen. Außerdem kommt Clifford vielleicht in unser Dorf zurück. Dann kann er bei mir wohnen und später mein Haus übernehmen.

JOHN: Du hast es gehört, Nelson. Jack und fünfundzwanzig weitere Kläger sind nicht bereit, dir und deiner Familie zu helfen. Ihr müßt alleine klären, was ihr miteinander verbockt habt. Ihr habt euch selbst in diese Lage hineingeritten. Die Ernten sind noch nicht so gut und in diesem Jahr bleiben die Erträge noch ein wenig hinter dem vergangenen Jahr zurück. Du bekommst also nicht viel für dein Geld, es tut mir leid. Die Gemeinde kann nichts für euch tun.

NELSON: Das hat man davon, wenn man für seine Familie sorgt.

JOHN: Du hast dich schwer an unser aller Wohl vergangen, Nelson. Du hättest in den sieben Jahren seit der Konferenz keine neuen Kinder zeugen dürfen. Unser Staat hat sich feierlich verpflichtet, die Erdkruste nicht mit weiteren Menschenfüßen zu belasten, als damals gezählt wurden, vor der Konferenz vor sieben Jahren. Von unserm Wohlverhalten hängt es ab, daß die reichsten Bürger dieser malträtierten Erde ihr Vermögen auch weiter einsetzen für das große Renovierungsprogramm, von dem wir profitieren. Die Hilfe wird uns entzogen, wenn Leute wie du uns den Schnitt verderben mit ihrem unkontrollierten Kindersegen.

NELSON: Muß ich meine Kinder töten?

JOHN: Wehe dir!

NELSON: Töten soll ich sie nicht, aber leben sollen sie auch nicht.

JOHN: Wir wollen keinen umbringen, aber dein Vergehen ist zu gravierend, um es mit einer bloßen Bewährung zu ahnden.

NELSON: Wirf mich in eine Hungerzelle, dann gibt es ein Maul weniger zu stopfen.

JOHN: Deine Frau und deine jüngeren Kinder werden schlecht alleine zurechtkommen.

JACK: Kastriert den Kerl und seine Erben gleich mit!

JOHN: Du hast es gehört, was dein Nachbar vorschlägt, Nelson.

NELSON: Wenn ihr das tut, verspielt ihr die Unterstützung dieses schönen Landes durch die Reichen der Erde, das wißt ihr selber. Barbarismus lassen die Statuten nicht zu.

JOHN: Hast schon recht, Nelson. Wir sind keine Barbaren. Aber ein Exempel müssen wir statuieren. Dein Verhalten kann nicht hingenommen werden. Ihr habt nicht nur die Nachbarn um ihr Hab und Gut bestohlen. Ihr habt auch dem Staat und seinen wertvollsten Pionieren geschadet. Sage, wie willst du das Gestohlene wiederbeschaffen?

NELSON *lacht*: Gar nicht. Es blubbert in der Kläranlage, als Abwasser, Dung und Biogas-Rohmasse.

JOHN: Ich verstehe. Ihr habt euch die Bäuche vollgeschlagen.

NELSON: Anderenfalls wären wir doch Hungers gestorben!

JOHN: Dann mußt du dich wohl oder übel sterilisieren lassen.

NELSON: Davon hörte ich. Kommt nicht in Frage.

JOHN: Dann verhungert eben, ich habe meines gesagt.

NELSON: Ehe wir verhungern, führe ich mit meiner Familie einen Krieg gegen das ganze Dorf.

JOHN: Die Polizei und Schutzmannschaften stehen bereit und werden das zu verhindern wissen.

NELSON: Ich lasse meinen Körper nicht verstümmeln.

JOHN: Du wirst den kleinen Eingriff akzeptieren müssen. Sonst schmeiß ich dich in Hungerarrest und deine Familie sieht zu, wie sie überlebt.

NELSON: Und wenn ich akzeptiere? Was geschieht?

JOHN: Ich berate mich darüber. Der Staat will euch helfen, ich erfahre, ob und, falls ja, wie er das kann.

NELSON: Kann unsere Premierministerin keine Nahrungsmittel aus dem Ausland beschaffen, sie ist doch so schlau?

JOHN: Die anderen Länder haben genug mit sich zu tun. Unsere weise Premierministerin setzt alles daran, Probleme aus eigener Kraft zu lösen. Aber es gibt einen Weg, mir fällt einer ein, aber bitte nachher. Draußen wartet das Skalpell.

NELSON: Was!

JOHN: Ein kleiner Schnitt mit örtlicher Betäubung. Du merkst nicht viel und Beschwerden hast du nachher keine, ein Tip unter Männern, ich weiß, wovon ich rede. Morgen kommst du wieder und ich nenne dir die Lösung deines Problems. Nun fackel nicht, es liegt an dir. Die Sitzung ist geschlossen. *Packt seine Unterlagen zusammen und geht ab.*

Nelson wird am Szenenrand von einem Herrn im Anzug abgepaßt, der unbemerkt der Verhandlung beiwohnte.

JACK *an Nelson vorbeipassierend*: Ich komme morgen auch wieder. *Humpelnd ab.*

NELSON: Wer bist du?

VERTRETER: Ich diene einer guten Sache.

NELSON: Was willst du von mir?

VERTRETER: Ich habe mit Interesse gehört, du willst dich verstümmeln lassen?

NELSON: Der Eingriff ist einfach.

VERTRETER: Bedenke, wenn alle deine Kinder ums Leben kämen und nur du allein überlebst, dann stirbt deine Familie nach so einem Eingriff aus.

NELSON: Wenn ich's nicht geschehen lasse, verrecken wir. Was soll ich also machen?

VERTRETER: Du weißt noch von der großen Epidemie, die ganze Dörfer und Städte ausgerottet hat?

NELSON: Die Schwester meiner Mutter starb damals. Aber heute ist Ruhe.

VERTRETER: Es gibt sichere Anzeichen, daß die Seuche wiederkommt. Im Senegal wurden letzte Woche sieben Fälle gemeldet, bis gestern waren es schon zwanzig. Morgen werden es hundert sein und in einer Woche tausend. Die Seuche wird durch den Wind und die herüberflatternden Vögel übertragen. Und in einem Jahr ist unser Land ausgestorben, wenn nichts unternommen wird.

NELSON: Und unsere Regierung unternimmt nichts?

VERTRETER: Nichts.

NELSON: Warum erzählst du mir das?

VERTRETER: Weil: ich unterstütze ein Programm, das die Ausbreitung der Seuche verhindert. Du kannst deine Familie retten.

NELSON: Wir sind noch nicht krank.

VERTRETER: Ihr könntet es werden. ... Aber ich habe andeuten wollen, du kannst euch vor dem Verhungern retten.

NELSON: Ich werde mich sterilisieren lassen.

VERTRETER: Schade. Ich wollte dir einen Weg eröffnen. Er würde deiner Familie helfen und dir deine Zeugungsfähigkeit erhalten.

NELSON: Den gibt es nicht. Die Wege nach Amerika sind versperrt.

VERTRETER: Nach Amerika vielleicht, aber nicht die Wege von Amerika nach hier.

NELSON: Wie meinst du das?

VERTRETER: Europa und Amerika spinnen ihre unterirdischen Fäden weiter. Es sind nur feinere, geheimere Fäden als je zuvor.

NELSON: Sprich klar mit mir.

VERTRETER: Wir beobachten ein neues Medikament. Die Firma, die es probieren will, sucht noch Personen …

NELSON: Ohne mich!

VERTRETER: Hör doch mal zu. Du und deine Kinder lassen sich ein kleines Serum in den Arm spritzen, ein kleiner Pieks, alles. In Amerika und Europa ist das weit verbreitet. Es macht den Menschen nichts aus, aber schützt sie gegen Seuchen aller Art.

NELSON: Wir haben auch keine Seuchen. Es gibt keine Seuchen mehr.

VERTRETER *lacht*: Wie du dich täuschst.

NELSON: Weil wir keinen Dreck mehr auf den Straßen haben, weil die Häuser sauber geworden sind, weil wir die Wüste wieder zu blühender Landschaft machen, seitdem sind die Seuchen verschwunden.

VERTRETER: Die Wüste und die blühende Landschaft haben mit der Seuche nichts zu tun. Seuchen kommen und gehen wie Gespenster, sie kommen angeflogen über den Wind, mit dem Vogelflug.

NELSON: Wenn der Pieks unbedenklich ist, warum sucht dein Auftraggeber Testpersonen dann im Ausland?

VERTRETER: Das ist so Gesetz in Amerika. Amerika will den Stoff, dafür muß er weltweit getestet werden. Außerdem wirkt der Stoff in verschiedenen Zonen der Erde unterschiedlich.

Pause.

NELSON: Angenommen, meine Familie und ich machen mit, was bekommen wir dafür?

VERTRETER: Wir erstatten deinen Nachbarn ihr Obst und Gemüse zurück. Wir übernehmen die Kosten für diese kleine Gerichtsverhandlung. Wir verpflegen dich und deine Mäuler mit allem, was euch fehlt. Solange, bis die Ältesten das Haus verlassen. Aber nach dem achten Kind darfst du keine weiteren Kinder mehr zeugen, dann garantiert mein Auftraggeber für nichts mehr.

NELSON: Also muß ich mich so oder so sterilisieren lassen.

VERTRETER: Nicht doch! Kein Skalpell, Nelson, so heißt du doch? Ich mache dir einen besseren Vorschlag. Du testest eine neue Art von Sterilisation auf Zeit. Du nimmst eine Tablette ein und für den nächsten Tag ist dein Same unfruchtbar.

NELSON: Ich habe nie von so einer Tablette gehört.

VERTRETER: In Amerika sind sie unglaublich weit. Aber die Tablette befindet sich noch in der Versuchsphase.

NELSON: Alles in der Versuchsphase. Und wenn du blöffst? Wenn die Tablette nicht funktioniert? Wenn meine Frau nach der Tablette schwanger wird mit einem behinderten Kind? Mit einem behinderten Kind sind wir ganz ruiniert. Meine Kinder sind gesund und packen zum Teil schon mit an.

VERTRETER: Beim Klauen.

NELSON: Dein kleiner Pieks und deine kleine Pille kann nicht harmlos sein, sonst würdest du mir nicht so viel fürs Ausprobieren bieten.

VERTRETER: Du kannst es dir überlegen. Draußen wartet das Skalpell.

NELSON: Ich habe nichts versprochen.

VERTRETER: Bitte.

Pause.

NELSON: Hast du zu schreiben?

VERTRETER: Hier. *Zettel und Stift.*

NELSON *zeichnet etwas auf*: Dort wohne ich. Komm in einer Stunde dort vorbei. Dann teile ich dir meine Entscheidung mit.

VERTRETER: Du willst deine Samenleiter nicht durchtrennen lassen?

NELSON: Das hat Zeit. Solange meine Frau schwanger ist, hat das Zeit. *Ab. Vertreter steckt den Zettel ein. Jack kommt zurück.*

VERTRETER: Was willst du?

JACK: Ich habe mitbekommen, du verkaufst Medikamente.

VERTRETER: Ich verkaufe nichts, ich vermittle und dokumentiere, wie sie wirken. Unsere Zeitung startet eine Aufklärungskampagne.

JACK: Hast du auch ein Heilmittel für den Kopf?

VERTRETER: Hast du dich gestoßen?

JACK: Ich glaube, ich bin manchmal durcheinander. Ich möchte nicht verwirren.

VERTRETER: Die Firma in Amerika kann Medikamente für derlei Fälle billig abgeben. Bestände, die sie hinter dem großen Teich nicht mehr brauchen.

JACK: Gibt es hinterm großen Teich denn keine verwirrten Alten?

VERTRETER: Sogar junge Verwirrte gibt es dort zuhauf.

JACK: Warum verwenden sie die Medikamente nicht für die?

VERTRETER: Die Bestände laufen in einem Monat ab, alles beste Ware, ein Jammer. Aber die Amerikaner nehmen die schon ein halbes Jahr vorher nicht mehr. Da sollten doch wenigstens wir davon profitieren.

JACK: Schon verrückt, die Amerikaner.

VERTRETER: Du kannst gerne fragen, wenn du mir mißtraust.

JACK: Ich kenne keine Adresse.

VERTRETER: Ich frage von unserer Zeitung aus nach. Wir sind mit den Amerikanern gut vernetzt.

JACK: Was ist das, vernetzt?

VERTRETER: Wir haben Internet und Telefon. Das habt ihr ja alles noch nicht in euerm Dorf.

JACK *lacht*: Wir leben ziemlich hinterm Mond.

VERTRETER: Sei getrost, das wird sich ändern, wenn die Aufklärung den letzten Zipfel Afrikas erreicht. …

JACK: Wie soll ich wissen, ob du kein Betrüger bist?

VERTRETER: Mein Presseausweis.

JACK: Woher weißt du, ob ich lesen kann?

VERTRETER: Aber du kannst Bilder schauen.

JACK: Bilder schauen kann ich, ich behalt sie bloß nicht in meinem verwirrten Kopf.

VERTRETER: Das ist meine Visage, oder? Ich bin freier Journalist und der Mann auf dem Bild.

JACK: Frag nach Jack, ich bin der Nachbar von Nelson. Wenn du bei ihm warst, komm dann anschließend zu mir!

VERTRETER: Das ist mir leider versagt. Ich muß weiter zur Nachbargemeinde.
JACK: Bist du Priester? Dann wünsche ich dir Gottes Segen und alles Glück dieser Erde.

Vertreter mit der spontanen Segensgebärde eines verunglückten Kreuzzeichens hastig stolpernd ab. Jack lacht ihm, sobald er außer Sichtweite ist, hinterher und zeichnet mit dem Krückstock Buchstaben in den Boden. Es erzeugt Kratzgeräusche.

JOHN *blickt in die Szene*: Noch jemand da?
JACK: Ich bin's wieder, Jack.
JOHN: Was hast du, Alter?
JACK: Ich habe eine Unterredung unfreiwillig mit angehört. Die könnte interessieren. Hast du etwas zum Schreiben da?
JOHN: Hier.
JACK *notiert einen Namen*: Ich habe dem Menschen vorgelogen, wir könnten in unserem Dorf nicht lesen. Dabei habe ich ihm seinen schmutzigen Namen abgeluchst.
JOHN: Du gebrauchst starke Worte.
JACK: Er hat unserem Delinquenten einen Tausch vorgeschlagen. Nelson und seine Familie stellen sich für ein Experiment zur Verfügung und sind aus der Sache hier heraus.
JOHN *liest und sinniert*: Pharma-Controlling, Presseabteilung. Der Mann ist sicher ein Agent dieser Riesenspinnen, die aus Europa und den USA ihre feingesponnenen Netze nach uns auswerfen. Unsere Premierministerin hat sich die Einmischung dieser Vampire strikt verbeten. Weißt du, wo der Mann hin ist?
JACK: Er wollte in einer Stunde bei Nelson sein, um dessen Entscheidung entgegenzunehmen, und legt ihm bereits, wie ich denke, einen fertigen Vertrag vor.
JOHN: Ich bin dir zu Dank verpflichtet, Jack. Warte auf mich. *Geht zum gegenüberliegenden Bühnenrand und läutet mit einer Handklingel einer nicht sichtbaren Person.* Bringt mir den Mann, der eben den Gerichtsplatz verließ. Wenn ihr ihn nicht abfangt, sucht ihn im Haus unse-

res Delinquenten Nelson. *Kommt zurück.* Was hat der Agent der fremden Firma Nelson erzählt?

JACK *setzt sich auf einen Schemel, sein hinkendes Bein geradeausstreckend*: Er will die Gerichtskosten übernehmen, uns Nachbarn unseren Schaden zurückerstatten und Nelsons Mäuler mit allem Fehlenden stopfen. Nelsons Familie beteiligt sich dafür an dem Experiment.

JOHN: Nelson kann sich bis morgen noch aus der Affäre ziehen. Ich bin gespannt, wie er entscheidet. Was macht eigentlich dein Sohn, alter Jack?

JACK: Clifford fühlt sich wohl bei der Truppe und steigt in die höchsten Ränge auf. Und was machen deine Töchter, John?

JOHN: Die jüngere hat ein gesundes Mädchen geboren und lebt zufrieden mit ihrem Mann in den Bergen. Die Ältere, Ann, will noch nicht heiraten, hat aber einen netten Freund im Camp gefunden. Die beiden wandeln fleißig Wüste in Nutzland um. Sie suchen derzeit in ihrem Camp noch Helfer.

JACK: Hat Ann ihre Ausbildung beendet?

JOHN: Sie ist jetzt fertige Ingenieurin für Landbau und Renaturierung. Wenn sie Glück hat, bekommt sie demnächst ein eigenes Camp mit einem eigenen Laborauftrag. Wenn die Sache sich weiter entwickelt wie bisher, ist die halbe Wüste in hundert Jahren wieder Wald- und Ackerland. Wir sind dank der Umsicht unserer weisen Premierministerin mittlerweile so gut mit unseren Programmen, daß wir Wissen und Personal exportieren können.

JACK *lächelt*: Der schwarze Kontinent leistet der übrigen Welt Entwicklungshilfe.

JOHN: Hast du von China gehört?

JACK: Was?

JOHN: Infolge der rücksichtslosen Übernutzung des Bodens hat sich das Grundwasser dort so tief unter die Oberfläche abgesenkt, daß ganze Landstriche über Nacht verdorrt sind. Die Flüsse führen kaum noch Wasser, und das Wasser, das sie führen, ist verseucht durch die vielen Chemikalien, die sie früher auf die Felder sprühten und durch die mangelhaft geklärten Abwässer der über eine Milliarde Menschen. China braucht dringend internationale Hilfe.

JACK: Aber unser kleines Land kann einen Riesen wie China nicht retten.

JOHN: Wir nicht allein, Jack, aber unser Wissen kann es retten. Und unser schwarzer Kontinent wird erstmalig derjenige sein, der die Bedingungen stellt. Davon träumt unsere Premierministerin. Sie hat während ihres Studiums in nördlicheren Breiten die Arroganz der weißen Rasse gegen die schwarze schmerzhaft erfahren dürfen. So wie dieser Mann da auch nur zum Handlanger seiner weißen Auftraggeber taugt.

VERTRETER *wird hereingeführt:* Ich beschwere mich über diese Freiheitsberaubung.

JOHN: Du hast dich in ein laufendes Verfahren eingemischt, das steht dir nicht zu.

VERTRETER: Ich habe dem Delinquenten einen Weg eröffnet, wie er unbescholten aus seinen Schwierigkeiten herauskommt.

JOHN: Also gut, das sollst du uns erklären.

VERTRETER: Dieser Verräter weiß doch sowieso, was ich euerm Delinquenten steckte.

JACK: Ja, wenn du uns für ein Dorf dementer Analphabeten hältst?

JOHN: Ja, wenn du die Premierministerin und ihre Beamten wie Deppen behandelst?

VERTRETER: Wir stehen vor einer neuen Seuche. Aber unsere Premier hat alle Programme gestoppt.

JOHN: Das war nach einhelliger Meinung aller gekauften Mäuler allerdings ein kapitaler Fehler.

VERTRETER: Im Senegal sind seit vergangener Woche zwanzig Personen an der Seuche gestorben. Die Plage kommt über den Wind und den Vogelflug zu uns herüber und bedroht unser Land.

JOHN: Lassen wir die Vögel, die Winde und die Seuche kommen. Seit das Programm unserer Premierministerin greift, erwarten wir die Seuche mit großer Gelassenheit. Die Premierministerin hat gesetzlich angeordnet: In die natürlichen Abläufe wird nicht mehr eingegriffen! Sollte sich erweisen, daß die Lügenmäuler, auf die du dich berufst, nur halbsoviel lügen, wie sie annimmt, wird sie sofort zurücktreten und sich wegen unterlassener Hilfeleistung im Amt öffentlich anklagen. Was sie bis dahin aber auf keinen Fall duldet, ist, daß Elemente wie du Druck auf Menschen in Not ausüben und sie nötigen, an Experimenten teilzunehmen.

NELSON *tritt stürmisch ein*: Ich habe gesehen, wie dieser Mann abgeführt und hierhergebracht wurde. Ich habe eine dringende Verabredung mit ihm.

JOHN: Aus deiner Verabredung wird aber nichts.

NELSON: Dann sage ich ihm jetzt: meine Familie und ich nehmen einstimmig an.

JOHN: Nichts tut ihr. Dieser Herr und seine Hintermänner werden sich vor einem Gericht in der Hauptstadt verantworten. Hast du dich unterdessen besonnen und läßt dir deine Samenleiter durchtrennen?

NELSON: Und wenn meine sieben Kinder durch einen Umstand ums Leben kommen?

JOHN: Durch welchen Umstand sollten alle deine Kinder … ?

NELSON: Durch die Seuche zum Beispiel.

VERTRETER: Oh, es könnte bei der drohenden Seuche leicht geschehen!

JACK: Umso besser, dann sterben die Eltern der Mäuler gleich mit.

JOHN: Genug jetzt. Du, Nelson, kommst in die Hungerzelle, bis du wieder bei Verstand bist. Und du, Vertreter, wirst ins Staatsgefängnis in der Hauptstadt überstellt. Ein fairer Prozeß ist dir und deinen Hintermännern sicher.

2

Irene Herzberg und der Chefredakteur des Morning Telegraph treten auf.

IRENE: Ich bin beeindruckt, es war eine ruhige Fahrt. Ich wußte nicht, daß es hier so gute Elektrofahrzeuge gibt.

REDAKTEUR: Nach der Konferenz hörte das Land auf, seine seltenen Rohstoffe für den Export zu reservieren, und behielt sie für sich. Die wenigen Ingenieure, die in Europa, China und den Vereinigten Staaten von Amerika studieren konnten und am Aufbau unserer Heimat mithelfen wollten, und die wenige vorhandene Industrie reichten aus, die Errungenschaften der modernen Technik zu kopieren und auf unsere Bedürfnisse anzupassen. Das

Land hat jetzt eine bescheidene Flotte von Elektromobilen. Es gelang unseren Technikern, den Effizienzgrad der Batterien minimal zu steigern. An der Speicherung des Stroms aus der Windkraft, die wir an der Küste betreiben, arbeiten wir noch.

ANN *tritt von der anderen Seite auf*: Ich grüße dich herzlich, ich nehme an, du bist Irene Herzberg?

IRENE: Irene Herzberg von der Anton-Herzberg-Stiftung.

ANN: Ich bin Johanna, alle nennen mich Ann. Den Herrn Chefredakteur kennst du bereits von der Herfahrt.

IRENE: Und er will sogar höchstpersönlich über unseren kleinen Inspektionsbesuch in seiner Zeitung berichten.

ANN: Wir sind nicht immer einer Meinung, aber heute wird er nur Gutes zu vermelden haben.

IRENE: Ich bemerkte, es fahren kaum Autos auf den Straßen.

ANN: Der Aufbau unseres Landes hat Vorrang, und wir meinen das wörtlich: der Aufbau von unserem Grund und Boden. Dem Boden, der uns alle nährt. Diesem einzigen obersten Ziel sind unsere größten Bemühungen der letzten sieben Jahre gewidmet. Was du hier vor dir siehst, war noch vor drei Jahren Wüste.

IRENE: Ich sehe Bäume, Büsche, Blüten und Gräser aller Art und dazwischen unregelmäßige Flächen, auf denen Weizen, oder was ist das, wächst.

ANN: Sehr verschiedenes wächst da. Interessant dürfte für dich dieses Feld dort sein, dort wächst Hanf.

IRENE: Haschisch?

ANN: Haschisch läßt sich aus den Samen kaum gewinnen, um Drogen geht es bei dieser Sorte nicht. Fürs Vergnügen und mehr für die Verwendung in der Schmerztherapie gibt es eine kleine Anbaufläche in den Bergen. Das da hinten aber ist Nutzhanf. Der Morning Telegraph wird auf Papier gedruckt, das wir aus diesem schnell nachwachsenden Nutzhanf gewinnen. Kein Baum wird mehr für Papier gefällt. Das Papier aus Hanf ist gleichwertig und schädigt keine Wälder. Eine Wiederaufforstung der bestehenden Wälder und eine Ausdehnung des Waldbestandes insgesamt ist Voraussetzung für den Erfolg unserer Grund- und Bodenreparatur. Der Nutzhanf gehört zu unseren Wunderwaffen gegen den planetarischen Tod. Aus dem Hanf machen wir die Hälfte unserer Kleider, wir stellen sämtliche Verpackungen aus Nutzhanf her. Im ganzen Land findest du keine einzige Kunststofftüte. Alles besteht aus Hanf.

IRENE: Wächst der Hanf auch im Norden?

ANN: Er wächst fast überall.

IRENE: Warum haben viele Staaten dann das Plastik noch in Gebrauch?

ANN: Gehe in der Geschichte zurück, Irene, bis zu den Anfängen der Petrochemie. Ein amerikanischer Konzern rang nach der Vormacht auf dem amerikanischen Markt. Jemand hatte gerade das Patent erfunden, wie man aus Erdöl Kleidungsstoffe, Einkaufstüten und alles sonst bis hin zu den dünnen Einschweißfolien produziert. An die schwere Abbaubarkeit der Erdölprodukte dachte er leider nicht. Die war ihm und dem Konzern und den vielen anderen Konzernen nachher reichlich egal.

IRENE: Leider ist so etwas in Amerika immer noch Tradition: die Folgen sind egal.

REDAKTEUR: Schimpfe nicht auf die Amerikaner, Irene. Sie haben sich den Zielen der Konferenz verschlossen, nun gut. Die Konferenz war aber eine freiwillige Sache und man kann bei den Zielen auch geteilter Meinung sein.

ANN: Und unser lieber Chefredakteur sähe gern, hier stünden statt Bäumen große Industrieanlagen und darin säßen Firmen, die in regelmäßigen ganzseitigen Inseraten im Morning Telegraph für ihre modernen Produkte werben. Damit wird es Gott sei dank nichts mehr werden, darf ich jedem Besucher versichern.

REDAKTEUR: Ich kann warten.

ANN: Sei mal nicht zu optimistisch, Herr Chefredakteur, ich meine optimistisch in deinem Sinne. Außerdem gehören wir immer noch zu den Nehmerländern der Konferenz. Wir können unsere Bevölkerung gerade wieder am Existenzminimum ernähren. Aber nur solange hier kein Mensch mehr geboren wird, als Menschen auf der anderen Seite der Waage sterben. Das neue Land, das hier vor unseren Augen entsteht, Irene, reicht noch nicht aus, uns hier in den Camps in schlechten Erntejahren wie dem laufenden zu ernähren. Wir benötigen Nachschub aus dem Hinterland. In weiteren sieben Jahren wird das hoffentlich anders sein. Dann wird das Land hier gewachsen sein. Der heranwachsende Bestand stabilisiert sich, der alte Bestand schützt den neuen, neue kleine Wasserläufe entstehen, die Grundwasserreservoirs füllen sich. Bis dahin ringen wir mit einem labilen Gleichgewicht.

REDAKTEUR: Uns vom Morning Telegraph und den modernsten Wissenschaftlern sei gestattet, in die Zeit nach diesen weiteren sieben Jahren vorauszublicken. Die Menschen sind anspruchsvoll und wollen am technischen Fortschritt, am Segen der Zivilisation teilhaben. …

ANN: Wir befinden uns noch in relativer Nähe zum Meer, Irene. Die Straße oder der befestigte Weg, den du gekommen bist, wird von zwei Rohrsystemen eingefaßt. Auf der einen Seite eine Hochspannungsleitung, auf der anderen das Wasser aus den Entsalzungsanlagen. Es wird hierhergepumpt. Das Ende beider Leitungen bildet den Vorposten bei der Bepflanzung der Wüste. In einigen Kilometern Entfernung da hinten siehst du die nächsten Photovoltaik-Flächen glänzen. Sie liefern den Strom für die Entsalzungsanlagen am Meer und für die Pumpen, die das gereinigte Wasser herbringen. Mit einem ausgeklügelten sparsamen Bewässerungssystem versuchen wir, die Samen der Wüste zum Blühen zu bringen, wie du siehst, mit einigem Erfolg.

IRENE: Und wenn mit den Pflanzen ein weiteres Stück Wüste zurückerobert ist, was geschieht dann?

ANN: Wir bauen die Leitungen und die befestigte Straße weiter in die Wüste hinein und verlegen die Anlage oder bauen, je nach Bedarf und je nach Bestand an Solarzellen, eine weitere Photovoltaik-Anlage hinzu.

IRENE: Unter den Anlagen ist die Sonneneinstrahlung etwas abgemildert, nehme ich an.

ANN: Das ist richtig.

IRENE: Befördert das den Pflanzenwuchs nicht auch und hilft, die Verdunstung des schwer zu beschaffenden Wassers zu verringern?

ANN *lächelt*: Ich sehe, du bist eine sparsame Frau und denkst an alles. Nun, das fruchtbarste Land entsteht unter der Anlage nicht, aber für ein paar Gräser und kleine Pflanzen reicht's.

IRENE: Nutzhanf?

ANN: Vielleicht auch ein kleines bißchen Nutzhanf.

IRENE: Ihr leistet hier Großartiges, absolut elementar. China hat ganz auf seine Industrie gesetzt und sein Bienensterben ignoriert und hat jetzt die Quittung.

REDAKTEUR: An einer Seuche sind die Bienen verendet!

IRENE: An dieses Märchen glaubt selbst in Europa keiner mehr, Herr Chefredakteur, und in Europa glaubt man in diesen Dingen gern an Märchen.

ANN: Habt ihr denn auch Probleme mit dem Sterben der wichtigen Bestäuber?

IRENE: Erhebliche. Aber seit wir von euch lernen, erholt sich der Bienen- und Insektenbestand langsam wieder.

ANN: Unsere Premier hütet unsere Renaturierungsarbeit wie ihren Augapfel. Sie hätte das Zeug zu einer alten Stammesfürstin gehabt.

IRENE: Sie erfüllt den Geist des Madrider Abkommens, scheint mir, einzigartig.

REDAKTEUR: Was ihr aber nicht erlauben sollte, Beschlüsse, die sie selber unterschrieb, zu mißachten.

ANN: Welche Beschlüsse mißachtet sie denn? In den Augen aller Bürger achtet sie die Beschlüsse vorbildlich.

REDAKTEUR: Ich appelliere an dich, Irene Herzberg, als Botschafterin der internationalen Gemeinschaft und des Stifterfonds. Steht nicht in der Satzung deiner Stiftung, kein Unterzeichnerland darf die Menschenrechte verletzen, sonst verliert es seine Gelder aus dem Fonds?

IRENE: Kann die Gelder verlieren. Es kommt auf die Schwere des Verstoßes an. Du unterstellst der Regierung dieses hoffnungsvollen Landes also eine Verletzung der Menschenrechte? Worauf beruft sich dein Vorwurf?

REDAKTEUR: Im Senegal ist vor einer Woche eine Seuche ausgebrochen. Dieselbe, die vor zwanzig Jahren auch unser Land heimsuchte und hunderttausend Menschen das Leben kostete. Diese Seuche kann schon morgen herüberschwappen. Der Morning Telegraph hat sich zur Aufgabe gemacht, vor dem Feind zu warnen, denn die Regierung schläft.

IRENE: Und weiter?

REDAKTEUR: Wir denken, daß die Regierung gegen das Menschenrecht auf Leben und Gesundheit verstößt, wenn sie wichtige Prophylaxemaßnahmen boykottiert. Ich denke an das umfangreiche Programm aus den Vereinigten Staaten von Amerika mit einem vielversprechenden neuen Serum.

ANN: In den vergangenen Jahren sind keine gefährlichen Epidemien mehr aufgetreten und bei den kleinen Epidemien ist keiner bei uns gestorben.

REDAKTEUR: Du weißt genau, das kann morgen wieder anders sein. Der Morning Telegraph hat sich zum Anwalt der Initiative gemacht. Er versucht, die Bevölkerung aufzuklären, und ruft zum allgemeinen Widerstand gegen die Regierung auf.

ANN: Für eine neutrale Zeitung ein befremdliches Vorgehen.

REDAKTEUR: Es geht um Leben oder Tod, da darf der Journalist nicht schweigen. Außerdem ist es durch die Meinungsfreiheit abgedeckt.

IRENE: Was soll die Anton-Herzberg-Stiftung, was soll ich als deren Geschäftsführerin in diesem Konflikt?

REDAKTEUR: Gestern wurde ein Mitarbeiter von uns festgenommen und sitzt im Zentralgefängnis in Untersuchungshaft.

IRENE: Ich werde eure inneren Angelegenheiten doch wohl respektieren.

REDAKTEUR: Du mußt die Frau Premierministerin bei deinem morgigen Besuch auffordern, den Journalisten auf freien Fuß zu setzen.

ANN: Dein Mitarbeiter bekommt ein faires Verfahren, darauf kannst du vertrauen, Chefredakteur.

IRENE: Habt ihr keine Angst vor der Seuche hier im Camp, Ann?

ANN: Den bestäubenden Wohltätern geht es gut. Schau das Geflatter und Geflirre überall, wie sollen wir da eine Seuche fürchten?

IRENE: Geht es den Bienen gut, geht es dem System gut.

ANN: So ist es, Irene. Und wodurch ist das System intakt? Weil Tier und Mensch in einer intakten Umgebung leben. Wir leben wieder in sauberen Häusern, Städten und Dörfern, die Luftqualität ist bereinigt, die Flüsse sauber, das Grundwasser vom besten. Wenn anderswo eine Seuche ausgebrochen sein soll, möchte ich gerne die näheren Umstände wissen.

IRENE: Ist die Nachricht überhaupt verbürgt?

REDAKTEUR: Hundertprozentig! Erlaubt, daß ich den Sanitätsarzt aufsuche und ihn bitte, mir diese Ampulle einzuspritzen. Ich möchte mit gutem Beispiel vorangehen und mich nicht über den Wüstenwind mit der Krankheit infizieren.

ANN: Infiziere dich mal nicht mit deinen Ansichten, Meister Redakteur. Ich fürchte, unser Arzt wird nicht auf dein Anliegen hören.

REDAKTEUR: Das wird sich zeigen! *Eine kleine Fotokamera und die Ampulle demonstrativ schwenkend ab.*

ANN: Er kritisiert unsere Premierministerin, wo er nur kann.

IRENE: Was er in meinem Land jederzeit dürfte.

ANN: Darf er bei uns auch. Aber die Sache reitet sich tot, die Regierung reicht regelmäßig gut belegte Gegendarstellungen ein und er muß sie abdrucken. Darum unterstellt er eine Verschwörung gegen die Pressefreiheit. Er denkt, mit dieser Seuchenidee gewinnt er Abonnenten zurück.

IRENE: Bei uns reagieren die Leute sehr ängstlich auf Nachrichten von einer Seuche. Angst ist bei uns eine todsichere Methode, die Leute am Gängelband zu führen.

ANN: Unser Gesundheitsdienst ist wieder staatlich und auf das Notwendigste beschränkt. Aufwendige Behandlungen gibt es nur noch in einer Klinik in der Hauptstadt, für besondere Fälle. Einen Trümmerbruch heilst du nicht mit der Umstellung auf grüne Frischkost. Bei Krankheiten dagegen hilft Natur besser als Chemie. Man muß die Natur nur wieder begreifen. Unsere Premierministerin lebt das, was sie sagt, vor und sie könnte in einem früheren Leben eine Schamanin gewesen sein.

IRENE: Soweit reicht mein europäischer Naturglaube dann doch nicht, Ann.

ANN: Du wirst sie kennenlernen und als strukturiert denkende, klar blickende Frau erfahren.

IRENE: Glaubst du, daß die gesamte Wüste in fruchtbares Land zurückverwandelt werden kann?

ANN: Das liegt in weiter Ferne, ich weiß es nicht, aber ich träume davon.

IRENE: Ein gesunder Planet Erde. Was hat unsere Art schon zerstört. Keine Spezies hat der Erde so geschadet wie wir. Glaubst du, daß China überlebt? Vierhundert Millionen Opfer soll es geben.

ANN: Vierhundert Millionen?

IRENE: Vierhundert Millionen. Und Amerika kriselt auch. *Pause.* Ihr afrikanischen Fachleute werdet viel zu reparieren haben, Ann.

ANN: Schau, da kommt er wieder, unser Redakteur, an den Händen gefesselt, und die Ampulle schwenkt unser Sanitäter als Beweismittel in der Luft.

*

3

Patricia und Clifford.

PATRICIA *läßt einige Ampullen durch die Finger gleiten, die Clifford ihr neben mehreren Spritzbestecken präsentiert*: Wie konnten die über unsere Grenze gelangen?

CLIFFORD: Der Angeklagte hatte ein gültiges Reisevisum. Bei seiner Rückkehr versteckte er sie im Reisegepäck.

PATRICIA: Kontrollieren unsere Leute nicht mehr ordentlich?

CLIFFORD: Stichprobenartig.

PATRICIA: Hatte der Angeklagte am Ende Helfer auf unserer Seite? Steckt eine Organisation dahinter?

CLIFFORD: Es ist nichts aus ihm herauszuholen.

PATRICIA: Wer weiß, welche Reiserückkehrer noch derartiges im Reisegepäck mitschleppen. Schade, schade. Keiner wollte die scharfen Kontrollen wieder. Aber wenn es nicht anders geht, dann führen wir sie eben wieder ein.

CLIFFORD: Gib uns Instruktionen, Patricia.

PATRICIA: Was schlägst du vor, du überblickst die Lage?

CLIFFORD: Die Truppe ist oft beschäftigungslos. Der Alltag wird als wenig erfüllend empfunden und Unzufriedenheit macht sich breit. Bei der letzten Werbekampagne traten mal eben ein paar Dutzend Bewerber der Truppe bei.

PATRICIA: Kein Wunder, wenn man sich langweilt. Entwickle ein Beschäftigungsprogramm für die Soldaten, Clifford!

CLIFFORD: Soll ich sie als Volkserzieher beschäftigen? Unsere Bürger setzen die Ziele der Konferenz von Madrid fast ohne Kontrollen um. Es wird kaum noch gegen den

Geist von Madrid verstoßen. Die Verstöße sind gering und werden von den Schiedsleuten und den Ordnungskräften vor Ort bereinigt.

PATRICIA: Könntest du mehr als bisher zur Überwachung der Grenzen abstellen?

CLIFFORD: Wir könnten den Anteil binnen Tagen erhöhen.

PATRICIA: Wenn wir den Grenzschutz verstärken, erfüllen wir dann aber noch unser Kontingent für unsere internationalen Aufgaben? … Wir werden unsern internationalen Beitrag demnächst erhöhen müssen, Clifford, und zwar stark erhöhen!

CLIFFORD: China?

PATRICIA: Du weißt es schon? China tritt morgen an die Gemeinschaft heran und ersucht um internationale Hilfe. Das riesige Land hat sein Renaturierungsprogramm begonnen, aber die Fortschritte halten mit den Schadensfolgen jahrzehntelanger zerstörerischer Politik nicht Schritt, die Umstellung kam zu spät. Sollten sich die Nachrichten bestätigen und eine große Wasser-, Hungers- und Raumnot entstanden sein, ist China nach den Statuten der Unterzeichnerstaaten von Madrid, zu denen es gehört, strenggenommen kein Fall für die Schutz- und Wächtertruppe. Der Schaden ist selbstverursacht und damit innere Angelegenheit. Andererseits hat China die Kehrtwende vollzogen und eine große Wegstrecke hin zur großen Wende zurückgelegt. Wir können das Bruderland nicht hängenlassen. Kein Land, kein Volk und kein Mensch der Erde, der sich bemüht, darf untergehen.

CLIFFORD: Die Menschenmassen werden China eine bedeutende Selbsthilfe ermöglichen, Patricia.

PATRICIA: Gewiß.

CLIFFORD: Auch werden die Chinesen genügend Güter gespeichert haben, um eine längere Zeit zu überleben.

PATRICIA: Nicht so lange, wie du denkst. Eine Kettenreaktion von Erdrutschen und Bodeneinbrüchen hat Lebensmittel zerstört und das Land auf einen Schlag auf das Niveau eines Entwicklungslandes zurückgeworfen.

CLIFFORD: Aber selbst das müßte ein so erfolgreiches Land noch eine Weile ausgleichen können.

PATRICIA: Mir liegt ein Gesuch der Regierung von Peking vor, zehntausend Renaturierungsingenieure zu entsenden.

CLIFFORD: So viele haben wir nicht.

PATRICIA: Und wir brauchen sie hier bei uns.

CLIFFORD: Einige wirst du schon schicken.

PATRICIA: Selbstverständlich.

CLIFFORD: Unsere Soldaten können deren Aufgaben nicht übernehmen und Katastropheneinsatzkommandos haben die Chinesen selbst.

PATRICIA: Sollten wir unsere Soldaten nicht ausbilden, daß sie unsern Renaturierungsingenieuren beispringen können? Es wäre das gesuchte Truppenbeschäftigungsprogramm und sie würden weniger Langeweile schieben.

CLIFFORD: Ich setze es für das nächste Kommandeurstreffen auf die Tagesordnung, Patricia.

PATRICIA: Was den Unterzeichnerstaaten von Madrid mehr Sorgen macht als China, obwohl das unmöglich klingt, ist das fortgesetzte Aufrüsten der Amerikaner.

CLIFFORD: Amerika gegen den Rest der Welt. Amerika fürchtet uns.

PATRICIA: Das glauben wir eben nicht. Kein Unterzeichnerstaat und auch nicht die Gemeinschaft der Unterzeichnerstaaten insgesamt hat das geringste Interesse, Amerika militärisch anzugreifen. Uns geht es mit Ausnahme Chinas aktuell besser als vor der Madrider Konferenz und auch besser als Amerika. Wir haben keinen Grund, Amerika etwas zu neiden und das weiß der Präsident.

CLIFFORD: Plant Amerika denn einen Krieg?

PATRICIA: Hältst du das aus deinem militärischen Sachverstand für ausgeschlossen?

CLIFFORD: Es wäre nicht das erste Mal, daß Amerika, getarnt als Befreiungskrieg der Demokraten, für seine materiellen Interessen militärische Konflikte beginnt.

PATRICIA: Leider.

CLIFFORD: Wird so etwas von der internationalen Gemeinschaft erwartet?

PATRICIA: Nicht direkt. Dabei hatten wir alle damals gehofft, in Madrid wäre die alte Epoche begraben worden und kein Staat bräuchte je wieder seine Grenzen sichern und seine Wehrkraft erhöhen. – Die Herrschaften sind angekommen. *Clifford führt Chefredakteur und Irene Herzberg herein. Patricia geht strahlend auf Irene zu.* Ich grüße dich herzlich, Irene Herzberg!

IRENE: Du hast mich erkannt: Irene Herzberg von der Anton-Herzberg-Stiftung.

PATRICIA: Ich bin Patricia, Premierministerin dieses Landes. Und du möchtest dieser Verhandlung folgen?

IRENE: Ich bitte darum.

PATRICIA: Nimm dort Platz! … Entschuldigt, daß ich euch habe warten lassen, aber – *spielt mit den Ampullen und einem der Spritzbestecke* – es gab mit meinem Truppenführer ein paar Dinge abzuklären. Herr Redakteur, du erhebst schwere Vorwürfe gegen mich. Meine Regierung inhaftiere mißliebige Journalisten und unterdrücke die Meinungsfreiheit. Habe ich jemals einen Artikel von dir unterbunden – auch wenn die Gegendarstellung mich endlos Zeit und Kräfte kostete?

REDAKTEUR: Darum geht es heute nicht.

PATRICIA: Du gibst zu, daß du selber deine ständigen Attacken fallenließest, weil sie die Leser langweilten. Du könntest allerdings behaupten, die Leser hätten deine Zeitung durch Kaufboykott ruiniert, aber das Kaufverhalten deiner Leser gehört nicht in den Zuständigkeitsbereich meiner Regierung. Beschwere dich bei den Lesern.

REDAKTEUR: Deine Beamten haben einen Mitarbeiter des Morning Telegraph festgenommen und in Untersuchungshaft gesteckt.

PATRICIA: Clifford, hol den Kerl herein.

Clifford bringt den Vertreter.

VERTRETER *zu Redakteur*: Du hast mich beauftragt, durchs Land zu ziehen und die Leute für deine Kampagne anzuwerben. Und jetzt sitze ich fest.

CLIFFORD: Wir haben bei diesem Herrn eine Tasche mit illegalen Substanzen gefunden.

REDAKTEUR: Illegale Substanzen? Ich bin selbst mit diesem rettenden Serum zu einem Arzt gerannt, damit er mich spritzt. Aber der Kerl hat die Ampulle an sich gerissen und mich von ein paar verwilderten Burschen abführen lassen.

VERTRETER: Du hast mich gezwungen, das Zeug zu beschaffen, weil du Angst hast, die Seuche käme wieder und würde uns alle befallen.

REDAKTEUR: Du hast mir das Zeug angepriesen als Serum, das die Seuche garantiert verhindert.

PATRICIA: Von welcher Seuche sprecht ihr?

REDAKTEUR: Im Senegal sind zahlreiche Menschen schon gestorben, Tendenz steigend.

PATRICIA: Einige behaupten es. Aber Senegal ist Senegal, und wir leben in einem anderen Land, mit anderen Bedingungen.

REDAKTEUR: Das Virus macht an den Grenzen nicht halt.

PATRICIA: Du kennst unsere Entscheidung in Bezug auf Seuchenschutz.

REDAKTEUR: Du hinkst der Forschung hinterher, Frau Premierministerin. Und ich sehe es als Verpflichtung meines journalistischen Gewissens an, diese Wahrheit öffentlich zu benennen.

PATRICIA: Seine Meinung darf jeder bei uns – benennen.

REDAKTEUR: Und mit seiner Freiheit und, wer weiß, morgen schon mit dem Leben bezahlen!

PATRICIA: Niemand kommt wegen einer geäußerten Meinung hinter Schloß und Riegel, Herr Chefredakteur. *Redakteur und, verzögert, Vertreter brechen in ein zunächst gekünstelt, dann echt wirkendes Lachen aus.* Ich verbiete euch nicht, eure Emotionen zu äußern, bitte aber im Interesse des zügigen Ablaufs dieser unerfreulichen Verhandlung und in Rücksicht auf die kostbare Zeit unseres Gastes, ferner in Rücksicht auf das Ansehen unseres Landes eure billigen Kommentare ausnahmsweise zurückzustellen. Ist die Seuche oder irgendeine andere Seuche in den letzten Jahren aufgetreten?

REDAKTEUR: Masern, Röteln, Mumps sind unbekämpft.

PATRICIA: Sie sind wieder das, was sie einmal waren, Kinderkrankheiten. Kein normales, robustes Kleines geht daran zugrunde. Oder weißt du von einem gegenteiligen Fall in den vergangenen sieben Jahren?

REDAKTEUR: Wenn dein Ministerium doch alles verschweigt?

PATRICIA: Du weißt genau, daß das unwahr ist, Chefredakteur. Wir leben in hygienisch verbesserten Zuständen. Wir haben das Bevölkerungswachstum in den Griff bekommen, wir hocken nicht mehr zu zehnt in kleinen dreckigen Hütten aufeinander. Unsere Landwirtschaft versorgt uns mit gesunder grüner Kost aus langsam wieder genesenden Böden. Das hat, wie erwartet, zur Volksgesundheit beigetragen. *Hebt eine der Ampullen demonstrativ empor* Weißt du, was hier drin ist?

REDAKTEUR: Abgetötete Bakterien.

PATRICIA: Alles?

REDAKTEUR: Wasser.

PATRICIA: Alles? … Du solltest es eigentlich wissen, Chefredakteur: Metalle sind hier drin, die in größerer Dosis einen Elefanten zur Strecke bringen. Aber selbst in kleinsten Mengen haben sie nichts in unserem Blut verloren, schon gar nichts im Blut kleiner Kinder.

REDAKTEUR: Garantierst du, daß die Seuche unser Land verschont?

PATRICIA: Garantiert dein Auftraggeber, daß kein Mensch an den Nebenstoffen dieser Seren stirbt?

REDAKTEUR: Jeder Fortschritt hinterläßt seine Kollateralschäden.

PATRICIA: Ach so, die Toten des Fortschritts sind weniger tot als die Opfer einer natürlichen Todesart. Die natürlich Gestorbenen sind toter als die künstlich Gestorbenen, die künstlich Toten sind vornehmer tot als die natürlich Gestorbenen. Ich dachte immer, tot ist tot?

REDAKTEUR: Wenn jemand nach einer medizinischen Behandlung stirbt, dann hat man wenigstens das Menschenmögliche versucht. Wenn demnächst Menschen bei uns an der Seuche sterben, dann haben wir das Menschenmögliche unterlassen, dann haben wir unsere humanitäre Pflicht – versäumt.

PATRICIA: Tun wir nichts? Tat der Doktor in Dänemark nichts?

REDAKTEUR: Welcher Doktor?

PATRICIA: 1918, eine Seuche wütet in Europa: die Spanische Grippe. Ein dänischer Arzt rät seinen Landsleuten, verkauft die Schweine und eßt die Rüben und die Kleie für das Schlachtvieh selber. Die Dänen folgen seinem Rat. Es gibt in Dänemark keine Opfer der Spanischen Grippe. Das dänische Experiment dient mir zum Vorbild.

REDAKTEUR: Ich verteidige dagegen die moderne Wissenschaft und ihre zahlreichen Erfolge im Kampf gegen die Seuchen dieser Erde.

PATRICIA: Die größte Seuche ist die Hybris der menschlichen Gattung, Chefredakteur.

REDAKTEUR: Die größte Seuche sind hinterwäldlerische Ignoranz und Verhinderung des wissenschaftlichen Fortschritts, Frau Premierministerin. Für diesen Fortschritt kämpfen ich und mein Blatt. Und gehen notfalls dafür ins Gefängnis.

PATRICIA: Tut das!

REDAKTEUR: Ich mache dich zum Zeugen, Irene Herzberg: jeder darf in diesem Land unbescholten seine Meinung schreiben.

IRENE *zu Chefredakteur*: Dein Mitarbeiter und du seid nach meinem Eindruck angeklagt wegen Verbreitung illegaler Substanzen.

CLIFFORD: Und bleibt in Haft, bis geklärt ist, wie die Ampullen ins Land gelangen konnten! *Führt auf Wink Patricias Redakteur und Vertreter ab. Patricia und Irene beziehen in einer Sitzecke Platz.*

PATRICIA: Ein unerfreulicher Empfang, Irene Herzberg. Ich hoffe, ich kann dein Institut davon überzeugen, daß unser Land die Kriterien von Madrid getreu erfüllt und die Menschenrechte achtet.

IRENE: Der Mann scheint mir wegen der Todesfälle im Senegal besorgt.

PATRICIA: Wenn seine Zeitung wieder mal besonders schlecht läuft, zaubert er eine Schreckensmeldung aus dem Hut. Diesmal schürt er die Angst vor einer Seuche. Wir hatten seit den Reformen keine Seuche mehr im Land. Aber es könnte wieder eine kommen. Behauptet er. Wenn du mich fragst, neben der Aufmerksamkeit geht es um viel Geld.

IRENE: Fischt er in fremden Kanälen?

PATRICIA: Ich habe große Sorge, daß unser immer noch gepeinigter afrikanischer Kontinent erneut zum Abladeplatz unverkäuflicher Medikamente und Spielfeld gefährlicher Laborversuche wird. Mit den Schwarzen kann man das ja machen, das waren schon immer affenartige Untermenschen. Man holt aus dem unverkäuflichen Dreck mit ein bißchen Bestechung der Machthabenden noch ein bißchen Erlös heraus. Die Bevölkerung wird nicht gefragt. Unter meinem Vorgänger, leider einem völlig korrupten

Clanchef, der keines natürlichen Todes starb, wurden Bauern in abgelegenen Zeltdörfern gezwungen, sich Substanzen einspritzen zu lassen, an denen sie starben. Und wenn sie tot waren, wurde behauptet, man habe alles Menschenmögliche zu ihrer Rettung unternommen. Leider sei die Seuche stärker gewesen.

IRENE: So hält man das Bevölkerungswachstum in Schach, Patricia!

PATRICIA *lacht frostig*: So kann man es natürlich betrachten, Irene Herzberg.

IRENE: Eigentlich müßtet ihr eine solche verdeckte Methode der Bevölkerungskontrolle begrüßen.

PATRICIA: Ich gestehe dir offen, Irene Herzberg, daß wir unser Ziel, das Bevölkerungsniveau einzufrieren, leicht verfehlten. Wir haben seit der Konferenz um 0,5% zugelegt. Auf zweihundert Todesfälle gab es 201 Geburten. Wir konnten einen Teil in den ehemaligen Wüstenarealen ansiedeln. Wir arbeiten an dem Thema.

IRENE: Ich war von eurer Wüstenbepflanzung tief beeindruckt, Patricia. Als mir die Leiterin des Camps einen Bach zeigte und erklärte, hier lag vor sieben Jahren heißer Sand, liefen mir die Tränen.

PATRICIA: Unsere Renaturierungsingenieure werden mittlerweile international angefordert. China wird morgen einige tausend anfordern. Leider haben wir insgesamt noch nicht so viele und brauchen sie dringend selber.

IRENE: Aber es gibt Widerstand.

PATRICIA: Von einigen einzelnen wie diesem Schreiberling und seinem Spießgesellen.

IRENE: Muß sehr lästig sein, sich mit lausigen Quertreibern herumzuschlagen. Da locht man sie besser ein.

PATRICIA: Du beliebst zu scherzen, Irene Herzberg! Und wenn er hundertmal sein Störfeuer eröffnet, lasse ich es hundertmal mit einer ausgefeilten Gegendarstellung meines Präsidialamtes löschen.

IRENE *steht auf, drückt der ebenfalls aufstehenden Premierministerin die Hand*: Ich nehme das so mit. Und dazu eine gute Meinung über den Zustand des Planeten in diesem Teil der Welt.

Ab. Aus der anderen Tür tritt Clifford auf.

PATRICIA: Was ist ein höherer Wert, Clifford, daß ich mein Land in Ordnung, den Lebensraum meiner Mitbürger natürlich, ihre Gesundheit robust und ihren Geist frei von Ängsten halte? Oder daß dieser Schmierfink jeden Mist verbreiten, unbewiesene Behauptungen wiederholen und widerlegte Theorien veröffentlichen darf?

CLIFFORD: Das ist doch klar.

PATRICIA: Und dennoch sieht die Weltgemeinschaft darauf, daß wir die heruntergekommene Pressefreiheit und die unverfrorenen Gewissensbehauptungen dieses Menschen verteidigen gegen unser aller Bedürfnis nach öffentlicher Ruhe und Vorankommen in der guten Sache!

CLIFFORD: Gut, daß sich die beiden jetzt selbst ein Bein stellten.

PATRICIA: Bitte, Clifford, das eine hat mit dem anderen nichts zu tun.

CLIFFORD: Offiziell.

PATRICIA: Nicht offiziell, in Wahrheit!

CLIFFORD: Wir fürchten, es können große Bestände dieser Ampullen ins Land gelangt sein. Mein Einsatzkommando durchforstet gerade die Privaträume des Chefredakteurs und das gesamte Verlagsgebäude des Morning Telegraph.

PATRICIA: Was glaubst du, wird das ein Fall für die internationale Schutz- und Wächtertruppe?

CLIFFORD: Wir müssen das alleine lösen. Aber es ist ein Fall für den Internationalen Gerichtshof. Und ein Fall für eine wohlüberlegte Rede an die Bevölkerung. Eine Rede, die in allen Medien nachgehört und nachgelesen werden kann.

PATRICIA: Eine Regierungserklärung. Du hast recht. Unsere Bevölkerung braucht mehr davon. Ich werde Irene Herzberg bitten, ihren Aufenthalt um einen Tag zu verlängern.

4

John, Nelson und etwas seitlich, auf seinen Krückstock gestützt, Jack.

JOHN: Willst du deinem vorlauten Schniedel nun das Maul stopfen oder willst du in die Hungerzelle wandern und deine Familie einem ungewissen Schicksal überlassen?

NELSON: Der Schlächter draußen faselt was von Vivisektur.

JOHN *lacht*: Da mußt du dich verhört haben, Nelson, Vivisektion heißt das. Aber was er meinte, ist Vasektomie.

NELSON: Ich will genauer wissen, was mit meinem Schniedel geschieht.

JOHN: Deinem Schniedel geschieht nichts. Unter örtlicher Betäubung schneidet der Arzt deine beiden Samenleiter durch.

NELSON: Der Samen kommt dann nicht mehr obenraus, wo bleibt das Zeug dann?

JOHN: Im Körper.

NELSON: In den Nervenbahnen, und steigt mir ins Gehirn und macht mich plemplem.

JOHN: Der Körper baut es ab, zerlegt es und verwendet die Bestandteile neu. Du spürst ein paar Tage nach dem Eingriff ein bißchen Druck, aber keine Schmerzen. Danach fühlt es sich wie immer an.

NELSON: Und wenn durch einen außergewöhnlichen Umstand, diese Seuche zum Beispiel, alle meine Kinder ums Leben kommen und ich neue zeugen möchte? Kann man dann die Vivisek…

JOHN: Vasektomie.

NELSON: Kann man dann die Leitung wieder zusammenflicken?

JOHN: Wenn du Glück hast. Aber meistens bleibt der Mann für sein restliches Leben steril.

NELSON: Mein Stamm stirbt also aus, wenn nach der Abklemmung meines Samens meine Kinder ums Leben kommen.

JOHN: Du hast doch bald acht davon. Selbst wenn die Hälfte ums Leben käme, blieben noch vier Chancen, daß dein Stamm überlebt. Aber selbst wenn alle ums Leben kämen, Nelson, wäre das ein Verlust für die Menschheit? Ist es eine Naturnotwendigkeit[2], daß du oder ich oder irgendein anderer auf der Welt sich fortpflanzt?

NELSON *trotzig*: Was bekomme ich, wenn ich mich sterilisieren lasse?

JOHN: Der Staat sieht von einer Bestrafung ab. Wenn du garantierst, daß ihr nicht wieder stehlt.

NELSON: Wie sollen wir überleben?

---

2 Formulierung nach Conrad Ferdinand Meyer: *Die Hochzeit des Mönchs.*

JOHN: In den Camps, in der Wüste, brauchen sie aktuell noch Helfer. Deine älteren Kinder können schon heute hin und eine Ausbildung zu Renaturierungshelfern beginnen. Auch die Schutz- und Wächtertruppe sucht im Augenblick Soldaten. An der Grenze gab es in jüngster Zeit undichte Stellen.

JACK: Das kann ich bestätigen. Clifford hat mir von dem Fall berichtet.

JOHN *spöttisch*: Im Zusammenhang deines neuen Freundes von neulich, Nelson, wird gerade wegen Schmuggels und Verstoßes gegen unser Arzneimittelgesetz ermittelt.

NELSON: Und wer zahlt die Gerichtskosten und entschädigt die Nachbarn?

JACK: Ich darf im Namen der Kläger versichern, daß wir auf Entschädigung verzichten. Vorbehaltlich, daß auch der Staat auf Entschädigung verzichtet. Wir tun es um des Friedens willen in unserm Land.

JOHN: Der Staat schreibt die entgangenen Lieferungen an unsere Armee und die Campmannschaften ab. Nelson könnte sie faktisch nicht beschaffen. Außerdem übernimmt die Staatskasse die Kosten für seine Verhandlung und selbstverständlich auch für den kleinen Eingriff, den Nelson, wie wir zwei Alten sehen, nun akzeptiert.

NELSON: Wenn ich drei oder sagen wir vier der Kinder sofort zur Armee und in die Wüste schicke und mir den Hahn abdrehen lasse, sind meine Pflichten dann abgegolten?

JOHN: Noch eine Kleinigkeit.

NELSON: Schon wieder ein Haken!

JOHN: Wir müssen sichergehen, daß du in den ersten Monaten nach deiner Sterilisierung keine weiteren Bälger zeugst.

NELSON: Aber ich bin doch, wie man sagt, dann unfruchtbar.

JOHN: Nicht sofort. Es kommen anfangs noch Samen mit, die in der alten Warteschleife darauf lauern, mitgenommen zu werden.

NELSON: Aber meine Frau ist schwanger, sie kann gar nicht empfangen.

JACK: Es kann dir doch irgendeine hübsche adrette andere übern Weg laufen, Nachbar, aktiv wie du bist.

NELSON: So etwas mache ich nicht.
JOHN: Ohne Kontrolle kein Straferlaß, Nelson.
NELSON: Und wie kontrolliert man es?
JOHN: Du bringst dein Ejakulat vorbei.
NELSON: Wie geht denn das?
JOHN: Du weißt schon, wie das geht.
NELSON: Ich soll wichsen? In meiner Religion ist Wichsen verboten.
JOHN: Du wärst der erste, den ich treffe, der das nicht tut.
NELSON: Kein erwachsener Mann holt sich einen runter, das ist Schweinerei!
JOHN: Zier dich nicht so. In welchem Monat ist deine Frau schwanger?
NELSON: Im sechsten.
JOHN: Dann macht ihr der Sex sowieso keinen Spaß. Ein Grund mehr, dich alleine zu vergnügen.
NELSON *geht gedrückt ab*: Damit jeder, der mich aus dem Krankenzelt rausgehen sieht, mit Fingern auf mich zeigt und sagt: Der Wichser.

John und Jack sehen ihm, einander achselzuckend zulachend, hinterher.

5

Interview Irene Herzberg und Premierministerin.

PATRICIA: Liebe Landsleute, liebe Bürger. Normalerweise spreche ich von dieser Stelle aus zu euch allein. Aber diesmal stelle ich euch einen ehrenwerten Gast vor. An meiner Seite begrüße ich Irene Herzberg. Irene ist die Botschafterin der weltweit agierenden Anton-Herzberg-Stiftung. Irene wird Fragen an mich richten und ich werde sie offen und ehrlich beantworten.
IRENE: Ich danke für die große Ehre, Patricia, dich in dieses Studio begleiten zu dürfen. Ich habe die Camps besucht und bestaunt, wie ihr der Wüste fruchtbares Land abgewinnt. Ich habe eure fast verkehrsfreien Dörfer und Städte besucht, eure Solarkraftwerke und Entsalzungsanlagen. Ich habe mich davon überzeugen dürfen, daß eure Regierung, entgegen anderslautenden Gerüchten, den Normen

der Vereinten Nationen entspricht und die Menschenrechte achtet.

PATRICIA: Vielen Dank, daß du das ansprichst, Irene.

IRENE: Schildere den Fall bitte selbst.

PATRICIA: Liebe Landsleute, liebe Bürger. Durch die besseren Lebensbedingungen in unserem Land, durch die Verbesserung unseres Wassers, der Böden und der Luft und durch die Änderung und Verbesserung unserer Lebensgewohnheiten ist unsere Bevölkerung sehr gesund. Dennoch streuen einige, die einem veralteten Stand des Wissens folgen, das Gerücht, die Seuchen früherer Jahrzehnte schlummerten nur und verlängerten rein zufällig ihr Schlummerdasein. Jetzt ist in einem unserer afrikanischen Bruderländer eine dieser Seuchen ausgebrochen, heißt es, ohne daß man uns Verlauf und Umstände genau berichtete. Ich bin nicht Gott, um endgültig zu entscheiden, was das rechte Wissen ist. Aber ich habe mit meinen gesamten Ministern, Staatssekretären und Medizinfachleuten entschieden, daß wir den Herausforderungen der Natur mit ihren eigenen Waffen, ursprünglicher Natur also, nicht mit künstlichen Substraten begegnen. Wir betreiben Prophylaxe mit prophylaktischem Verhalten und prophylaktischen Lebensbedingungen. Wenn ihr so möchtet, ist das unser besonderer Großversuch für die Wissenschaft. Die Wissenschaft verlangt doch Großversuche. Soll sie ihre Großraumstudie bekommen! Bitte, wir bieten ein Beispiel, wir bilden eine repräsentative Gegengruppe zu den verängstigten, kränkelnden Völkern, die von früh auf die Praxen der Ärzte überfüllen. Wir haben nur wenige Ärzte und sie sind ordentlich besoldet. Sie brauchen keine Geschäfte zu machen, um zu überleben. Sie sind gesichert und sie verbreiten Sicherheit. Sicherheit statt Angst. Ich will, daß wir nicht nur gesund leben, sondern auch gesund und angstfrei denken. Andere Völker sehen das anders. Aber um ihre Arzneien zu verkaufen, müssen sie das Feuer der Angst in den Herzen schüren. Urteilt selbst: spricht Angst für eine gute Medizin?

IRENE: Das ist eine sehr philosophische Betrachtung, Patricia.

PATRICIA: Bei uns lernen die Kinder eine Ballade, Irene: Der Zauberer und sein Lehrling. Der Zauberer muß für einige Stunden aus dem Haus. Vielleicht will er den Lehrling auch nur prüfen. Der Lehrling kennt die Zauberformel. Er sagt die Formel auf. Der Zauber entfaltet seine Wirkung. Ein Besen tänzelt durch die Luft und eine große Wasserflut setzt ein.

IRENE: Süßes Wasser hoffentlich, das man nicht wie ihr erst mühsam aus dem Meer gewinnen muß!

PATRICIA: Es ist in dem Gedicht eine Wasserflut wie bei der Sintflut.

IRENE: Noch so ein Mythos für ein göttliches Strafgericht.

PATRICIA: Der Lehrling schreit in seiner Verzweiflung nach dem Meister. Nur der Meister kann den Fluten Einhalt gebieten. Der Meister kommt. Die Sache geht noch einmal glimpflich ab.

IRENE: Ob sie das auch für die Menschheit noch einmal tut?

PATRICIA: Goethe heißt der Dichter. Goethe hat auch den anderen Mythos geschaffen: Faust. Faust ist ein Gelehrter. Er möchte die kosmischen Rätsel lösen. Er verkauft seine Seele an den Teufel, um das Geheimnis zu ergründen. Aber er richtet nur Unheil an.

IRENE: Es gibt noch einen zweiten Teil, Faust im Alter. Im Alter erscheint er uns als ein geläuterter Mensch. Er setzt sein großes Wissen ein, um das Leben der Menschen zu verbessern. Technik, Trockenlegung der Meere, Industrialisierung, Städtebau werden als Errungenschaften gefeiert.

PATRICIA: Wir Afrikaner hatten immer ein feines Gespür dafür, ehe ihr Weißen kamt, ab wann die Grenze überschritten wird. Wenn wir in einer Hütte wohnen wollen, brauchen wir Raum und Bauholz. Wir fällen Bäume. Auf dem freigewordenen Platz bauen wir unsere Hütte mit dem Holz von dem Baum. Aber wenn wir den Wald plattmachen, haben wir zwar Platz, aber kein weiteres Baumaterial für morgen und auch nichts sonst, wozu der Wald uns dient. Es gibt eine feine Linie zwischen Nutzung der Natur und ihrer Zerstörung.

IRENE: Trotz eurer naturnahen Organisation, Patricia, hörte ich, nutzt ihr die Möglichkeiten der Industriespionage.

PATRICIA: Und der militärischen Spionage ebenfalls, Irene. Bleiben doch genügend Gefahren und Schlupflöcher übrig. Die beiden Männer, die wir festgenommen haben, versuchten, illegale Arzneien einzuschleusen und unter die Bevölkerung zu bringen. In dem Ausmaß und in der

Art und Weise, wie dies geplant war, erkennen wir einen Sabotageversuch gegen unser Gesundheitsprogramm.

IRENE: Die beiden Herren und ihre Hintermänner halten dein Programm für gefahrvoll. Sie handeln aus ihrem Gewissen heraus.

PATRICIA: Liebe Landsleute, liebe Mitbürger, habt ihr das Gefühl, ich gefährde eure Gesundheit? Es stimmt, eure Kinder werden nicht mehr mit Arzneien vollgepumpt, die Ärzte schicken euch mit ihnen nach Hause: Fragt eure Großmütter! Kalte Umschläge, nicht kratzen, Vorhänge vor, Bettruhe, und in einer Woche ist dein Kind wieder gesund! Wir wollen doch nicht ständig der Natur in die Speichen greifen! Aber schadet es uns?

IRENE: In Europa sehen das viele anders. Sie betrachten die Natur als tückischen Feind und greifen ihr ständig in die Speichen.

PATRICIA: Es ist vielleicht nicht so gemeint.

IRENE: Ich fürchte, doch.

PATRICIA: Es ist nicht bös gemeint, glaub mir.

IRENE: Wie oft meinen die Menschen etwas gut und am Ende kommt das Chaos. Alle beschwören den Frieden und am Ende bricht der Zorn umso heftiger los und treibt uns an den Abgrund.

PATRICIA: Es enttäuscht mich persönlich bis auf die Knochen, daß wir den Grenzschutz verstärken müssen. Es sollte keine Barrieren zwischen den Völkern dieser Erde mehr geben. Aber es ist frommer Wunsch. Die Nationen wähnen sich einig, da schert einer aus und alle laufen durcheinander wie ein aufgescheuchter Hühnerschwarm. Kein verantwortungsvoller Staat darf etwas tun, durch das er sich von anderen Staaten abhängig macht. Einigkeit trügt, leider. Auch das ist eine ziemlich deprimierende Erkenntnis meiner Erfahrung als Politikerin, Irene. Jeder hilft sich selbst am besten. Bande zerbrechen. Der Scherbenhaufen ist schneller da, als man denkt. Unser Glaube war geradezu kindisch, das Ende der Grenzen könne den Frieden bringen.

IRENE: Bei der Konferenz von Madrid hat ein großes Land seine Unterschrift verweigert, sonst sähe deine Prognose günstiger aus.

PATRICIA: Hätte Amerika unterschrieben, wäre die Welt dann geeinter? ... Wir haben jetzt die Grenzen wieder und gehen jeder eigenverantwortlich seinen eigenen Weg. Alle stellen ein Kontingent für die internationale Schutz- und Wächtertruppe, eine Art Weltpolizei und Technisches Hilfswerk. Alle finanzieren einen internationalen Gerichtshof. Siebenundfünzig Superreiche der Welt haben ihr Vermögen in deine Stiftung gesteckt und wachen darüber, daß das Geld zur Sanierung des Planeten verwendet wird. Dich als Beauftragte der Stiftung müssen wir von unseren Erfolgen überzeugen. Deine Einschätzung entscheidet, ob wir weiter gefördert werden oder aus der Liste herausfallen.

IRENE: In wenigen Monaten endet die Probephase von Madrid und die Unterzeichnerländer treffen sich erneut. Welche Sorge treibt dich am meisten um?

PATRICIA: Ich habe Angst, daß China mit seinen Militärmitteln weiter vorangeschritten ist, als wir wissen.

IRENE: China ist dem Abkommen von Madrid beigetreten, Patricia!

PATRICIA: Können wir ein so großes Land kontrollieren? Die chinesische Regierung droht immer häufiger Taiwan, will sich die Inselrepublik gegebenenfalls mit Gewalt zurückholen. Nach Madrid und trotz Madrid! Stell dir vor, China wäre ein hochmilitarisiertes Land, Irene. Jetzt, wo es die Folgen seiner alten hybriden Industriepolitik erleidet, könnte es mit seinen immer noch eine Milliarde Überlebenden die halbe Welt überfluten und erobern.

IRENE: Und euch sämtliche Landbauingenieure entführen. Aber China hält sich an das Madrider Abkommen und spricht nicht mehr so häufig von Taiwan.

PATRICIA: Was gilt eine Unterschrift, wenn einem das verseuchte Wasser bis zum Halse steht, Irene, wenn die Zunge am Gaumen antrocknet und sich der Magen vor Hunger selbst verdaut?

IRENE: China war bislang nach außen nie ein aggressives Land.

PATRICIA: Du magst rechtbehalten. Aber dann bleiben immer noch die Vereinigten Staaten von Amerika. Sie setzen den Raubbau an ihrem Grund und Boden unvermindert fort. Parallel dazu rüsten sie ihre Streitkräfte ständig auf. Wenn den USA das gleiche passiert wie China jetzt, dann kämpft keine mutmaßlich friedliche Nation mehr um ihr Überleben, dann bedroht eine bis an die Zähne bewaffnete Großmacht mit den modernsten Fernraketen und Militärtransportern die ganze Welt.

IRENE: Selbst ein aggressiver Staat wird den Boden nicht verbrennen, auf dem er erntet, Patricia.

PATRICIA: Ein bißchen Zauberlehrlingsübermut liegt allen fleischfressenden Stammesgemeinschaften im Blut.

IRENE: Und wenn wir Amerika für unsere Ziele gewinnen? Manche brauchen etwas länger.

PATRICIA: Wir stellen unser Wissen zum Sanieren der amerikanischen Böden und Gewässer jederzeit gerne zur Verfügung. *Weiter als Fernsehbild.* Wenn ich die Camps besuche und das üppige Treiben der Blüten und die Schmetterlinge und bunten Vögel und das Grün der Wälder, die Klarheit der kleinen Bäche sehe, die sich unter den Pflanzen hindurchschlängeln, wo vor kurzem noch Wüste war, wenn ich darüber nachdenke, wie viele Samen Jahrtausende auf die ausgefeilte Bewässerungstechnik meiner Ingenieure warteten und vor unseren erstaunten Augen aufgehen, dann werde ich ganz ehrfürchtig. Hinter der Natur steckt eine große Weisheit.

IRENE: Die sollten wir verehren.

PATRICIA *wieder original*: Man kann es auch Liebe nennen, Irene.

IRENE: Oder Liebe.

PATRICIA: Dieselbe Liebe, die ich für meine Landsleute empfinde, dieselbe Liebe, die ich für die Welt empfinde.

IRENE: Liebe. Für die ganze Welt.

V. Wenn die Bienen sterben

Donald REGG, *Präsident der Vereinigten Staaten von Amerika, stattlicher Siebziger, vital*
RON Dowland, *Präsidentenberater*
LIZA Regg, *Präsidentengattin, Anfang vierzig, attraktiv*
Anita TANNER, *Staatspräsidentin, Sechzigerin, dicklich*
IRENE Herzberg, *Geschäftsführerin des Anton-Herzberg-Instituts*
Dr. WAGNER, *Konzernbesitzer, Verwalter der Anton-Herzberg-Stiftung*
GESCHÄFTSFÜHRER *eines Lebensmitteldiscounters*
KUNDE
akustisch(-filmisch)e Einblendungen mit verschiedenen Stimmen

1

Lebensmitteldiscounter (eventuell auch rein akustische oder audiovisuelle Einblendung).

KUNDE: Ich habe drei anstrengende Jobs hinter mir, Chef. Ich brauch was zwischen die Zähne. Das Fleisch da, was für 'ne miserable Qualität!
GESCHÄFTSFÜHRER: Wir schließen. Da ist nicht immer vom besten übrig.
KUNDE: Ihr hattet doch sonst immer Ware bis Ladenschluß.
GESCHÄFTSFÜHRER: Die Lieferungen bleiben aus.
KUNDE: Dafür racker ich mich ab. Drei Jobs. Gerade noch den Laden erwischen und nichts da!
GESCHÄFTSFÜHRER: Die Kraftfutterernte war schlecht. Die Farmer kriegen ihr Vieh nicht durch.

KUNDE: Dann laßt das Fleisch doch von woanders kommen!
GESCHÄFTSFÜHRER: Wir versuchen, aus Indiana Nachschub zu beschaffen. Dort war die Kraftfutterernte etwas besser.
KUNDE: Soll ich jetzt verhungern?
GESCHÄFTSFÜHRER: Essen Sie Gemüse!
KUNDE: Das da, zusammengeflatscht und laberig?
GESCHÄFTSFÜHRER: Eine ziemliche Mißernte, in Texas, Massachusetts, Ohio, überall.
KUNDE: Keine Rekordernte? Wo bleiben denn unsere Rekordernten? Wir hatten doch immer Rekordernten!
GESCHÄFTSFÜHRER: In diesem Jahr ist das anders. Ohne Übergang. Keiner weiß, wieso. Der totale Ausfall.
KUNDE: Ich versteh die Welt nicht mehr. Ohne Fleisch und mit dem Gemüse da halt ich meine drei Jobs nicht durch. Und das in Texas.
GESCHÄFTSFÜHRER: Es tut uns leid, wir schließen.
KUNDE: Soll ich von Wasser leben? Oder wird das auch demnächst abgestellt?
GESCHÄFTSFÜHRER: Fragen Sie in Washington nach. Ich kann Ihnen nicht helfen. Und jetzt wollen wir unsern verdienten Feierabend.
KUNDE: Dann bitte zwei Dosen Hundefutter. Oder ist das auch schon zu teuer für einen Mann mit drei Jobs?
GESCHÄFTSFÜHRER: Ihren Hund bekommen Sie noch satt.
KUNDE: Ich habe keinen Hund.
GESCHÄFTSFÜHRER: Dann rate ich von Hundefutter ab.
KUNDE: Ich nehme … vier Dosen.
GESCHÄFTSFÜHRER: Bitte, nicht!
KUNDE: Oder doch lieber das für Katzen!
GESCHÄFTSFÜHRER: Nicht!
KUNDE: Fünf Dosen Katzenfutter!
GESCHÄFTSFÜHRER: Die Kasse ist geschlossen!

2

Vortrag Dr. Wagners an einer amerikanischen Hochschule.

WAGNER: Sie kommen in einen Discounter, die Regale sind wohlgefüllt. Alles in Mengen vorhanden. Was empfinden Sie? Ich vermute, es befällt Sie ein Wohlbehagen, ein Sicherheitsgefühl. Ein Eindruck von Überfluß und Geborgenheit.

Oder denken Sie an die Menschen in anderen Regionen der Erde, wo das anders ist? Daß es nicht normal, nicht selbstverständlich ist, diese Massen, dieser Überfluß, diese Auswahl abends noch um zehn?

Sie kommen ein paar Tage später wieder in den Discounter. Die Regale weisen Lücken auf, ungleichmäßige Lücken, aber immerhin, es fällt schon beim ersten Drüberblick ins Auge. Eins dahinten ist sogar ganz leer. Was ist vorgefallen? Denken Sie vielleicht jetzt an die Menschen in anderen Regionen der Erde, die nie den Überfluß erfahren? Aber keine Sorge, Sie finden noch genug für den eigenen Bedarf und für die Freundin und den kleinen Nachwuchs und teurer ist es auch nicht. Morgen steht sicher wieder mehr in den Regalen. Die Kunden haben heute eben unerwartet viel eingekauft.

Aber beim nächsten Besuch gibt es noch mehr leere und halbleere Regale. Empfindliche Lücken überall. Auf einigen, seit Tagen nicht mehr nachgefüllten Regalen sammelt sich erster Staub. Es gibt kaum noch Frisches und es kostet auch etwas mehr. Jetzt fangen Sie an, sich zu sorgen. Sie registrieren: es wird weniger. Und Sie setzen in Gedanken fort: weniger und weniger und weniger, und eines Tages…

entsetzte STIMMEN AUS DEM AUDITORIUM: Nichts!

WAGNER: Richtig, nichts. Am Ende steht nichts. Auch wenn heute noch genug für Sie übrigblieb – was allmählich verlorengeht, ist Ihr Gefühl von Geborgenheit und gesichertem Konsum aus einem Überfluß heraus. Überfluß ist der Puffer zum Tod. Entfällt er, konfrontiert Sie das mit der eigenen Endlichkeit.

Genug wäre für den Körper genug, aber für die Seele ist es nicht genug. Mehr als je zuvor denken Sie über die Völker in Zaire, Sierra Leone oder Venezuela nach, die niemals den Überfluß und dieses wohlige Gefühl sicheren Versorgtseins erfahren. Immer stehen die Menschen dort

vor lückenhaften und oftmals leeren Regalen und an vielen Tagen hintereinander gibt es von etwas, das sie dringend benötigen, nichts. Der Kampf ums tägliche Überleben steht diesen Menschen ins Gesicht geschrieben.
Jetzt beschleicht meine kleine Studentenfamilie Angst. Die Aussicht auf ein Leben im Mangel beunruhigt sie. Angst vorm Sterben, Angst vor einem baldigen Hungertod. Dabei leben wir noch gut, wir haben materiell genug. Aber genug ist unserer Seele nicht genug. Nur der Überfluß vertreibt die Sorge vor dem drohenden Aus.
Aber wieviel Überfluß muß sein, damit wir uns in Sicherheit wiegen?
Ein alter Mann liegt krank und schwach im Pflegeheim. Nach einem Infarkt sucht er die Geborgenheit, die nahes Fachpersonal ihm bietet. Seine ganze Aufmerksamkeit gilt jetzt der Sorge, er könne die Pflegekosten nicht bezahlen. Diese Angst ist unbegründet, denn er bezieht eine gute Rente. Außerdem zahlt die Versicherung hinzu. Und notfalls kann er auf Erspartes in Höhe von hunderttausend Dollar zurückgreifen. Die hunderttausend Dollar allein genügten, die gesamte Dauer, die sein zerstörtes Herz noch schlagen wird, zu überbrücken. Aber er läßt sich nicht darauf ein. Die hunderttausend Dollar bleiben unangetastet. Er rührt sie nicht an. Weder um sich noch ein schönes Möbelstück für sein kleines Pflegezimmer zu leisten noch als Taschengeld für besseren Service. Er verhält sich so, als hätte er noch hundert Jahre zu leben. In seiner Vorstellung soll das Ersparte ewig reichen. Er weiß um die konkrete Endlichkeit seines Lebens, aber er verhält sich so, als lebte er ewig. Genug ist der Seele nie genug.
Wir in den Ländern generationenlangen Überflusses müssen lernen, daß der Überfluß eine Ausnahme darstellt und daß auch wir in den Mangel hineingeraten können.
Was würden Sie sagen, wenn Amerika erstmals in seiner Geschichte der flächendeckende Lebensmittelinfarkt bevorstände? Nach China würde nun auch das Land der unbegrenzten Möglichkeiten ein geopolitischer Pflegefall. Unmöglich, und doch jederzeit naheliegend.
Warum rüstet Amerika seine Streitmacht immer weiter auf? Droht ihm eine konkrete Gefahr vonseiten der Welt-

gemeinschaft? Das glaubt kein ernstzunehmender Analyst. Rüstet es vielleicht auf, weil es den Kollaps seiner Ressourcen, seiner Überversorgung und seiner Verschwendung voraussieht?

STIMME AUS DEM AUDITORIUM: Wie, Sie unterstellen uns kriegerische Absichten?

WAGNER: Die Europäer fürchten, Amerika könne seine übermächtigen Streitkräfte demnächst in einen großen Eroberungsfeldzug führen. Anderenfalls müßte es bescheiden werden und sich demütig in die Weltgemeinschaft eingliedern. Dort ist man ja schon weit und hat Lösungen gefunden, die Amerika durchaus helfen könnten.

STIMME: Aber unser Präsident träte niemals als Bittsteller auf. Er ist der größte Präsident aller Zeiten der Vereinigten Staaten von Amerika. *Gelächter des Auditoriums.* Er fände es schlichtweg eine Demütigung.

WAGNER: Wir vom internationalen Anton-Herzberg-Institut geben die Hoffnung niemals auf. Die siebenjährige Prüfungsphase des Abkommens von Madrid läuft ab. Die Ergebnisse geben zu großen Hoffnungen Anlaß. Wir hoffen, daß wir beim internationalen Kongreß in wenigen Monaten die US-Administration dazu bewegen werden, dem Abkommen doch noch beizutreten.

3

Donald Regg und sein Berater Ron Dowland verfolgen auf einem großen, dem Publikum nicht einsehbaren Bildschirm eine Reportage.

STIMME KIND: Ich will einen Mandeldonut.

STIMME MUTTER: Es sind aber keine Mandeldonuts da.

KIND: Die anderen eß ich nicht.

MUTTER: Mandeldonuts gibt es nicht mehr.

KIND: Du lügst.

MUTTER: Findest du Mandeldonuts auf dem Regal?

KIND: Du hast sie versteckt.

MUTTER: Es gibt keine Mandeln mehr, also gibt es auch keine Mandeldonuts.

KIND: Du hast mit dem Mann vom Laden gesprochen, er hält sie vor mir versteckt.

MUTTER: Nimm dir ein anderes Leckerli aus dem Regal.

KIND: Die schmecken nicht.

MUTTER: Du bist dick genug, es tut dir und Mummy gut, wenn wir nicht mehr so viele schlechte Sachen essen.

KIND: Mandeldonuts sind gut! … Ich will Mandarinen.

MUTTER: Chef, wo habt ihr Mandarinen?

GESCHÄFTSFÜHRER: Ausverkauft. Und wir bekommen keine nach. Die Ernte ist weg.

MUTTER: Aber schau mal, ich habe noch einen Apfel für dich, Kleines.

KIND: Der hat 'ne Delle. Den Apfel eß ich nicht.

RON *drückt auf eine Fernbedienung*: Das sind Aufnahmen von Montag. Und das sind die Bilder von gestern, Mr. President.

Neue Filmsequenz. Lärm einer aufgebrachten Menge.

STIMMEN: Nieder mit den Farmern! Nieder mit der Regierung!

REGG: Schalten Sie den Ton ab, Ron. *Ton leise.* Aufruhr in meinem Land, dessen Präsident ich bin! Der beste Präsident in der Geschichte der Vereinigten Staaten! Ein Aufruhr! Was haben diese respektlosen Personen bloß?

RON: Die Regale weisen Lücken auf und einige sind seit Tagen leer. Die Leute sind aufgebracht, weil sie nicht mehr alles bekommen.

REGG: Wir fressen viel zu viel und saufen viel zu viel Coca Cola. Es ist gut, wenn wir davon runterkommen. Dann erfüllt sich auch der Zweck meiner Gesundheitsreform.

RON: Sie meinen die Reform, daß nur noch wenige Krankenversicherte die hohen Beiträge aufbringen können und der Rest wie in alten Zeiten keinerlei Schutz genießt.

REGG: Das Gegenteil ist wahr! Die unverschuldet Kranken und die Unfallopfer werden alle versorgt, alle, ob versichert oder unversichert, ganz egal, das, das habe ich durchgesetzt. Die Fetten und Diabetiker sind meistens selber schuld an ihrem Zustand. Habe ich Diabetes, bin ich zu dick? Vollgefressene, mit Coca Cola abgefüllte Vorschulgören haben schon Diabetes und Herzverfettung und muffeln den ganzen Tag Donuts. Und ihre dicken watschelnden Mummies schieben ihnen den Dreck zwischen die Kiemen. Häßlich, potthäßlich. Laßt schöne Frauen um mich sein.

RON: Ihre First Lady ist eine schöne Frau.

REGG: Ich passe auch peinlich auf sie auf.

RON: Es fehlen in den Discountern oft Kartoffeln, Gemüse und Obst.

REGG: Und Mandeln. Für Mandeldonuts, wir hörten es.

RON: Die kalifornischen Farmer haben in den letzten Jahren gedüngt und bewässert, was das Zeug hielt, haben jeden Tautropfen mit der bloßen Hand eingefangen, päppelten auf, was aufzupäppeln war. Sie haben die Blüten einzeln bestäubt.

REGG: Richtig, es gab keine Insekten vor einigen Jahren.

RON: Sie brachten die Bäume wieder hin und es gab wieder ordentliche Ernten. Aber jetzt, wie auf Kommando, haben die Bäume in den Plantagen die Blätter hängenlassen. Die kalifornische Behörde für Umwelt und Landwirtschaft schickt uns diese Ergebnisse. *Zeigt eine Liste.* Resultat: wenn ein Familienvater in der Stadt auf so einem Boden bauen wollte, müßte er die Erde auf eine Sondermülldeponie bringen und das Grundstück sanieren.

REGG: So etwas kann unter einem Präsidenten Donald Regg niemals geschehen! … Warum hat man mir nichts gesagt?

RON: Wir haben Ihnen immer wieder etwas gesagt.

REGG: So, haben Sie? Und warum weiß ich nichts davon?

RON: Sogar die Europäer haben Ihnen Ratschläge geschickt.

REGG: Schweigen Sie mir von den Europäern. Auf die Europäer höre ich nicht.

RON: Die Erfahrungen der Europäer sind aber nützlich.

REGG: Ich höre nicht auf die Europäer, ein für allemal! Die Europäer sind Lügner, gemeingefährliche Lügner! Was haben sie uns betrogen! Sauber sollten ihre Kisten sein, keine Sauereien mehr aus den dicken Auspuffrohren, alles beste Ware. Meine Landsleute haben nur noch europäische Autos gekauft. Unsere Werke in Detroit marodierten vor sich hin. Dabei waren das reine Dreckschleudern. Die Europäer haben uns belogen, dreist belogen. Mich wurmt, daß ich keine höheren Strafen durchsetzen konnte. Leider sitzen in meinem Scheißkongreß lauter Autoverkäufer, die mit europäischen Autos handeln. Wenn die europäischen Saubermänner an die Weltöffentlichkeit treten, dann haben sie garantiert längst abgesprochen, wie sie ihre eigenen Gesetze serienreif umschiffen können. Und wir ehrlichen Amerikaner fallen darauf herein! Aber unsere Autoindustrie kriegten diese Heuchler nicht kaputt.

RON: Dank Ihrer entschlossenen Intervention, Mr. President. Aber die Europäer haben in der Zwischenzeit aus ihren Fehlern gelernt. Die Europäer produzieren überdies nur noch für den eigenen Bedarf. Ihr Außenhandelsvolumen beträgt kein Drittel mehr von ihrem Außenhandelsvolumen früher.

REGG *läßt den Film weiterspielen*: Kennen Sie den?

RON: Ein europäischer Diplomat, Dr. Wagner mit Namen.

REGG: Der neue Botschafter?

RON: Ein Botschafter in besonderer Mission. Er hält sich einige Wochen in den Vereinigten Staaten auf und absolviert im Auftrag der Deutschen Botschaft vor Studenten und Wissenschaftlern wissenschaftliche Vorträge. Unser Geheimdienst beobachtet ihn aufmerksam.

REGG: Erkenntnisse?

RON: Er steht der Stiftung vor, die die Konferenz von Madrid initiierte. Er überwacht die Erfolge des Madrider Abkommens.

REGG: Die wollen uns das Abkommen nachträglich aufschwätzen. Aber unsere Unterschrift kriegen sie nicht! Niemals! Worüber handelt sein Sermon?

RON: Es ist ein unverfänglicher, beinahe philosophischer Vortrag. Genug ist nicht genug[3] – der Faktor Überfluß als Sicherheit für die Seele.

REGG: Da predigt er einem Land, wo Milch und Honig fließt. Warum bebauen unsere Farmer nicht das viele Land, wo keiner wohnt und Farmen betreibt? Warum liegt das Land nutzlos brach?

RON: Der Naturschutz…

REGG: Naturschutz ist schlecht. Ich schaffe unseren Naturschutz ab.

---

3 Halbzeile aus dem Gedicht *Fülle* von Conrad Ferdinand Meyer

RON: Aber unser Wissenschaftsminister, die Landwirtschaftsministerin und der Justizminister …

REGG: Ich weiß, die leben auch hinterm Mond. Aber die sind schlecht für Amerika. Werden Sie mein Wissenschaftsminister, Ron, und übernehmen die Aufgaben der Landwirtschaftsministerin und des Justizministers mit! Sie sind verständig. Ich tausche meine sämtlichen Minister morgen aus.

RON: Bis ein Stück Land Ertrag bringt, Mr. President, vergehen Jahre.

REGG: Und warum? Weil die Evolution es nicht fertigbringt, Bäume früher ertragreich zu machen. Die Evolution soll doch alles können, meint mein Wissenschaftsminister. Warum läßt die Evolution dann keine Mägen wachsen, die fünf Mißernten hintereinander ohne Knurren überstehen? Ich habe schon immer gestutzt, wenn die gebildeten Freunde unsers Herrn Wissenschaftsministers erklärten, die Evolution habe dies, die Evolution habe das. Da kann ich doch nur eines: laut lachen! Übernehmen Sie das Ministerium dieses Menschen, Ron, Ihnen traue ich das zu.

RON: Aber glauben Sie an den biblischen Schöpfungsbericht?

REGG: Sie wissen, daß ich von den verstaubten ollen Storys der Kirchentunten nichts halte, Ron.

RON: Aber einen Macher nehmen Sie an?

REGG: Aber klar doch, ein Macher muß sein, überall ist ein Macher. So eine Machergestalt ist immer irgendwo am Werk. So eine Evolution, gleichgültig, blind und launenhaft, schafft das nie. Sind meine Gesundheitsreform und meine Erfolge für die Autofabriken in Detroit etwa nicht mein Werk? Habe ich meine Erfolge nicht lange und gründlich geplant und immer offen darüber gesprochen? Habe ich nicht alle für uns unvorteilhaften internationalen Abmachungen gekündigt und den Staaten der Erde freigestellt, neue, bessere Abkommen mit uns zu schließen?

RON: Ihr entschlossenes Verhalten hat uns ein wenig von der Weltgemeinschaft isoliert, Mr. President.

REGG: Was heißt denn isoliert? Stark gemacht, unabhängig gemacht hat es uns. Die unabhängigen Staaten von Amerika.

RON *schluckt*: Nicht ganz.

REGG: Und ob, sage ich Ihnen. Der Löwe kriegt immer, was er will, er muß nur laut genug brüllen. Im Unterschied zu den Europäern habe ich meine Landsleute nie belogen. Ich bin kein verschlagener Politiker wie die europäischen Aale mit ihrem Diplomatenkauderwelsch. Bei mir gilt Klartext, offen, den jeder versteht. Ich habe nichts zu verbergen.

RON: Sie sind ein Politiker, der zu seinen Zusagen steht.

REGG: Und darum werde ich beschimpft. Die Presse kann Ehrlichkeit nicht ertragen. Könnte ich auch nicht, wenn Lug und Trug mein Deal wären. … Was machen wir jetzt?

RON: Wir müssen versuchen, uns Lebensmittel aus dem Ausland zu beschaffen.

REGG: Die werden nicht reichen, so wenig exportorientiert, wie die Länder mittlerweile wirtschaften.

RON: Daneben müssen wir unsere Landsleute zum Fasten erziehen.

REGG: Uns vom Ausland abhängig machen? Unmöglich! Den Europäern gegenüber als Bittsteller auftreten? Das stolze Amerika? Und ich, ihr stolzester Präsident? Die Madrider Staaten werden uns außerdem nichts geben wollen, nach der Art, wie wir uns ihre Übergriffigkeiten und Einmischungen stets verbeten haben.

RON: Sie werden uns einige Bedingungen zu stellen versuchen, nehme ich an.

REGG: Aber in der Hand haben sie uns noch lange nicht!

RON: Zweifellos.

REGG: Hat China nicht auch seine Krise?

RON: Dagegen ist unsere Krise nichtig.

REGG: Überwindet China seine Krise?

RON: Chinas Flüsse spielen verrückt. Sie führen oft so wenig Wasser, daß der Klärschlamm liegenbleibt und die Kernkraftwerke heißlaufen. Dann wieder treten sie über die Ufer und überschwemmen das Land mit ihrer verseuchten Brühe. Die Einzugsflächen sind zugebaut oder mit Monokulturen bepflanzt. Kein Wurzelwerk hält die Erd- und Wassermassen zurück. Das Grundwasser sinkt dramatisch. Sein Spiegel liegt in den Ballungszentren so weit unter der Erdoberfläche, daß sie nicht mehr drankommen.

Ost-China, wo die Mehrheit der Chinesen lebt, ist ökologisch tot. Es ist von vierhundert Millionen Todesopfern die Rede.

REGG: Soviele Schlitzaugen und sie kriegen das nicht hin?

RON: Sieht so aus.

REGG: Aber China war dem Abkommen vor sieben Jahren beigetreten?

RON: China war dem Abkommen beigetreten.

REGG: Und es nützt ihm nicht!

RON: Aus allen Bruderstaaten arbeiten Fachleute dort, um das Land zu renaturieren. Fast alle Fachleute, die nicht dringend in ihren Heimatländern benötigt wurden, weilen zurzeit in China.

REGG: Dann können wir doppelt keine Hilfe erwarten, wenn alle Fachleute schon vergeben sind.

RON: Uns geht es noch nicht so dreckig wie den Chinesen.

REGG: Bei uns sind noch keine Städte eingekracht. Die Autobahnen sind, dank meiner erfolgreichen Regierungsarbeit, stabil. Nur unsere Farmer könnten ihren Job besser machen. … Glauben Sie, die Madrider Staaten liefern?

RON: Die Europäer vielleicht.

REGG: Sie produzieren fast nur noch für den Eigenbedarf. … Aber ein bißchen mehr wird schon herausspringen. Wir westlichen Völker haben uns nie mit dem wenigen begnügt. Genug, wie zitierten Sie den Sprecher, ist für die Seele nicht genug.

Klopfen an der Eingangstür. Ron geht öffnen.

RON *stutzig*: Ja … hello … Mr. Wagner?

WAGNER *tritt ein*: Sie kennen mich?

RON *perplex*: Wir haben gerade Ihren Vortrag angesehen.

REGG *steht auf und begrüßt Wagner mit Handschlag*: Welche Freude, Mr. Wagner, Sie zu treffen.

RON: Dann kannten Sie den Redner auf dem Bildschirm, Mr. President?

REGG: Überraschung, Ron, Ihr Präsident ist immer für eine Überraschung gut.

WAGNER: Der Herr Präsident hat diese Unterredung mit Staatspräsidentin Tanner abgesprochen.

REGG: Dienstag haben wir telefoniert und da Mr. Wagner in den Vereinigten Staaten tourt, hat sie uns einander bekanntgemacht. Und da sind wir. Sit down, please, Mr. Wagner. *Die Herrschaften nehmen Platz.* Ach, besorgen Sie uns doch bitte einen Kaffee, Ron. *Man hört Ron um die Ecke einen Kaffee brühen, Geräusch von Wasserdampf, der aus einer dünnen Wasserleitung herausschießt.*

WAGNER: Immer noch der amerikanische Brauch: heißer Wasserdampf aus der Leitung in Pötte mit Pulverkaffee.

REGG: Keine Kultur, aber die heiße Leitung muß sein, ohne unseren Nescafé sind wir halbe Menschen.

WAGNER: Darf ich ehrlich sein?

REGG: Sie genießen diplomatische Immunität.

WAGNER *den Steingutbecher mit dampfendem Kaffee annehmend*: Thank you. … Wir in Europa und der übrigen Welt …

REGG: Sie meinen die Unterzeichnerstaaten des Abkommens von Madrid.

WAGNER: Wir ahnden untereinander den verschwenderischen Umgang mit Ressourcen.

REGG: Und Sie meinen, Amerika geht mit seinen Ressourcen verschwenderisch um?

WAGNER: Entschieden.

REGG: Wir haben genug davon. Im übrigen: schon in der Bibel wechselten sieben fette mit sieben mageren Jahren. Ich glaube nicht an die Bibel, wenn ich das so sagen darf, aber finden Sie nicht auch, daß nach soviel fetten Jahren, sorry, fetten Jahrhunderten ein mageres Jahr dazwischen ganz normal ist?

WAGNER: Das finden wir ganz und gar nicht.

REGG: Ihr Europäer meint, wir sind schuld? Aber ihr seid nicht besser. Ihr kriegt auch nur Dreckschleudern hin. Ihr lügt uns was vor. Eure ganze Politik ist eine Lüge. Es ist gut, daß die Administration im Weißen Haus nicht mehr von einem gutgläubigen Träumer verwaltet wird, der eure Lügen glaubt. Vor euch sitzt ein erfolgreicher Geschäftsmann. Den haut niemand übers Ohr.

WAGNER: Wir haben den Autoverkehr in Europa drastisch eingeschränkt.

REGG: Und wie macht ihr dann eure Deals und Geschäftsreisen?

WAGNER: Wir stellten vieles um. Wir brauchen nicht mehr soviel Mobilität.

REGG: Und womit macht ihr die Fahrten, die übrigbleiben? Mit dem Elektromobil? Mit Wasserstoffbussen? Mit Solareisenbahnen? Oder mit dem E-Bike? Und woher nehmt ihr den Stoff für die Abermillionen Batterien? Wasserstoffbusse kriegt ihr nicht gebacken wegen der Explosionsgefahr. Eure E-Mobile reichen kaum von Georgetown bis nach Brookland. Ihr Europäer nehmt den Mund immer voll. Ihr betreibt reines Wunschdenken. Sagen Sie das Ihren Politikern! Nichts von europäischem Klimaschutz, Dr. Wagner! Eine Seifenblase ist das!

WAGNER: Besuchen Sie uns, machen Sie einen Staatsbesuch. Ich darf Sie schon morgen rüberbegleiten und führe Sie durch unsere Länder. Machen Sie sich selbst ein Bild von den großen Veränderungen, die dort stattfinden. Wir sind noch nicht am Ziel, aber es tut sich viel, richtig viel.

REGG: Sie glauben also, die Vereinigten Staaten von Amerika erleben derzeit nicht das eine magere Jahr nach einem fetten Jahrhundert, Sie glauben vielmehr, das ist die Krise?

WAGNER: Eine fette Krise nach einem Jahrhundert magerer Verantwortung, das und nichts anderes ist es, Mr. President.

REGG: Very nice, wie Sie die Worte wenden: fette Krise nach magerer Verantwortung.

RON: Angenommen, wir wollten den europäischen Weg übernehmen, Herr Wagner, wie sähe dieser Weg auf unser Land übertragen aus?

REGG: *Ich* übernehme das Befragen von unserem Besucher, Ron.

WAGNER: Danke für die Frage, Ron.

REGG: Wie schmeckt der Kaffee, Doc? So einen Nescafé kriegt ihr in total Europe nicht. Aber Sie bekommen in Europa überhaupt keinen Kaffee mehr, habe ich gehört.

WAGNER: Die alten Kaffeestaaten sanieren ihre Flächen, um die tägliche Versorgung wiederherzustellen. Brasilien produziert zurzeit keine Kaffeeüberschüsse, um in Tausch mit uns zu treten. Aber wir haben uns ein wenig Kaffee herübergerettet, sehr wenig. Ein paar Treibhäuser ziehen die Kaffeepflanzen hoch. Das reicht natürlich nicht für unseren bekanntlich stark entwickelten Kaffeedurst.

REGG: Was müßte ich anordnen, wenn wir den Weg Europas beschreiten wollten? *Lautsprecherstimmen von draußen.* Was brüllen die? *Man lauscht und erkennt:*

STIMMEN von draußen: Lyncht die Farmer, lyncht die Landwirtschaftsministerin! Donald, gib uns von deinem Buffet!

REGG *peinlich berührt*: Erzählen Sie von Ihrem Land, Mr. Wagner!

WAGNER: Alle Bürger …

STIMMEN: Lyncht sie! Lyncht die Farmer!

REGG: Die Bürger …

WAGNER: … bekommen ein monatliches Handgeld.

REGG: Ich habe davon gehört. Und wie sähe das für uns aus?

WAGNER: Nehmen wir an, ein Amerikaner braucht für seine Kartoffeln, Gemüse und Brot im Monat zweihundert Dollar. Hundert berechnen wir für Kleidung und sonstiges. Dreihundertfünfzig für die Miete.

REGG: Für dreihundertfünfzig Dollar kriegt er in Munich nicht mal ’ne Besenkammer, Mister Wagner!

WAGNER: In München bekommt er Wohngeld.

REGG: So, interessant. Und wie hoch ist das Wohngeld?

WAGNER: Es richtet sich nach dem Mietpreis.

REGG: Und wer bestimmt den Mietpreis?

WAGNER: Der Eigentümer.

RON: Ich stelle doch keinen Platz zur Verfügung, wenn ich nicht ordentlich abkassieren kann. Auch müßt ihr Europäer ständig sanieren, und Sanieren kostet. Alles fürs Energiesparen und die Umwelt.

WAGNER: Es gibt noch Schwachpunkte in unserm Regelwerk. Die Regierung arbeitet fieberhaft daran.

RON: Mit seinem Handgeld kann der Bürger bei euch sich also zurücklehnen und Däumchen drehen.

WAGNER: Das könnte er, aber tut er nicht. Er arbeitet.

REGG: Ach, reden Sie nicht, Doc. Die Leute heißen nicht Donald Regg, der die Welt mit seinem Fleiß und seinem Genie beherrscht.

RON: Und wer schafft den Müll weg?

REGG: Wer unterrichtet die ungezogenen Kinder?

WAGNER: Unangenehme Arbeiten werden mit dem doppelten Handgeld abgegolten.

REGG: Und was bekommt Ihre Staatspräsidentin, Doc?

WAGNER: Ist Regieren ein angenehmer oder eher ein unangenehmer Job, Mr. President?

REGG: Der schwierigste und verantwortungsvollste Job überhaupt.

WAGNER: Schwieriger als Notarzt?

REGG: Ich bin Notarzt und Chirurg und Lehrer in einer Person, Mr. Wagner. So wie Ron demnächst mehrere Ministerien übernimmt, so übernehme ich alles.

RON: Sie sagten, Sie hätten nicht mehr viel Straßenverkehr.

WAGNER: Ja.

RON: Das glaube ich nicht.

WAGNER: Womit sind die meisten Erwerbstätigen bei Ihnen beschäftigt, Ron?

RON: Mit Geschäften.

WAGNER: Die meisten Menschen produzieren, bewerben und verkaufen Produkte und ich wette, die meisten dieser Produkte sind unnütze Produkte. Jedenfalls war das bei uns der Fall. Unnütze Produkte. Und um das Produzieren, Bewerben und Verkaufen unnützer Produkte zu bewerkstelligen, mußten die Menschen ständig unterwegs sein. Nun stellen wir keine unnützen Produkte mehr her. Wir kommen mit immer weniger aus, und die Menschen fahren immer weniger durch die Gegend.

REGG: Völlig falsch. Wenn ich nur Kartoffeln und Weizen und Maiszapfen produziere, brummt die Börse nicht und dann kann der Staat auch kein Handgeld zahlen.

RON: Woher kommt das Geld, aus dem ihr euer Handgeld finanziert?

WAGNER: Es gibt einen anonymen Etat, ausreichend, hundert Jahre ein mehrfaches Handgeld an alle Bürger der Erde auszuzahlen.

REGG: So einen Etat gibt es niemals.

WAGNER: Doch, es gibt ihn. Und einige amerikanische Milliardäre unterstützen ihn bereits.

REGG: Ich weiß von keinem amerikanischen Milliardär, der ein Handgeldunterstützungskonto finanziert. Das ist ein miserabler Deal.

WAGNER: Ich darf Ihnen einige Namen nennen.
REGG: Ich werde die Vermögen dieser Leute konfiszieren.
WAGNER: Die Vermögen sind längst aus den Vereinigten Staaten abgezogen. Aber zum Kern: Amerika ist agrarisch heruntergewirtschaftet und der Katastrophe nahe. Die Staatengemeinschaft des Madrider Abkommens ist bereit, Ihnen chinesische Verhältnisse zu ersparen.
REGG: Und nimmt uns in ihre Obhut, ja? liefert uns der übrigen Welt aus, degradiert uns zu einem Almosenempfänger, ja? Das muten Sie der stolzesten Nation der Welt mit Donald Regg, dem stolzesten aller Präsidenten, nicht zu! Ich bin enttäuscht! Erröten Sie vor Scham, Mr. Wagner, das ist das Lächerlichste, was ich seit Anfang der Woche höre!
WAGNER: Wenn Sie keine Lebensmittel einführen, verlieren Sie bald den Kampf ums physische Überleben, Mr. President!
REGG: Amerika ist groß. America is great.
WAGNER: Amerika hat viel für Europa getan. Wir wollen den Vereinigten Staaten von Amerika all das Gute, das sie uns erwiesen haben, zurückerstatten.
REGG: Glauben Sie nur ja nicht, wir erneuern die alte Vertragsgemeinschaft, Doc, oder treten dem Abkommen von Madrid bei. Wir haben von der Lügenpolitik der europäischen Administration genug! … Was müssen wir denn liefern für unsere Rettung? Kratzt ihr überhaupt so viele Überschüsse zusammen?
WAGNER: Für eine Überbrückung über den Winter reicht es.
REGG *ungeduldig:* Was kostet uns der Deal?
WAGNER: Mittelfristig oder sofort?
REGG: Ich sehe, ihr wollt uns erpressen. Ihr seid unaufrichtig wie immer. Seit ihr uns ehrlichen Leuten minderwertige Autos andreht, weiß ich, daß ihr lügt. Ich werde Mexiko überfallen und mir dort nehmen, was ich brauche.
WAGNER: Warnung, Mr. President. Mexiko gehört zu den Unterzeichnerstaaten des Abkommens von Madrid. Im Fall eines militärischen Angriffs auf Mexiko greift der Bündnisfall und wir haben Krieg.
REGG *lacht*: Was wollt ihr gegen die Waffen der stolzesten aller Nationen ausrichten? Ich kann mir alles holen, was ich will. Da habt ihr euren Wecker noch nicht gestellt.

WAGNER *steht auf*: Diese Warnung ist deutlich. Darf ich sie als Fazit mit nach Hause nehmen?

REGG: So bleiben Sie doch sitzen. Ich weiß zu gut, daß ich in Mexiko nichts holen kann. Mexiko gehört zu den ärmsten Staaten und verlottert in seinem Müll. Die USA werden Mexiko niemals annektieren. *Er schaltet sein Smartphone ein.*

RON: Was müssen wir in den USA Ihrer Meinung nach unternehmen, um unsere Versorgung abzusichern, Mr. Wagner?

REGG: Ein andermal, Ron. In Massachusetts ist der Aufstand losgebrochen. Die Leute demolieren in einer koordinierten Aktion landesweit die Kaufhäuser und plündern die Lebensmittelabteilungen. Wir müssen den Kongreß zu einer Dringlichkeitssitzung zusammenrufen. Mr. Wagner, vielen Dank für Ihren informellen Besuch. Die europäische Administration wird von unseren Beschlüssen erfahren. *Winkt Wagner salopp weg und wählt mit der anderen Hand auf seinem Smartphone eine Nummer.* Wir sehen uns, see you later.

Wagner nickt verlegen zum Gruß und geht. Regg telefoniert.

Hier der Präsident, bitte den Verteidigungsminister selbst! … Hello, Dan, how are you, hier Donald. Du hast es gehört, die Massen in Massachusetts randalieren. Kann die Army die Polizei unterstützen? Muß ich vom Notstandsrecht Gebrauch machen? Ich möchte das vermeiden. Aber dazu brauch ich den Scheißkonkreß. Sprich doch mal bitte mit deinen Generälen und kläre ab, was die machen können. … Ich weiß, wir brauchen unsere Soldiers für größere Aufgaben, aber ein Aufstand wäre der Untergang. Es hat seit den Niggerunruhen noch nie einen Aufstand in den Staaten gegeben.

4

Rechts Wagner unruhig auf- und abgehend. Auf der anderen Seite, ruhig, frontal zum Publikum stehend, Staatspräsidentin Tanner. Beide telefonierend im Gespräch miteinander.

WAGNER: Ich kam in verödete Gegenden. Wo es nicht ganz so traurig aussah, leistete ein kleiner Stamm verstörter Insektenvölker seine traurige Arbeit. Die meisten Plantagen und Felder verweigern den Ertrag. Amerika steht vor einer Versorgungskatastrophe. Die Situation ist fast so schlimm wie in China. Aber ich sage nur eines, die Amerikaner haben, im Unterschied zu den Chinesen, Waffen über Waffen. Die besten Waffen mit der besten Waffentechnik der Welt. Und die bestgeschulten Soldaten.

TANNER: Die Amerikaner werden, wenn das zutrifft, was Sie andeuten, Wagner, nicht so töricht sein, den Rest der Welt zusammenzubomben. Schließlich brauchen sie die Nahrungsmittel und Versorgungsgüter für sich selbst.

WAGNER: So dumm werden sie nicht sein, das ist richtig.

TANNER: Plant das Weiße Haus denn einen Krieg?

WAGNER: Der Präsident machte eine Bemerkung, die mir zu schaffen gab. Man könne das schwache Mexiko überfallen und sich dort bedienen. Der Präsident lachte über das unvorsichtige Wort, aber in seiner Ehrlichkeit sagt er kaum etwas, das er nicht so meint.

TANNER *mit einem Lachen*: Unsere Lügenbereitschaft schützt uns immerhin vor verbalem Leichtsinn.

WAGNER: Ich darf ganz ehrlich sein, Frau Staatspräsidentin, Donald Regg verachtet uns Europäer aus tiefster Seele. Er meint, wir handelten unaufrichtig. Er unterstellt uns nachgerade, uns sei jede Lüge recht, um uns als die Saubermänner des Planeten ins Geschäft zu bringen. Er unterstellt uns, daß wir kein Gesetz erlassen, wenn wir nicht vorher mit unseren Konzernen die Betrugsmodalitäten abgekartet hätten.

TANNER: Wir waren selber vom Ausmaß der Betrugsmaßnahmen unserer Automobilindustrie überrascht. Was schlagen Sie vor?

WAGNER: Direkte Verhandlungen auf oberster Ebene.

TANNER: Von uns aus gern. Und welchen Handlungsbedarf sehen Sie für die Madrider Gemeinschaft?

WAGNER: Wir müssen wehrhafter werden. Die Lage zwingt die freie Welt, uns, leider dazu, unsere Verteidigungsanstrengungen wieder zu verstärken.

TANNER: Denken Sie an eine allgemeine Wehrpflicht?

WAGNER: Das Anton-Herzberg-Institut hat immer vor einem Abbau des Militärs gewarnt.

TANNER: Aber im Rahmen der Schutz- und Wächtertruppen der Madrider Konferenz erfüllen wir unsere Aufgaben vorzüglich.

WAGNER: Aber was, es tritt ein Feind von außen auf?

TANNER: Feinde von außen sollte es nie wieder geben.

WAGNER: Sollte.

TANNER: Und wenn Amerika dem Abkommen beim zweiten Anlauf nun doch noch beitritt?

WAGNER: Dann kann es morgen jemand anderes sein, Frau Staatspräsidentin. Staaten unterzeichnen Abkommen, Staaten verletzen Abkommen, Staaten treten aus Abkommen aus.

TANNER: Amerika war immer unser Freund!

5

Donald Regg und sein Berater Ron Dowland sehen sich den Videomitschnitt einer Konferenz im Mittelgrund des Präsidentenzimmers an.

WAGNER (Video): Ich halte hier den Jahresbericht des Internationalen Natur- und Umweltschutzverbandes in der Hand. Er enthält die alarmierende Berechnung, daß beim derzeitigen globalen Konsumverhalten bereits in 13 bis 14 Jahren ein zweiter Planet Erde nötig würde…

REGG: Sagen die seit hundert Jahren und eingetroffen ist nichts!

WAGNER: Wäre es nicht dringend geboten, daß die Menschheit ihre ganze Kraft darauf richtet, wie man dieses kaputtmachende System sozialverträglich abwickelt…

REGG: Und wer soll dann noch Deals machen und mit wem?

RON: Jetzt nimmt er unsern ehemaligen Botschafter ran.

REGG: Was sagt er?

WAGNER: Herr Botschafter, Sie protestieren, denn Sie fühlen sich angesprochen. Ich weiß ja, daß Ihr Land die Sparmaßnahmen, die die Konferenz beschließen will, nicht akzeptiert.

REGG: Allerdings nicht!

WAGNER: Aber lassen Sie sich gesagt sein, die Mehrheit der hier versammelten Staatsmänner glaubt: keinem Staat, keiner Region, keinem Menschen stehen mehr Ressourcen zu als dem anderen.

REGG: Wenn ich tüchtig bin, verdiene ich auch mehr.

RON: Aber eine Milliarde verdient kein Mensch in fünfzig Leben zusammen, Mr. President.

REGG: Einige Ausnahmemenschen verdienen sogar hundert Milliarden, Ron! Wenn die ein bißchen mehr bekommen, macht das nix. Eine Million Arme verbrauchen mehr als zwanzig Reiche.

IRENE: Aus einer großen Schuld heraus, die viele der Stifter nicht mehr schlafen ließ…

Applauseinblendung.

REGG: Wieviel Superreiche sollen sich zusammengeschlossen haben in dieser Stiftung? 40? oder 50?

RON: 57.

REGG: Sie wissen es aber ganz genau.

RON: Auch einige der reichsten Amerikaner machen sich für den Wiederaufbau der Erde stark, Sie hörten es.

REGG: Sie haben gefälligst für uns zu spenden, die Vaterlandsverräter!

RON: Das wird nicht mehr gehen. Sie haben ihre Vermögen nach Europa abzogen, ihre Niederlassungen bei uns geschlossen.

REGG: Arbeitslose machen sie mir auch, das ist übel.

RON: Hier ist die Liste der Stiftungsgründer.

REGG *überfliegt die Seiten, die Ron ihm aushändigt*: Aber die wirklich reichsten Amerikaner fehlen. Die werde ich morgen zu einer Stiftung für unser Land aufrufen, und darauf dürfen Sie Gift nehmen, Ron, sie werden mir mit Kußhand helfen.

IRENE: Bereits in wenigen Jahren wird verlorengegangenes Land wieder fruchtbar, sauberes Wasser wieder verfügbar und ein Gleichgewicht der Arten wieder möglich sein. Alle sollen auch noch in fünfzig Jahren zu essen, trinken und Energie, sparsam…

REGG: Was sagen mir meine Bürger in ihren großen Schlitten auf den Railways, meine Fabrikarbeiter, die morgen am andern Ende des Kontinents einen neuen Job beginnen sollen? Das ist keine Freiheit, Ron, das ist no American freedom, no American way of life! … Und wenn wir beitreten und dann trotzdem gegen die Ordnung verstoßen?

RON: Interveniert die internationale Gemeinschaft, verkörpert in der vereinten Friedens- und Wächterarmee aller Unterzeichnerstaaten.

REGG: Die kämen dann zu uns einfach so und machen uns Vorschriften?

RON: Die kämen laut Satzung dann einfach so.

REGG: Sagen Sie mal, wer sollte uns Vorschriften machen, uns, den Vereinigten Staaten von Amerika! Wir sind doch stärker als der ganze Rest der Welt zusammen.

RON: Unsere militärische Überlegenheit würde nach einem Beitritt nicht mehr geduldet.

REGG: Geduldet, geduldet … wer stellt den Vereinigten Staaten von Amerika und dem mächtigsten Präsidenten aller Zeiten Bedingungen? Ich will es Ihnen sagen, Ron: niemand!

RON: Und wenn wir, vulgär gesprochen, nichts mehr zu fressen haben?

REGG: Die Bienen haben uns *auch* keine Bedingungen zu stellen, ich sag's Ihnen!

*

6

Mit Gebäck, kalten nichtalkoholischen und warmen Getränken bestückter Tisch.

REGG: Hello, Mrs. President.

TANNER: Guten Tag, Mr. President.

REGG: Welcome.

TANNER: Darf ich vorstellen: meine beiden Sonderbeauftragten. Herrn Dr. Wagner, den Verwalter der Anton-Herzberg-Stiftung, kennen Sie bereits.

REGG: Glad to see you again.

TANNER: Und dies ist Irene Herzberg, ihres Zeichens Geschäftsführerin des Anton-Herzberg-Instituts.

REGG: Oh, welcome, Irene. Ich kenne Sie aus dem Film, den mein Freund Ron hier und ich gemeinsam studieren. Sie waren bei der Runde, als Mrs. Tanner die Erfolge ihres Abkommens proklamierte.

IRENE: Die Erfolge sind real.

REGG *bewegt die Gruppe mit einer Geste, die Plätze einzunehmen*: Kommen wir zum Geschäft.

TANNER: Amerika kann in wenigen Wochen seine Bevölkerung nicht mehr versorgen.

REGG *zeigt über den Tisch*: Haben wir nicht genug zu essen?

TANNER: Bis die Krise im Weißen Haus anlangt, ist die Bevölkerung ausgestorben.

REGG: Sie kommen, um uns zu helfen? Aber ich sage Ihnen gleich, diesem betrügerischen Abkommen treten wir nicht bei. Wir machen ehrliche Deals, wir sind freie Leute, die auf eigenen Rädern rollen. Die Krise ist zufällig, sie geht vorbei.

IRENE: Mag sein, daß die Bibel von den sieben mageren Jahren spricht, die den fetten folgen.

REGG: Ich glaube nicht an die Bibel.

WAGNER: Amerika braucht Hilfe, und zwar sofort.

REGG: Warum reden diese Herrschaften dauernd dazwischen?

TANNER: Diese Herrschaften sind meine gleichberechtigten Verhandlungspartner, Mr. President, und genau informiert.

RON: Was verlangen Sie als Gegenleistung, Mrs. President?

WAGNER: Das Beste, was Sie haben.

REGG *lacht verknittert*: Elvis, John Wayne, 12 Uhr mittags und Liza, meine Frau.

TANNER: Warum nicht Spiel mir das Lied vom Tod?

REGG *lacht*: Auch kein schlechter Hollywoodscherz.

WAGNER: Das Beste, was Sie in den letzten Jahren entwickelten, ist Ihre Waffentechnik, Mr. President.

REGG: Diesen Vorsprung werdet ihr uns nicht nehmen!

TANNER: Gewiß nicht.

REGG: Habt ihr was gegen unsere Waffen?

IRENE: Sie stören.

REGG: Das entspricht der Natur von Waffen: Waffen stören.

TANNER: Am liebsten sähen wir ja alle Waffen abgeschafft, aber das führte zum heutigen Zeitpunkt …

REGG: Die Waffen verschrotten? diese schönen Spielzeuge verschrotten? diese Wunder amerikanischen Erfindergeistes und humanitären Fortschritts?

TANNER: Wenn diese Wunderwaffen, diese Spielzeuge den humanitären Fortschritt befördern, dann müssen Sie erst recht davon abgeben!

REGG: Sie scherzen.

TANNER: Keinesfalls.

REGG: Geschenkt?

IRENE: Nicht geschenkt. Im Tausch gegen unsere Hilfe.

REGG: Für ein paar Tonnen Kartoffeln und Getreide unsere schönen Waffen?

WAGNER: Bis zur Eroberung der Welt sind Ihren Soldaten die Nahrungsmittel ausgegangen.

REGG: Nicht, wenn wir rechtzeitig loslegen.

TANNER: Das werden Sie nicht befehlen, Mr. President.

REGG: Sind Sie fertig, Anita?

WAGNER: Und nicht nur an Ihren Waffensystemen wollen wir partizipieren, sondern auch am Wissen, wie man sie bedient. Wir verlangen, daß der amerikanische Staat nach Auslieferung der Waffen die Software deaktiviert. Anschließend instruiert der amerikanische Staat unsere Streitkräfte, wie man die Software mit eigenen Codes neu installiert. Nur so sind feindliche Zugriffe und Störmanöver …

REGG: Sie meinen amerikanische Störmanöver?

WAGNER: Nur so sind feindliche Zugriffe zu verhindern.

REGG: Ihr kommt euch als schlaue Leute vor. Seid ihr noch bei Verstand?

IRENE: Mr. President, Europa, Rußland, Südamerika, sogar Indien haben es geschafft, ihr Überleben auf diesem wunderschönen Planeten auf Jahrzehnte abzusichern. China steht noch auf der Kippe, aber es ist auf einem guten Weg und mit vereinten Kräften schaffen wir es vielleicht. Afrika ist führend in der Technik, der Wüste fruchtbares, blühendes Neuland abzugewinnen, und nimmt eine Vorreiterrolle für uns alle ein. Sie haben es in der Hand, Mr.

President, das alles zu zerstören oder aber die letzte Mauer gegen den Fortschritt abzubauen.

REGG: Wir waren immer der fortschrittlichste Staat der Neuzeit und wir sind es noch und ich werde als Präsident dieses wundervollen Landes dafür sorgen, daß wir es auf ewig bleiben.

TANNER: Zwei Monate, wenn es hochkommt, drei, und Ihr Land ist fertig!

REGG: Die Insektenvölker werden bis zum nächsten Winter wieder okay sein. Bis dahin schadet es meinen Untertanen nicht, den Gürtel engerzuschnallen. Meine Untertanen kränkeln sowieso und sind viel zu fett.

WAGNER: Vor dem Weißen Haus protestieren Tausende gegen die Nahrungsmittelrationierung, Wassersperrungen und leeren Regale. Aus allen Teilen der Vereinigten Staaten dringen Nachrichten über Proteste hinaus in alle Welt.

REGG: Ich bin mit Trappern im Norden verbunden, die von Wild und Beeren vortrefflich leben.

TANNER: Bitte um etwas Ernst in der Diskussion, Mr. President!

RON: Glauben Sie uns, und Sie haben sich bei Ihrer Vortragsreise durchs Land mit eigenen Augen davon überzeugen können, Mr. Wagner: wir haben die Lage voll im Griff. Die Krise ist marginal.

TANNER: Wenn die Krise marginal ist, können wir ja wieder abreisen.

REGG: … Wenn wir dem Abkommen beitreten, verlangen Sie dann wirklich unsere schönen Waffen?

TANNER: Die Waffensysteme.

REGG: Ausgeschlossen.

TANNER: Damit die USA dem Rest der Welt nicht mehr gefährlich werden können.

REGG: Angenommen, wir treten dem Abkommen bei. Angenommen, wir führen alle Maßnahmen durch, um den Kontinent wieder zu sanieren, kommt das dem Zustand des gesamten Planeten nicht absolut zugute? Ist das nicht Lohn und Anreiz genug, uns in der entstandenen momentanen Krise zu helfen? Ihre Unterstützung gegen unseren späteren Beitritt zum Abkommen! Ihre Unterstützung gegen unseren sofortigen Beitrag zur Rettung des Planeten!

IRENE: Die militärische Vormacht eines Staates stellt einen Störfall dar und ist nach den Satzungen des Madrider Abkommens unzulässig. Die USA würden zum Fall für die internationale Schutz- und Wächtertruppe.

RON: Wir müßten im Ernstfall gegen uns selber antreten?

IRENE: Sozusagen.

RON: Prometheus frißt sich selbst die Leber auf?

WAGNER: Ist das neu? Amerika zehrt am eigenen Mark und ruiniert seine Lebensbasis. Nur noch andere können Amerika retten.

REGG: Eher gibt ein Mann sein Leben preis als seinen Stolz.

TANNER *aufstehend, gefolgt von Wagner und Irene, zuletzt Regg und Ron*: Wenn Ihre Identität auf Ihren Waffen gründet, Mr. President, dann sitzen wir hier am falschen Tisch. *Mit ihrer kleinen Delegation ab.*

REGG: Ich mag die Frau nicht leiden. Wer kann ihr glauben? Sie lügt.

RON: Seit Madrid kommt sie geläutert rüber. Selbst wenn es nur aus Opportunismus geschieht. Wie oft geschehen gute Dinge aus niederen Beweggründen.

REGG *lacht verstimmt*: Bravo, Ron!

RON: Kennen Sie, was sie zur Begründung ihres Sinneswandels vorbringt? *Schaltet die Video-Aufzeichnung einer Ansprache Tanners ein. Regg fummelt unruhig an der Fernbedienung herum, nur Bruchstücke der Rede werden erkennbar.*

TANNER (Video): … Ich wurde ein neuer Mensch … Früher hätte ich mich als weltfremde Träumerin belächelt… Wenn Sie alle, liebe Mitbürger, mitarbeiten…

REGG *schlägt unbeherrscht auf die Austaste und wendet sich zum Gehen; trotzig*: Schlange!

7

Irene hält vor einem Universitätsauditorium einen Vortrag.

IRENE *im Kegelscheinwerfer*: China erlebt eine schwere Krise mit einem schweren Versorgungsnotstand und einer nicht endenwollenden Kette natürlicher Katastrophen.

Wie ist es dazu gekommen? Chinas Wirtschaftselite, im Rausch eines großen Booms, schwelgte im Hochgefühl kommender Führerschaft auf dem Weltmarkt. Unser Institut warnte früh. Chinas Weltstellung ist auf Sand gebaut, denn China höhlt seine Landschaften aus und zerstört mit seinen riesenhaften Verkehrs-, Siedlungs- und Bewässerungsprojekten seinen Lebensnerv. Computer können Sie eben nicht essen, auf Asphalt wächst kein Reis. Und was nützen Ihnen Hightech-Flachbildschirme, wenn die Bienen sterben und die Fronarbeiter in ausgelaugten Plantagen mit dem Bestäuben ins Hintertreffen geraten.

1. ZWISCHENRUFER: Bienensterben hat auch bei uns die Krise ins Rollen gebracht. In den kalifornischen Mandelplantagen fing es an.

2. ZWISCHENRUFER: Aber das waren die Milben schuld.

IRENE: Am Anfang des Bienensterbens hoffte man auch bei uns, in der Varroamilbe den Auslöser gefunden zu haben. Es war eine der üblichen Verdächtigungslügen, mit denen von den wahren Ursachen abgelenkt werden soll. Die Pestizide und andere menschengemachte Faktoren sind am Bienensterben schuld. Ausgestreute Gifte und zertrümmerte Lebensräume sind der wahre Tod der Insekten. Ich will Ihnen ein anderes Beispiel erzählen. Wissen Sie noch: bei uns in Europa starben innerhalb weniger Jahre ganze Wälder ab. Beschuldigt wurde der Borkenkäfer. Aber den Borkenkäfer gab es schon immer. Nur, die Bäume waren robust und hielten den Käfer in Schach. Heute wissen wir, wir hatten unpassend angepflanzt. Wir hatten Fichten-Monokulturen gesetzt, wo Mischwald hingehört. Das schwächte den Baumbestand. Dazu kamen Gifte im Boden und Abgase aus der Luft. Der Borkenkäfer tat den Rest.

3. ZWISCHENRUFER: Haben Sie nicht lange Zeit gegen die Waldverkümmerung die Böden gekalkt?

IRENE: Da traten dann neue Schäden auf. Sie vertreiben die Cholera mit der Pest. Wer von Ihnen ist chronisch krank? Sie müssen sich nicht melden. Ich las in einer Statistik, zwei von drei Jugendlichen sind bei Ihnen in den Vereinigten Staaten chronisch krank.

ZWISCHENRUFERIN: Wenn ein Kind nach einer Spritze mit mehreren Substanzen Nervenzucken bekommt und mit zehn Jahren wie bei mir wird eine Multiple Sklerose diagnostiziert, dann haben Sie schlechte Karten, einen Zusammenhang zu beweisen.

IRENE: In Europa liegt die Beweislast jetzt beim Hersteller. Wenn ein Patient den Hersteller beschuldigt, muß dieser heute nachweisen, daß sein Serum ungefährlich ist.

ZWISCHENRUFERIN: Was eher kaum gelingt.

IRENE: Eben.

ZWISCHENRUFERIN: Solche Gesetze wünschen wir uns in den USA.

IRENE: Ich hoffe für Sie, daß Ihre MS eine milde Form ist und Sie nach Ihrem Masterabschluß erfolgreich arbeiten können.

2. ZWISCHENRUFER: Aber war China nicht dem Abkommen beigetreten?

IRENE: Der Schaden aus vielen Jahrzehnten Raubbau war zu weit fortgeschritten, die Änderung kam zu spät.

2. ZWISCHENRUFER: Ist China zu retten?

IRENE: Wir helfen China mit Gütern des täglichen Bedarfs und Trinkwasser aus, soviel wir erübrigen können. Unter der Anleitung afrikanischer Landwirtschaftsingenieure stellen Millionen chinesischer Hände den Boden und seine Fruchtbarkeit wieder her oder versuchen es zumindest. Wälder werden neu angepflanzt, die das Wasser halten, Lebensräume für Kleintiere und Insekten werden neu geschaffen.

2. ZWISCHENRUFER: Aber das dauert alles.

IRENE: Ein Baum braucht zwischen zehn und hundert Jahren, bis er seine Aufgaben im Ökosystem erfüllt. Der Mensch zerstört das Werk vieler Jahrtausende an einem einzigen Tag. Bis das nötigste regeneriert, sind die meisten von uns tot.

2. ZWISCHENRUFER: Schöne Aussichten!

LIZA *die zur Fragestellung aufsteht und von einem zweiten Scheinwerfer auf der Gegenseite voll angestrahlt wird*: Welche konkreten Maßnahmen empfehlen Sie den Vereinigten Staaten?

GEMURMEL: Unsere First Lady! Liza Regg! Mrs. President! … First … Lady … Liza ...

8

Donald Regg spielt auf seinem Smartphone herum und blickt erst auf, als die eingetretene Liza mit einem Typoskript in der Hand zwischen ihm und der Eingangstür bereits eine Weile verharrt.

REGG: Liza, möchtest du mir keinen Begrüßungskuß geben?

LIZA: Seien wir ehrlich, Donald, willst du die ganze Welt mit deinen Waffen überziehen und tributpflichtig machen?

REGG *lacht*: Wer erzählt dir solche Dinge, Liza?

LIZA: Nicht alle können auf dieser Welt überleben, sagst du immer. Und du möchtest dafür sorgen, daß wenigstens Amerika überlebt.

REGG: Natürlich möchte ich, daß Amerika überlebt.

LIZA: Wir können es nicht mehr aus eigener Kraft. Deine Soldiers rüsten und rüsten auf. Du planst einen Eroberungskrieg.

REGG: Ach, das sind Planspiele, Liza, für den äußersten Fall. Keiner will das.

LIZA: Bist du sicher, daß du das nicht willst?

REGG: Ich will nur das beste für Amerika. Damit du und unser kleines Mädchen und meine Kinder aus erster Ehe und deren Kinder ein wundervolles Leben haben.

LIZA: Wenn du mich liebst, was ich noch denke…

REGG: Oh ja, ich liebe dich sehr.

LIZA: Dann mußt du auch alle anderen Frauen, dann mußt du alle Lebewesen, dann mußt du die ganze Welt lieben. Dann mußt du alles lieben so, wie die Natur es gebildet hat. Als Eve bei Onkel Alf ein Kälbchen sah, fragte sie, du Mum, liebt das Kälbchen seine Mum und liebt seine Mum das Kälbchen so wie du mich? Und liebt es auch seinen Dad? Wo ist seine Mum? Ist sein Daddy auch immer weg? Ich hab lachen müssen, aber Eve fragte weiter, warum ist seine Mum nicht beim Kälbchen, und ist sein Daddy auch im Weißen Haus? Ich habe der Kleinen erklären müssen, du, das Kälbchen lernt seinen Daddy niemals kennen und seine Mum lebt irgendwo anders, um die Milch zu geben, die du morgens trinkst. Dann ist das Kälbchen ganz traurig und seine Mum ist es auch und ich mag nie wieder Milch. Warum, Eve? Ich will, daß das Kälbchen die Milch von seiner Mum bekommt und daß seine Mum bei dem Kälbchen bleibt und daß seine Mum Milch für das Kälbchen gibt und daß die beiden nie wieder traurig sind. Ich will damit sagen, Donald, Eve hat noch diese ursprüngliche Liebe zur Welt, die dir abhanden gekommen ist.

REGG: Glaubst du das wirklich?

LIZA: Ich kann keinem Menschen die Freundschaft und die Hand halten, der keinen Blick hat für die Schönheit der Welt. Unsere Eve hat diesen unverstellten Blick und diese Liebe und über Eve lerne ich neu sehen. Feindschaft und Konkurrenz und Macht und Aktiengewinne und Naturzerstörung sind die Zeichen deiner Politik. Ihr sammelt tote Schätze in einer Welt, in der die Bienen sterben. Daß an den kleinen fleißigen Tierchen einmal das Überleben der Menschheit hängen sollte, habt ihr euch in euern Glaspalästen und Betonbunkern an der Wall Street nicht geträumt. Jetzt ist es wahr und immer noch habt ihr kein Einsehen.

REGG: Aber wir haben Großes geleistet.

LIZA: Ron hat mir zum Geburtstag einen Film geschenkt, weißt du noch?

REGG: Hilf meinem Gedächtnis!

LIZA: Das Salz der Erde. Über einen berühmten brasilianischen Fotografen[4].

REGG: Jetzt erinnere ich mich. Du sagtest: ein bißchen viel Elendskunst. Und als du es sagtest, wußte ich, du meintest: Immer diese Kriegstoten und Hungernden. Solche Ausstellungen hat meine liebe Liza nicht nötig, denn du bist eine friedliebende Ehefrau und tolle Mutter.

LIZA: Wir mögen beide keine Gedenkfeiern.

REGG: Aber an unseren Hochzeitstag denke ich jedesmal.

LIZA: Ich meine Gedenkfeiern, bei denen die Geister der Toten auferstehen. Kein einziger Verstorbener wird mit solchen Gedenkfeiern wieder lebendig. Aber ich hatte den Film nicht zuendegeschaut.

---

4 *The Salt of the Earth*. Dokumentarfilm über das Leben und Werk des brasilianischen Fotografen Sebastião Salgado in der Ko-Regie von dessen Sohn, Juliano Ribeiro Salgado, und Wim Wenders. Frankreich/Brasilien 2014.

REGG: Aber inzwischen hast du ihn zuendegeschaut.

LIZA: Er handelt von der zukunftsweisenden Idee der Frau des Fotografen: sie renaturieren einen verkarsteten Landstrich mit ursprünglichem Regenwald.

REGG: Was wollte Ron mit diesem Geschenk uns sagen? Sollte er am Ende heimlich unsern Beitritt zu dem Abkommen betreiben? Wenn er das tut, schmeiße ich ihn als Berater sofort raus! … Wie heißt der Film nochmal?

LIZA: Das Salz der Erde.

REGG: Was soll das sein?

LIZA: Die Menschen.

REGG: So, die Menschen. Die Menschen sind das Salz der Erde? Aber doch nicht alle, wenn ich mich so umseh.

LIZA: Die wenigsten, Donald. Die menschliche Gattung beweist sich mehrheitlich als Plage und Unglück für den Planeten.

REGG: Willst du die großen Leistungen amerikanischer Forscher und Politiker bezweifeln, Liza? Sie stellen ein Wunder dar. Sie führen uns ein großartiges Bild vor, was der Mensch vermag.

LIZA: Zugestanden, sie verdienen Bewunderung. Aber die Gattung insgesamt bleibt den Nachweis schuldig, zu recht diesen schönen Planeten zu bewohnen. In keiner Weise sind wir würdig, Donald! Wir müssen uns unseres Daseins noch würdig erweisen. Davon sind wir weit, weit entfernt. Und solange in Politik und Wirtschaft Leute diktieren, die keinen Beitrag zu diesem Berechtigungsnachweis leisten…

REGG: Du willst doch nicht sagen…

LIZA: Die nicht nur keinen Beitrag selber leisten, sondern darüber hinaus diejenigen boykottieren, die einen Beitrag leisten könnten, solange solche Leute unser Leben diktieren, solange haben wir als Gattung nicht verdient, weiterzubestehen.

REGG: Amerika ist groß, und es wird für unsere Kinder, Eve und die weiteren, die du mir noch schenken wirst, ein wundervolles Land mit einer großen Zukunft bleiben.

LIZA: Eve ist so nachdenklich, und ich fange an, sie zu verstehen. Sie wächst in eine düstere Zeit hinein. Amerika arrangiert sich gerade damit, daß es bald kein menschliches Leben mehr in ihm gibt, jedenfalls verhält es sich so. Das muß ein kindliches Herz beschweren. Es gelingt mir immer weniger, mich in unser privates Glück und das tolle Heim zurückzuziehen, das du uns geschaffen hast, lieber Donald.

Pause. Liza setzt sich dem Präsidenten gegenüber.

REGG: Was hast du da?
LIZA: Das gab mir Irene Herzberg für dich mit.
REGG: Warum gab sie es mir nicht persönlich?
LIZA: Du warst nicht ansprechbar.
REGG: Kommt sie denn nicht wieder?
LIZA: Die Europäer sind abgereist.
REGG: Die Öffentlichkeit wird es mir als Schwäche auslegen. Man wird spotten, ich lasse mich von Frauen beeinflussen.
LIZA: Irene erzählte von Europa, von Afrika und von der Katastrophe in China. Und was sie tun, um das schlimmste abzuwenden. Sie gab mir einen Entwurf mit, hier ist er.
REGG *nimmt das Skript unwillkürlich an*: Du mußt erkennen, Liza, das Leben ist hart und in diesen Zeiten können nur die Starken überleben.
LIZA *steht auf*: Schwäche, Einfluß, Stärke, welch überflüssige Kategorien, Mr. President.
REGG: Ich weiß, deine weibliche Intuition.
LIZA: Denke an unsere kleine Eve.
REGG: Wirst du mir wieder Freund sein und meine Hand halten?
LIZA: Das werde ich. Denn du bist ein großer Mann und ich vertraue fest darauf, daß du wieder als der handeln kannst, der du bist. Bitte, Donald, mache, daß ich wieder stolz auf dich bin!
REGG: Aber du bist doch meine Gattin, die First Lady, stolze Frau des mächtigsten Mannes der Welt!
LIZA *sehr freundlich*: Ich weiß es, du denkst darüber nach.
Geht ab, ohne ihren Mann berührt zu haben.
Donald Regg wendet sich zerstreut der Lektüre des Skriptes zu.

9

Donald Regg spricht vor dem amerikanischen Kongreß.

REGG: Wenn die Bienen sterben, sagte unser genialer amerikanischer Mitbürger Albert Einstein, hat die Menschheit nur noch drei Jahre zu leben. Das erste dieser bienenfreien Jahre ist angebrochen, Mitglieder des hohen Kongresses. Wir haben irgendetwas falsch gemacht. Meine fünfjährige Tochter Eve hat mich darauf gebracht. Und meine liebe Frau. Ich liebe dich, Liza.

Auf der Besuchertribüne erhebt sich die voll angestrahlte Liza unter dem Applaus des Auditoriums und drückt ihrem Mann ostentativ die Daumen.

Die Frauen sind die besseren Leader, wenn wir Männer nicht weiterwissen.
Wir wollen nicht in das Ausmaß der Krise geraten wie der Gigant China. Dort haben vierhundert Millionen, ich wiederhole: vierhundert Millionen Menschen den Tod gefunden infolge der plötzlichen Naturkatastrophen, der Wasserknappheit, der Seuchen und Versorgungsprobleme. Bei uns sind die Regale halbleer, und bevor sie es ganz sind, muß gehandelt werden.
Ich könnte den nationalen Notstand ausrufen, das möchte ich aber vermeiden, solange es geht. Um den Notstand vermeiden zu können, muß ich, leider muß ich das, die Unterzeichner des Abkommens von Madrid um Soforthilfe ersuchen. Ich habe mich mit den einflußreichsten Politikern der Abkommensgemeinschaft getroffen. Es war noch nie in der Geschichte der Vereinigten Staaten der Fall, daß wir als Bittsteller auftraten, aber in diesem Fall mußte es geschehen, und ich habe den schweren Schritt, dieses schwere Opfer, den Kniefall für alle auf mich genommen.
Wollen wir Krieg? Wollen wir mit Gewalt uns nehmen, was wir freiwillig und im Frieden bekommen können, wenn auch als gedemütigte Bittsteller? Wollen Sie das? Wir als bedeutendste und zivilisierteste Nation der Welt

führen Krieg wie die alten Hunnen in Old Europe? Darum sind Sie nicht Abgeordnete in diesem Hohen Haus geworden, darum bin ich nicht Präsident der stolzesten Nation und der zivilisiertesten Nation der Erde! Und darum bin ich nicht der glücklichste Ehemann der wunderbarsten Frau dieser Erde! Es ist mir eine große Ehre, mit Liza verheiratet zu sein!

1. STIMME aus dem Plenum: Welchen Preis zahlen wir für die Hilfe? Müssen wir dem Abkommen beitreten?

REGG: Die Gemeinschaft der Abkommensstaaten möchte Zugriff auf unsere Waffentechnologie.

2. STIMME: Dann verlieren wir unsere Überlegenheit und die ganze Technik verliert ihren Sinn!

1. STIMME: Daran sehen Sie, daß die Europäer uns zwingen wollen, ihrem Pakt beizutreten!

REGG: Wer verrät mir, wie er die Mißernten in Folge auffängt und die krepierten Bienenvölker dazu bringt, ihr natürliches Tagewerk aufzunehmen? Keiner? Oder doch? Keiner hat den Mut, keiner meldet sich. Oder doch? Steht jemand auf? Melden Sie sich! Ich überlasse demjenigen auf der Stelle das Mikrofon und mein Amt!

2. STIMME: Ich kenne kein Allheilmittel. Ich weiß nur eines, Mr. President: Amerika gibt mit diesem Schritt seine Überlegenheit auf!

1. STIMME: Wie sieht die Hilfe der Abkommensstaaten denn aus?

REGG: Man füllt unsere Regale etwas auf, soweit man mit Überschüssen und über das Chinaproblem hinaus aushelfen kann. Man sicherte mir zu, daß unsere Bevölkerung über den Winter mit einfachen grünen Produkten so ernährt werden kann.

2. STIMME: Wie, kein Fleisch?

REGG: Leider gibt es das nicht. Die Unterzeichnerstaaten verpflichteten sich untereinander zu den strengsten Auflagen zum Tierschutz, Bodenschutz, Gewässerschutz, Wälderschutz, Meeresschutz, Naturschutz, da ist die Fleischproduktion, um Ihren Bedarf zu decken, Herr Kollege Abgeordneter, weggefallen.

3. STIMME, eine Frau: Es geht nicht um Ihren Geschmack, lieber Kollege, sondern ums Überleben unserer Kinder.

2. STIMME: Angenommen, es wäre so, Donald. Die Europäer helfen uns nicht unbegrenzt. Die Waffen sind reine Taktik, sie vertragen sich nicht mit dem Geist der Madrider Konferenz.

1. STIMME: Also verlangen die Europäer mehr von uns.

REGG: Sie verlangen, wir sollen die Renaturierungs-, Aufforstungs-, Bewässerungs- und Reparationsprogramme konsequent durchhalten, die wir unter der Anleitung afrikanischer Fachleute, die sie uns schicken, beginnen werden. Sollten die Renaturierungs-, Aufforstungs-, Bewässerungs- und Reparationsprogramme fehlschlagen, versicherte man mir, dann wird in zwei Jahren und bis zu unserm baldigen Tod kein Ackerhalm mehr wachsen und kein Mandelbaum mehr blühen.

1. STIMME: Ah, das sind die Leute, die wegen einer Kröte die Befestigungen ganzer Autobahnen abreißen und wegen einer Eidechse ganze Siedlungen plattmachen.

REGG: Wollen wir China uns vormachen lassen, was der Fortschritt fordert?

1. STIMME: Wie, China, der alte Rivale?

REGG: China hat seine Industrien und den Straßenverkehr beschränkt und ist auf dem Weg zu einem wieder agrarischen Staat. Soweit muß Amerika nicht gehen, wenn es seinen Bedarf an gesunden Lebensmitteln von gesunden Böden und gesundem Wasser wieder decken will. Aber das Aussterben der Insekten infolge unserer fabrikmäßigen Landwirtschaft, auch wenn Ihnen das unwürdig erscheint, Herr Kollege Abgeordneter, zwingt uns zu weniger Technik und weniger Komfort.
Es geht nicht weiter so wie bisher. Ich erkenne die berechtigten Sorgen und die guten Vorschläge von allen möglichen Seiten sofort. Ich weise sie nicht ab. Gerade die Sorgen meiner lieben Frau und unserer gemeinsamen kleinen Eve. Diese Sorgen enthalten Fingerzeige von weit oben, ich möchte mal sagen: von der höchsten Instanz. Wie findet der Präsident der Vereinigten Staaten aus der eingerosteten Politik seiner Vorgänger heraus. Manchmal bräuchten wir noch mehr mahnende Frauen, die den Finger auf die Wunde legen.

Eve fragte mich: Liebt das Kälbchen seine Mum und warum ist die Mum nicht da, um das Kälbchen zu füttern? Ist sein Dad auch immer im Weißen Haus? Und Liza sagte mir: Alles, was sich bewegt auf dieser Erde, ist voller Liebe. Auch der illegale Pizzafahrer möchte sein Kind gut kleiden und daß es immer satt und adrett gekleidet in die Schule kommt. Auch die Einwanderin aus Senegal, die beim Discounter die Abfälle sammelt, sorgt um ihre Reinlichkeit, wenn sie die Tage bekommt, und hat doch nicht unser komfortables Bad, sondern nur den alten Zapfhahn vor dieser benzinstinkenden Garage.
Die meisten von uns, Sie alle, Herrschaften, Damen und Herren, sind verdienstvolle Leute. Ich habe mein ganzes Leben Deals gemacht. Ich bin reich geworden. Ich konnte meinen Kampf um dieses Amt aus eigener Kraft finanzieren, was noch keinem Präsidenten vor mir gelang. Und jetzt stehe ich hier und fordere Sie auf, ändern Sie Ihre Meinung, ändern Sie sich! Kann man das mit fünfzig, mit sechzig Jahren, mit siebzig Jahren?
Ja, man kann. Solange man lebendig ist, kann man lernen und sich ändern. Wenn man lebendig bleiben will, muß man bereit sein, seine Meinung zu revidieren, und sei es in der letzten Stunde dieses wundervollen Lebens.
Ich lebte in Saus und Braus. Aber ich war nicht blind. Ich hatte einen scharfen Blick dafür, wie die leben, denen es schlechter ging als mir, und für die, denen es richtig dreckig geht. In bedrückenden Umständen rennen sie Tag für Tag dem nötigsten hinterher und fühlen keine Freude. Unser komfortables Leben, Ladies and Gentlemen, ist zu kurz, um Ohr und Auge zu verschließen. Ich sah, wie viele, nein, was sag ich, wie die meisten Menschen auf der Welt, ja fast alle gezwungen sind, überflüssige Dinge zu produzieren und unter die Menschheit zu bringen – Dinge, die keiner braucht. Ein unaufrichtiges, zermürbendes und, meinen jedenfalls Liza und ich, eines Menschen unwürdiges Geschäft. In Europa und anderen Staaten des Madrider Abkommens bekommt heute jeder monatlich ein Handgeld garantiert.

2. STIMME: Egal, ob er was arbeitet oder nicht?

REGG: Jeder.

3. STIMME: Die Tüchtigen müssen die Faulen mit durchschleppen?

REGG: Mitunter, aber das System funktioniert. Keiner braucht mehr überflüssige Dinge zu produzieren und keiner braucht mehr überflüssige Dinge zu verkaufen. Keiner braucht mehr Jobs anzunehmen, wo überflüssige Dinge entstehen und überflüssige Fahrten unternommen werden, um überflüssige Dinge zu verkaufen, und keiner muß mehr seine Zelte abschlagen, um nach einer Kündigung anderswo überflüssige Arbeit zu übernehmen.

3. STIMME: Jeder kann also daheimbleiben und die Füße auf den Tisch legen.

REGG: In Afrika entstehen neue fruchtbare Landschaften, wo vorher Wüste war. Die Europäer haben ihre Landwirtschaft neu aufgestellt. Die Versorgung der Bevölkerung wird von ausgezeichneten Farmern gewährleistet, die durch das staatlich garantierte Handgeld zu garantierten Preisen arbeiten. Garantiert für sie selber und garantiert für jeden Verbraucher, denn: die Preise für grüne Nahrung bleiben stabil, weil: das Einkommen der Erzeuger ist sicher und für unverschuldete Ernteausfälle haftet der Erzeuger nicht mehr mit seiner Existenz.

3. STIMME: Und wer garantiert, daß er sich noch um gute Ernten bemüht, wenn er das Geld in den Rachen geschoben kriegt?

REGG: Der Liebe Gott, Frau Kollegin, und wenn das nicht reicht, der Präsident der Vereinigten Staaten von Amerika. *Zustimmendes Gelächter*. Man berichtete mir, wörtlich, ich zitiere aus einem europäischen Gutachten *liest ab*: Die Qualität der Böden und des Wassers hat sich durch Reduktion der Viehwirtschaft und Reduktion der Chemikalien, die den Artenbestand bedrohten, binnen weniger Jahre erholt, doch es bleibt noch viel zu leisten übrig. Unsere Wiesen, Wälder und Felder sind wieder reicher an Pflanzen und Schmetterlingen aller Art. Das Bienensterben, das den Bestand der Nährpflanzen auch bei uns bedrohte, ist gestoppt, die Völker nehmen wieder zu und das gehört zum Wichtigsten, damit wir und unsere Nachkommen sicher in die nächsten Jahrzehnte gehen können. Dann sehen wir weiter.

STIMMEN von draußen: Wir wollen Brot … Holen wir uns, was uns fehlt … Holen wir's von denen da! Zukunft für uns und unsere Kinder!

REGG: Ich weiß, daß ihr draußen zuhört und zuseht, was in diesem Hause gesprochen wird. Ich bitte den Kongreß, folgenden Sofortmaßnahmen zuzustimmen:

Wir stoppen den Landverbrauch und machen ihn rückgängig. Es darf kein Naturraum mehr zerstört werden zugunsten von Mobilität und Neubaugebieten. Unter der Anleitung der afrikanischen Landwirtschaftsingenieure, Ingenieuren des Friedens, beginnen wir schon morgen mit dem Wiederaufbau zerstörter Natur.

Sobald der Kongreß zustimmt, kommt Hilfe aus Europa und ihr kriegt euer Brot und Gemüse. Das ist doch schon was. Eurer Gesundheit tut ein bißchen Fasten gut, wir sind alle viel zu dick.

Buhrufe von draußen.

Leider werdet ihr in Zukunft euer Essen umstellen müssen. Denn die vielen Tiere, die wir halten mußten, um euern Konsum an Tierischem zu decken, sind die Ursache für den Ruin unserer Gewässer und Böden und unserer Landwirtschaft. Wir haben kein Recht, die Zukunft unserer Kinder zu verfressen. Wir dürfen unseren Kindern keine überdüngten, strahlenden, plastikverseuchten Meere und toten Böden hinterlassen.

Aufgebrachte Pfiffe von draußen, die aber nach Kschksch-*Rufen ebendort verebben.*

Das Leid der Tiere muß ein Ende haben. Nach einer Übergangsfrist werden wir alle Nutztierfabriken schließen. Die Farmer bekommen eine Entschädigung und Anreize, an unserm neuen Landwirtschaftsprogramm mitzuarbeiten.

Alle Großfarmen und Plantagen stellen ihren Betrieb ein. Alle Farmer bekommen mit sofortiger Wirkung ein großes Handgeld. Einzige Bedingung: sie müssen ab sofort in kleinen mischbepflanzten, naturgerechten Parzellen mit ihrer Hände Arbeit nachhaltige Landwirtschaft betreiben. Ebenso erhalten ihre Mitarbeiter – ihr da draußen werdet hoffentlich eine Menge Landarbeiter stellen, Leute, hört ihr! – ein ordentliches staatliches Geld. Natürlich wird überprüft, was geschieht, aber mit sofortiger Wirkung entlaste ich, sobald der Kongreß meine Entschlüsse billigt, unsere Farmer von ihren bürokratischen Auflagen. Ein *Land*wirt muß etwas von Aufzucht der Pflanzen verstehen, aber es kann nicht sein, daß er zugleich *Betriebs*-wirt, Jurist und Steuerfachmann sein muß, um seinen wichtigen Beitrag für unser aller Überleben zu leisten.

Großer Applaus und Gejohle von draußen.

1. STIMME: Und was soll aus unseren Arbeitsplätzen in der Industrie werden?

REGG: Wir bleiben ein Land mit einer stolzen Industrie, Kollege Abgeordneter. Aber wir werden reduzieren müssen auf das Notwendige.

2. STIMME: Und die Deals?

3. STIMME: Und unsere amerikanische Freiheit?

REGG: Die anspruchsvollen Arbeitsplätze werden Arbeitsplätze am Computer sein. Der Computer erfüllt seinen vornehmen Zweck, haben mir meine Gesprächspartner glaubwürdig bestätigt, sobald wir dadurch die Arbeit aus unsern zentralen Firmenbüros, wo jeder täglich hinfahren mußte, in die privaten Haushalte auslagern. Das dient der Umwelt, und es dient den Familien und den Kindern. Die Mütter gehen ihren Berufen nach und versorgen gleichzeitig die Kinder. Die Väter ebenso. Und die ganze Familie bewegt sich wieder gesund in einer gesunden, ungefährlichen, verkehrs- und abgasfreien Umgebung.
Verehrte Abgeordnete, Amerika muß innovativ handeln. Unterstützen Sie bitte Ihren Präsidenten auf seinem Weg in eine neue Vorreiterrolle. Amerika muß wieder führende Nation auf der Erde werden!

1. STIMME: Wie soll das gehen, außerhalb der Konferenz?

REGG: Bitte geben Sie mir das Mandat zu Beitrittsverhandlungen. Amerika will sich nach dem Willen seiner Bürger dem Abkommen nicht länger verschließen. Bitte votieren Sie für den Frieden, bitte votieren Sie für die Zukunft unserer Kinder!

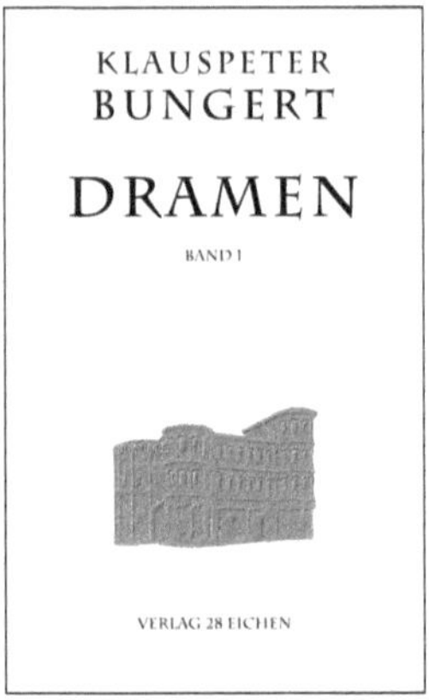
KLAUSPETER
BUNGERT
DRAMEN
BAND 1
VERLAG 28 EICHEN

KLAUSPETER BUNGERT
INTERVIEW
ERZÄHLUNG
VERLAG 28 EICHEN

SIR ARTHUR CONAN DOYLE
DAS SPUKHAUS
SUPPLEMENT 1:
PROSA, AUFSÄTZE
& WERKVERZEICHNIS
VERLAG 28 EICHEN